文脉流長

科举制度在台湾

福建省档案馆　北京市台湾同胞联谊会　编著

北京师范大学出版集团
BEIJING NORMAL UNIVERSITY PUBLISHING GROUP
安徽大学出版社

图书在版编目(CIP)数据

文脉流长:科举制度在台湾/福建省档案馆,北京市台湾同胞联谊会编著.
—合肥:安徽大学出版社,2017.10
ISBN 978-7-5664-1501-1

Ⅰ.①文… Ⅱ.①福… ②北… Ⅲ.①科举制度—史料—台湾 Ⅳ.①D691.3

中国版本图书馆CIP数据核字(2017)第253207号

文脉流长
——科举制度在台湾

福建省档案馆
北京市台湾同胞联谊会 编著

出版发行:北京师范大学出版集团
安徽大学出版社
(安徽省合肥市肥西路3号 邮编230039)
www.bnupg.com.cn
www.ahupress.com.cn
印　　刷:安徽联众印刷有限公司
经　　销:全国新华书店
开　　本:210mm×285mm
印　　张:18
字　　数:252千字
版　　次:2017年10月第1版
印　　次:2017年10月第1次印刷
定　　价:168.00元
ISBN 978-7-5664-1501-1

策划编辑:吴泽宇　李　君
责任编辑:吴泽宇　李　君
责任印制:陈　如
装帧设计:聂　伟
美术编辑:李　军

《文脉流长——科举制度在台湾》编委会

前 言

科举制度是中国古代隋唐以来通过考试选拔官吏的制度，存在了 1300 余年，历史悠久、影响深远。清政府统一台湾后，在台湾全面推行科举制度，从而推动了台湾文化昌盛、社会进步，对中华文化在台湾的传承发展产生了积极的作用。

一

“唐山过台湾，心肝结成团；拓荒奔南投，弓鞋不能忘。”这首几百年前开始流传的童谣唱出了大陆移民跨渡台湾海峡，开拓宝岛台湾的艰辛历史。早在宋元时期，以闽人为主的大陆移民就已迁居台湾，此后，先民们移居台湾的脚步从未停止。

康熙元年（1662），郑成功收复台湾后，将大陆的文化系统移入台湾，初步确立了台湾的文教制度。康熙五年（1666），台湾首个儒学教育机构——台南孔庙的建成，标志着儒学正式进入了台湾，台南孔庙也被称为“全台首学”。

康熙二十二年（1683），清统一台湾后，开始在台设立府、州、县学，建立起与大陆一样的文化教育体系，并全面推行科举制度。为鼓励台湾士子参加科举考试，清政府在闽台一体统筹录取的基础上，为台湾考生提供三项优惠和保障措施。

第一，为台生保障录取名额。清代在乡试和会试中专门为台湾士子另编字号，设立录取保障名额，以鼓励台湾生员参加科举考试。康熙二十六年（1687），有 5 名台湾考生到福州参加乡试，清廷开始为台湾考生设立保障名额。此后，对台湾考生的录取保障名额不断增加，到咸丰九年（1859）台湾考生的乡试录取名额达到 8 名。在会试中，清政府同样也对台湾举人实行专门的优惠录取政策。乾隆三年（1738）即议准，如有 10 名以上台湾举人参加会试，就至少取中 1 名，即“会试中额”优惠办法，这在全国是独一无二的。

第二，实行官送制度。由于台湾海峡风急浪高，又有台风肆虐，在渡海过程中难免会发生船翻人亡、遭遇不幸的惨剧。但是每到大比之年，台湾考生们就不得不冒着生命危险，越过台湾海峡到福州参加乡试及第二年的会试。当时，常有渡海遇难的情况发生，如咸丰三年（1798）和同治四年（1865）各有4名台湾士子在赴福州赶考中遇风沉溺。为保护台湾考生赴闽应试的安全，同治十三年（1874）起，台湾知府决定专门派官船，将台湾考生由台湾淡水港护送至福州，从此“官送”成为定例。

第三，在福州和北京建造试馆和会馆。实施科举制度以来，“台湾文风日起，每届应考生约八百余名，应会试者二十余人”。台湾士子往往要在福州或京城逗留数月，吃住都成问题。光绪九年（1883），分巡台湾道刘璈提银15000两在省城福州贡院附近建造台南、台北两郡试馆，可供台湾士子300余人居住。同时提银3000两在北京购建“全台会馆”，使“乡会诸士托足有方”。

这些措施对台湾学子产生了巨大的吸引力和向心力，台湾逐渐形成重视教育和崇尚科名的社会风气。康熙二十六年（1687）春台湾开科取士后，学子们开始了从台湾回唐山赶考的200多年历程，直到光绪三十一年（1905）科举制度废除。在嘉庆年间，彰化县人梁遇文虽已年过八旬，仍然冒着生命危险，横渡台湾海峡到福州参加乡试。即便在日本割据台湾后，还有许多台湾考生选择忠于儒家理想，冲破重重封锁，冒险渡海到大陆参加科举考试。其中，台湾秀才高选锋拒绝了台湾总督府的利禄引诱，携眷返回祖国大陆，参加了光绪二十八年（1902）福建乡试并考中举人。

从康熙二十六年（1687）凤山县的苏峨中举成为台湾历史上的第一位举人和康熙三十三年（1694）陈梦球以旗籍中式成为“开台进士”开始，台湾共计产生了33名文进士，305名文举人。科举制度的实行使许多台湾望族从早期移民家庭转型为士绅家庭，在200多年台湾科举史上，出现了父子进士、舅甥进士、翁婿进士以及师生同榜和一门六举人等令人称羡的佳话，至今流传于海峡两岸。

二

闽台一水相隔，在台湾科举制度的施行过程中，福建发挥了独一无二的重要作用。康熙二十三年（1684年），台湾设府并由福建管辖后，福建官员就多次上奏大力提倡发展台湾的文化教育事业，推动儒学、书院、义学等教育机构的建立和完善。当时，清朝《吏部则例》规定：“台湾府学训导，并台湾等四县教谕、训导缺出，先尽泉州府属之晋江、安溪、同安，漳州府属之龙溪、漳浦、平和、诏安等七学调缺教职内拣选调补。”因此，台湾各府县儒学的教授、教谕、训导等师资大都由福建派去，闽籍教师赴台授学，对台湾的文教发展起到重要的推动作用。

清代科举考试分为童试、乡试、会试等。台湾是福建九府之一，台湾士子要到省会福州参加福建省统一组织的乡试，录取者再参加在北京举行的会试。即使台湾建省后，台湾考生依然划归福建考区。两地学子同读一套书，同考一张卷，闽台两地至今仍流传着博状元饼等相同的科举文化习俗。

清代福建为科举大省，全省参加每届乡试的考生近万人。每年数百上千的台湾考生“文于小暑前，武于白露后”渡海来福州参加乡试，从三四月份抵达福州直到中秋放榜后方始回台，往往要在省会逗留数月。在此期间，台湾考生走亲访友，揽胜抒怀，诗文唱和，增进了闽台两地间的往来交流。

台湾举人、进士大多数原籍为福建，尤其以闽南地区居多。福建漳州、泉州一带好名尚气，但凡有科举高中以及旌表节孝等荣耀的事，往往要建石坊于通衢。这种风气也随着福建移民带到了台湾，台湾士子一旦获得科名，便精选石料，请工匠精雕细刻，凿上姓名生平和功名事迹，制成石笔、石旗杆或石坊，立于祠堂前或交通要道上。福建的宗亲如果科举高中了，在台湾的宗亲也会悬挂他的功名匾额，以“牵亲引戚”，喜气同沾，体现了闽台一家亲的情谊。同治十三年（1874)，福清人林文炳中了进士，其台湾宗亲就在南投林氏崇本堂、宜兰林氏追远堂、台中林氏摘星山庄等处悬挂他的“进士”匾额。

科举制度是闽台历史文化的一根纽带，促进了闽台两地之间的文化、教育、人员等各方面的紧密联系和进一步交融。

三

科举制度及儒学教育促进了中华传统文化在台湾的传播和普及，推动了台湾的文化繁荣和社会进步。

在清代，台湾新建、重建书院有 60 多所，郑用锡、蔡廷兰、施士洁等许多知名进士、举人都曾在书院担任山长或讲席，培养了大批人才。科举制度促进了台湾的文风繁盛。台湾最初的诗文社是康熙二十四年（1685）成立的“东吟社”。此后数百年间，岛内诗风鼎盛，各种诗文社不断涌现，在文化传承上发挥了积极的作用。即使是在日据时期，台湾的有识之士仍然组织诗社活动，以传承中华文化。日据 50 年间，台湾的诗社有 200 余个。其中栎社是由台中雾峰名绅林献堂的堂兄林痴仙、堂侄林幼春所创办，以“保持祖国文化于不坠”为宗旨，创作出数以万计的爱国诗篇，在台湾文学史上享有重要地位。

受中华传统文化哺育的台湾士子普遍具有强烈的爱国思想，在外敌入侵之时，他们挺身而出，奋勇抗击敌人，维护祖国领土完整。

台湾彰化县人丘逢甲是光绪十五年(1889)进士。光绪二十年（1894）中日甲午战起，丘逢甲捐献家资，并担任全台义军统领，率领台湾民众抵抗日军侵台。《马关条约》签订后，丘逢甲三次刺血上书，要求“拒倭守土”。日本割据台湾后，丘逢甲内渡大陆，以“台湾遗民”自称，并念念不忘收复台湾，将家中厢房取名为“念台精舍”，儿子也取名为念台。

台湾安平县人汪春源是台湾的最后一位进士。光绪二十一年（1895）4月，战败的清廷与日本签订《马关条约》，将台湾与澎湖割让日本。当时正在京城准备考进士的汪春源，闻讯大恸，与四位在京台籍人士联名向都察院上书，痛陈割让宝岛，台民“如赤子之失慈母，悲惨曷及”；表示将誓死抗日，“与其生为降虏，不如死为义民”。这就是载入史册的“五人上书”。

两岸同根同源，同受中华文化的哺育恩泽。科举制度在台湾的全面施行，成为两岸割不断的文化纽带。希望本书的编辑出版，能使您更加了解科举制度对台湾所产生的影响和作用，从而进一步促进中华文化在两岸的传承和弘扬，共同实现中华民族的伟大复兴！

目 录

全臺首學

第一章 文教发展 科举施行

海峡两岸的文化联系源远流长。宋元时期，随着闽人移居澎湖、台湾，中华传统文化传入台湾，并在台湾扎根、成长。闽台两地语言习俗相通，宗教信仰一脉相承。清代，大陆的文化教育体系在台湾广泛推行，全面施行科举制度，推动了以儒家伦理道德为标志的传统文化深入台湾社会的各个阶层，促进了台湾文治社会的形成。

第一节
传统文化传播

明末清初以来，随着福建移民的增加和台湾经济的初步发展，两岸文化交融进入一个新阶段，闽南话成为岛内的主要语言，福建的风俗习惯也逐渐在岛内流行。康熙二十三年（1684），清政府在台湾开始设立官办的府、州、县学，书院、社学、义学等教学机构也先后建立，讲授《四书》《五经》等儒家经典，对传播中华传统文化起到了重要作用。

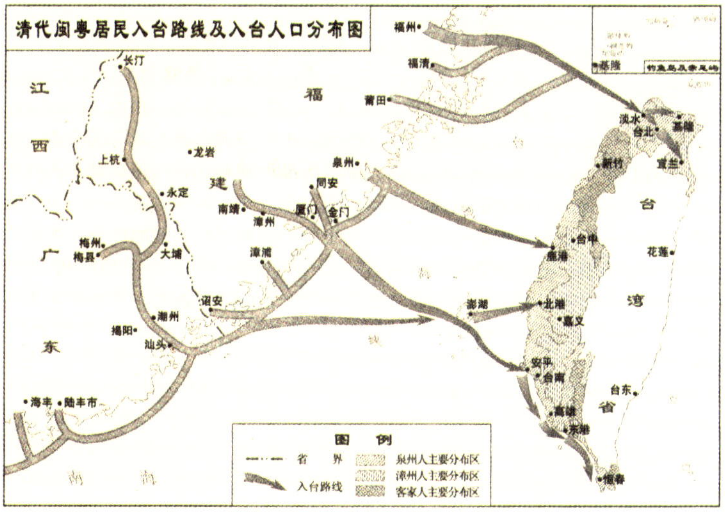

▲ 明清时期，以闽南人为主的大陆民众移居台澎的人口日渐增多，清康熙至嘉庆时期（1662–1820），台湾人口由 10 余万猛增至近 200 万。

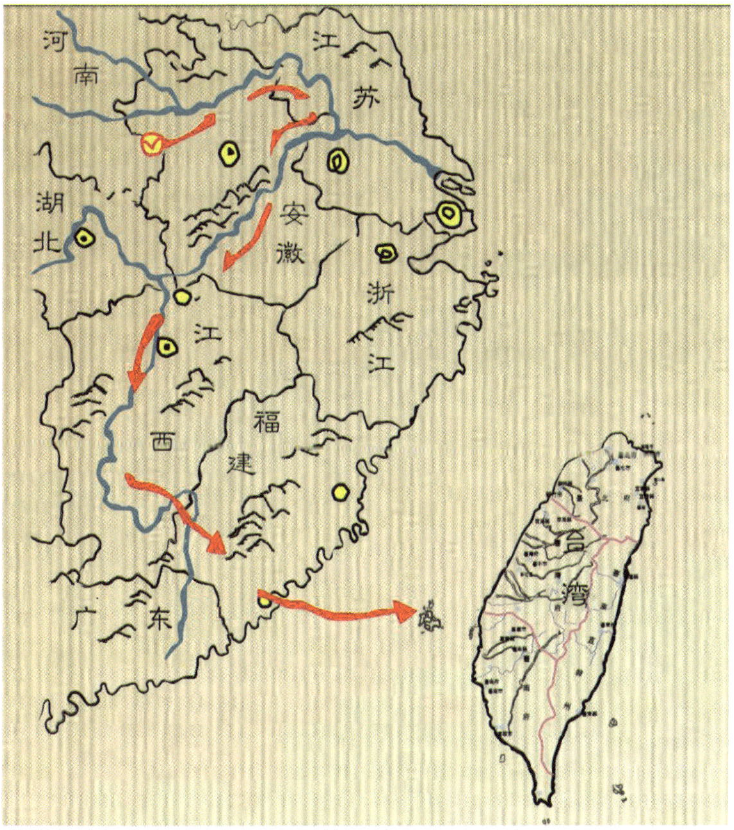

▲ 移民的迁入不仅带来了先进的生产技术和劳动力，更带来了优秀的中华传统文化。图为中华传统文化传入台湾示意图。

民间信仰

伴随着闽人的移居和垦殖活动，其祖籍地的宗教信仰也传入台湾。台湾民间供奉的各种神灵，绝大部分由福建传入，其祖庙也都在福建，形成了闽台世代相传的共同的宗教信仰。

▲ 妈祖是中华传统文化的代表之一，福建莆田湄洲妈祖庙是台湾众多妈祖庙的“祖庙”。图为 1922 年台湾鹿港天后宫进香团在湄洲祖庙进香时留影。

▲ 台湾最早的妈祖庙——"澎湖马公妈祖庙"，创建于元朝至元十八年（1281）。传说明万历三十二年（1604），荷兰人入侵马公岛，当时守将沈有容在此祈求妈祖护佑，领兵斥退荷兰人，后人在庙里立碑纪念。图为澎湖马公妈祖庙。

▲ 关帝爷，又称“关圣帝君”“关公”“关老爷”等，其原型为三国时期蜀国名将关羽，在中国百姓的心目中是勇武和忠义的象征。民众奉关羽为神明，加以膜拜。图为福建东山铜陵关帝庙。

▲ 台湾的关帝信仰是从福建传入的，对于台湾居民而言，关帝是武力的象征，可以增强抵御外力侵犯的力量。图为台南大关帝庙（祀典武庙），是台湾关帝信仰的中心。

▲ 临水夫人是闽台民间奉祀的女神，民间传说临水夫人能救难产、送子、治病等，福建许多地方有奉祀临水夫人的习俗。清代临水夫人信仰传入台湾，闽台两地的临水夫人庙均以古田临水宫为祖庙。图为福建古田临水夫人庙。

▲ 台湾台南临水夫人妈庙

▲ 雍正元年（1723），福建平和人吴凤任阿里山通事，因其舍生取义被台湾民众尊为阿里山神。图为吴凤及吴凤庙。

儒学传入

康熙元年（1662），郑成功驱逐荷兰殖民者、收复台湾后，在台湾广开垦区，兴办学堂，将大陆的文化系统移入台湾，初步确立了文教制度，儒学在台湾开始全面传播。

◀ 郑成功（1624–1662），原名森，字明俨，明朝福建泉州府南安县石井人。他 15 岁考中秀才，21 岁入南京国子监研习，拜钱谦益等名儒为师，确立了忠君报国的思想理念。郑成功收复台湾后，着手治理台湾，振兴文教，使儒学在台湾深耕厚植。图为郑成功画像。

▲ 郑成功少时便受科举思想熏陶，其父郑芝龙对其博取科名寄予厚望，曾对人说："余武夫也，此儿倘能博一科名，为门第增光，则幸甚矣。"希望郑成功将来能由科举正途来改变自己出身草莽的家世。图为位于福建晋江安海的星塔，据传郑成功常在塔下苦读。

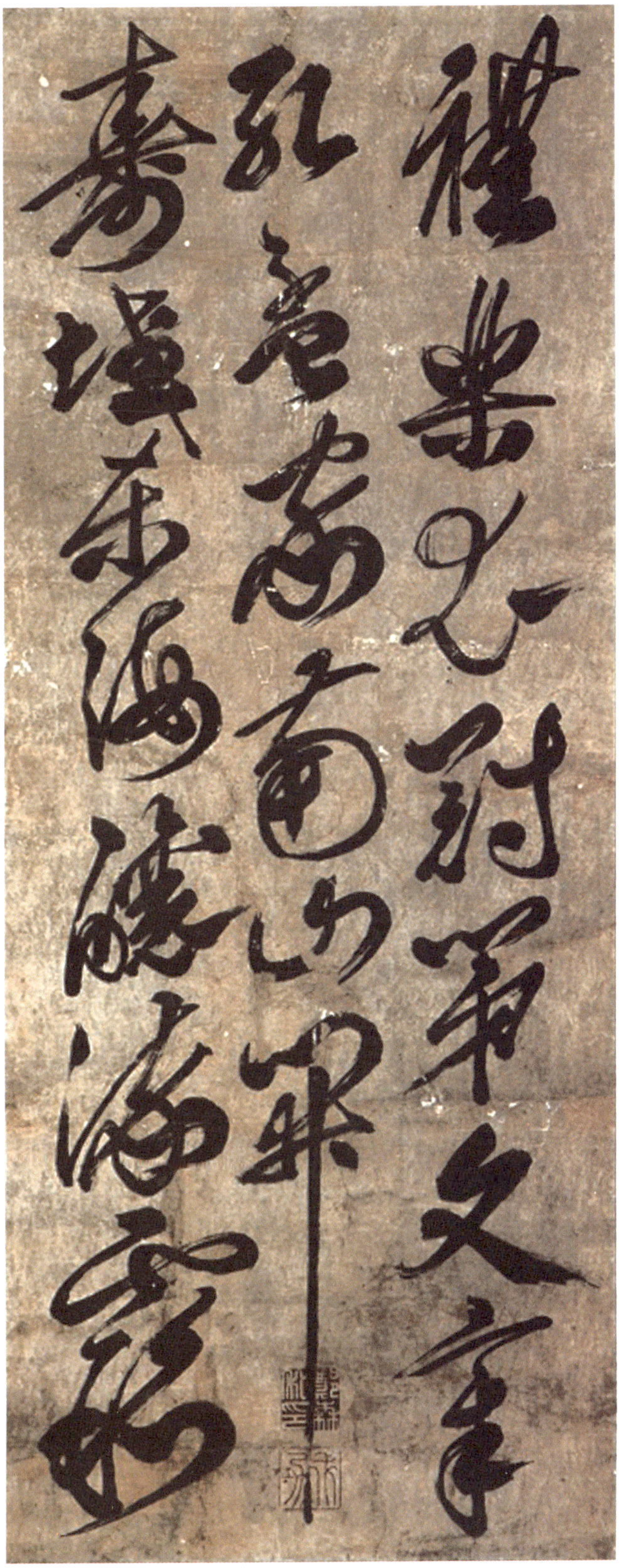

▲ 郑成功手书五绝“礼乐衣冠第，文章孔孟家。南山开寿域，东海酿流霞”。

▲ 陈永华（1634-1680），福建龙溪人，字复甫，谥文正，对儒学在台湾的传播起了筚路蓝缕的作用，为台湾开发作出了重要贡献，被台湾著名史学家连横誉为“行事若诸葛武侯”“有大劳于国家者”。图为位于台南市孔庙附近的台南永华宫。

▲ 台南市柳营区果毅后的陈永华墓

▲ 陈永华所作“梦蝶园记”的碑文，今存于台南市法华寺。

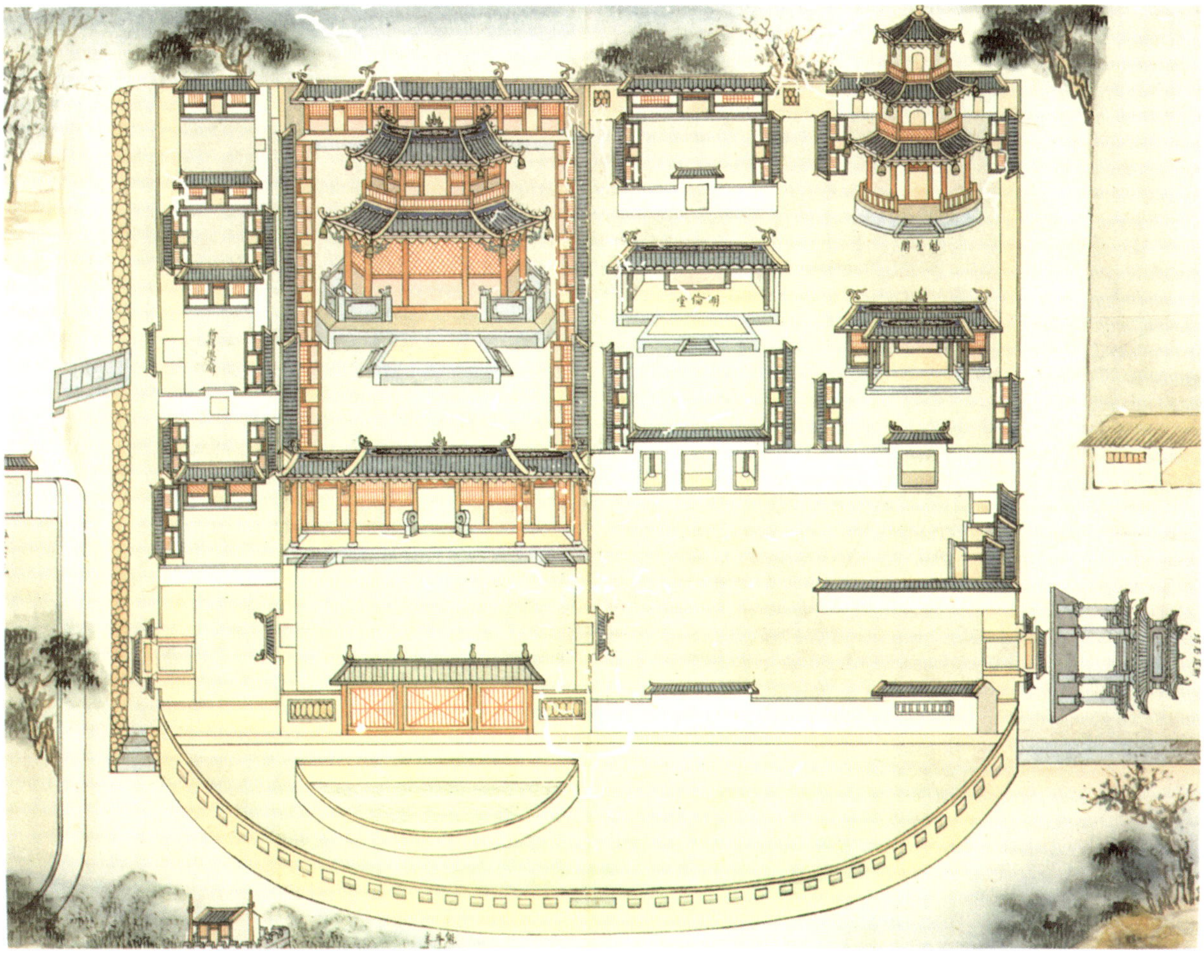

▲ 郑成功之子郑经（1642-1681）继位后，陈永华向其建议：“建立圣庙，设学校，以收人才。”在陈永华的推动下，康熙五年（1666）台南孔庙建成，这是台湾首个儒学教育机构，被称为“全台首学”。图为台湾府学图。

▲ 台南孔庙又称“文庙”，是台湾建立的第一所高等学府，有“全台首学”之称。孔庙内设立“太学”，以讲授儒家经典为主。台南孔庙的建立标志着儒学正式进入了台湾。图为陈永华倡建的台南孔庙。

▲ 陈永华在台湾大力宣导儒学、推行科举，并延聘了一批饱学文人，如南明太仆卿沈光文及其他定居台湾的明朝缙绅等鸿博之士“横经讲学，诵法先王”。图为台南孔庙内的明伦堂。

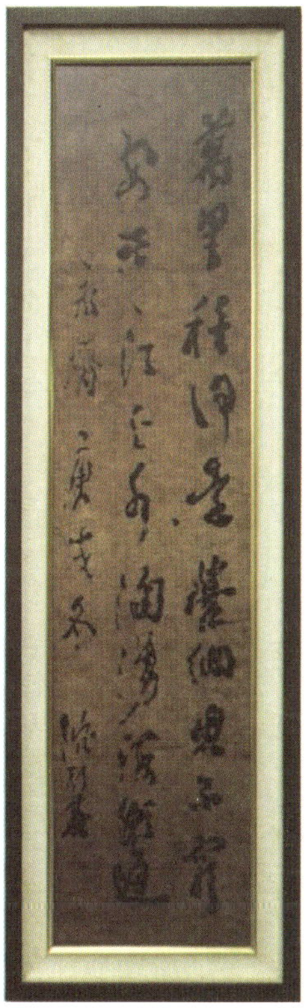

沈光文（1612-1688），字文开，号斯庵，出生于浙江鄞县，后半生因故流寓台湾，对台湾原住民在医疗、文教方面作出重要贡献，是开拓台湾文化荒地的第一人，故誉称“台湾文献初祖”“开台先师”等。

▲ 沈光文及亲笔手书“万里程何远，萦回思不穷。安平江上水，汹涌海潮通”。（现藏于台南善化区中山路的沈光文纪念馆）

文昌信仰

文昌帝君又被称为文昌神、文曲星或文星，人们视其为主管考运、掌理世人禄籍的神明。许多读书人认为，要想金榜题名，既靠实力，也需运气。科举时代有一句流传极广的俗语称："一命二运三风水，四积阴功五读书。"

▲ 台南市赤嵌楼文昌阁魁星像

▲ 台湾的文人往往将文昌信仰纳入自己的日常生活之中，将它与功名、学业对接。图为台北龙山寺供奉的文昌帝君。图为台北龙山寺供奉的文昌帝君。

▲ 儒学、书院、义学、考棚等均有祭祀文昌，以表示对其主宰功名禄位之神威的认可。图为台南孔庙内的文昌阁。

▲ 清末民初台湾供奉孔子或文昌帝君神位的教室

闽师先导

福建官员在台湾大力提倡发展文化教育事业。由于闽台两地语言相通、习俗相近，台湾各府县儒学的教授、教谕、训导等师资也大都由福建派去，他们在台湾教育发展及中华传统文化的传播中发挥了重要的作用。

▲ 清政府对台施政重点之一是社会教化，派任台湾的主要官员多是以兴学重教而著称。图为台湾孔庙中所配祀的清代闽台名宦。

▲ 清朝《吏部则例》规定："台湾府学训导，并台湾等四县教谕、训导缺出，先尽泉州府属之晋江、安溪、同安，漳州府属之龙溪、漳浦、平和、诏安等七学调缺教职内拣选调补。"因此，台湾各类学校的教师大都是从福建派去，他们在台湾教育史上起到极为重要的作用。图为清代闽籍台湾县教谕郑君墓志铭。

◀ 蓝鼎元，字玉霖，号鹿洲，福建漳浦人。他提出台湾之患不在富而在教，治理台湾的当务之急是兴学校、重师儒。在他的倡议下，台湾从郡邑到乡村，普设义学。图为蓝鼎元画像。

▶ 在清代，以朱熹理学思想为代表的闽学具有较高的地位，福建的书院等大都祭祀朱熹。闽籍教师也把以理学为中心的教学思想带到台湾，对台湾的教育产生了深刻的影响。图为朱熹像。

▲ 台湾从康熙五十一年（1712）开始在学宫内添设朱子祠。分巡台厦兵备道陈瑸重建台湾府儒学，在明伦堂左侧建立朱子祠，并撰写了《新建朱文公祠记》，阐述建立朱子祠的缘由。图为朱子祠。

▲ 台湾府县儒学宫内，除了主祀孔子以外，与福建的府县儒学一样均特设朱子祠。图为台湾的书院崇奉朱文公。

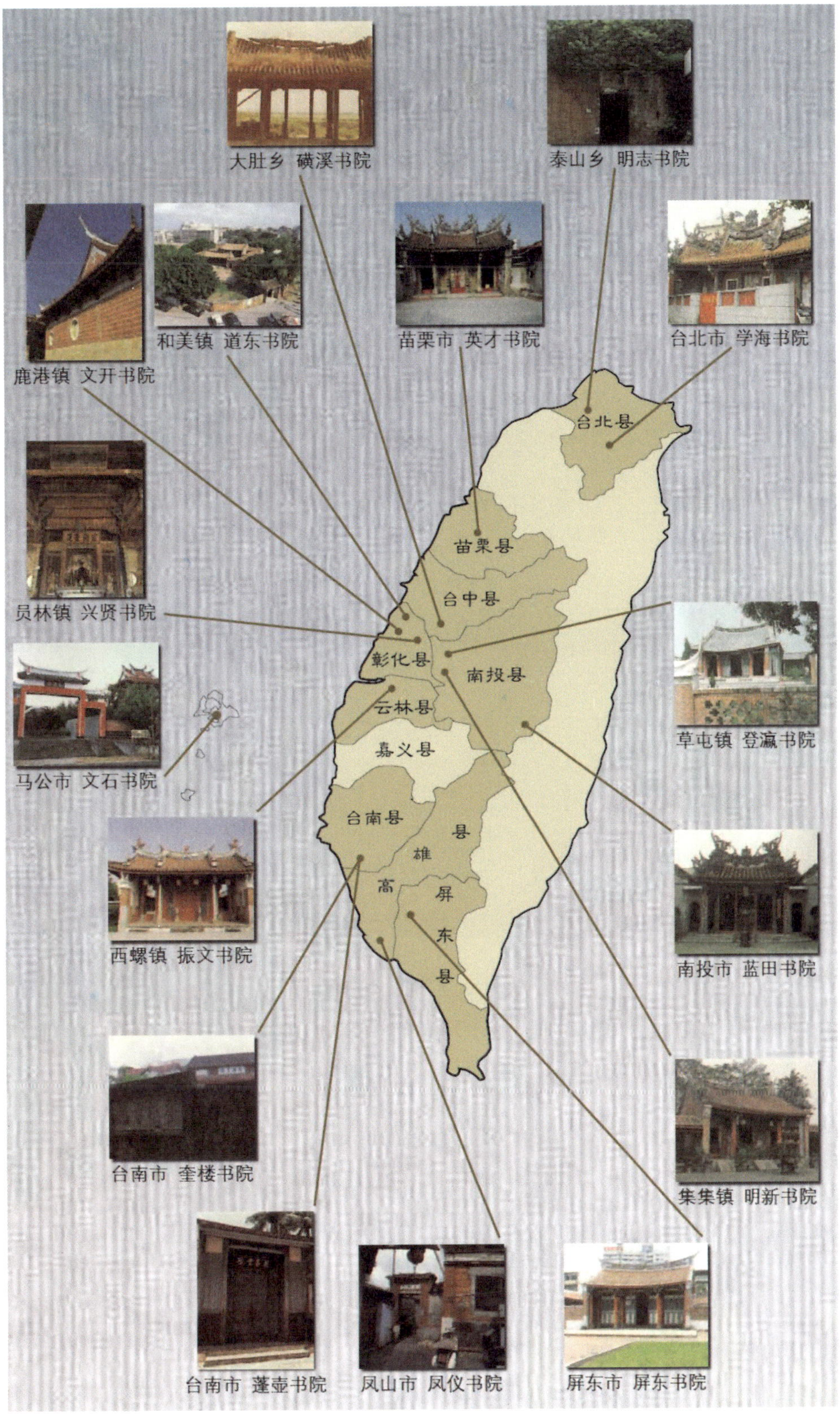

▲ 书院是中国古代教育系统中有别于官学的另一种教育形式，是科举考生学习的主要场所。自康熙以来，台湾即广设书院，文风大开。图为清代台湾部分书院的分布图。

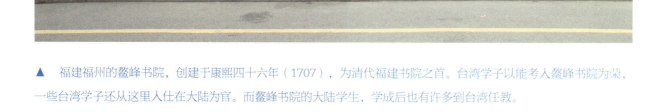

▲ 福建福州的鳌峰书院，创建于康熙四十六年（1707），为清代福建书院之首。台湾学子以能考入鳌峰书院为荣，一些台湾学子还从这里入仕在大陆为官。而鳌峰书院的大陆学生，学成后也有许多到台湾任教。

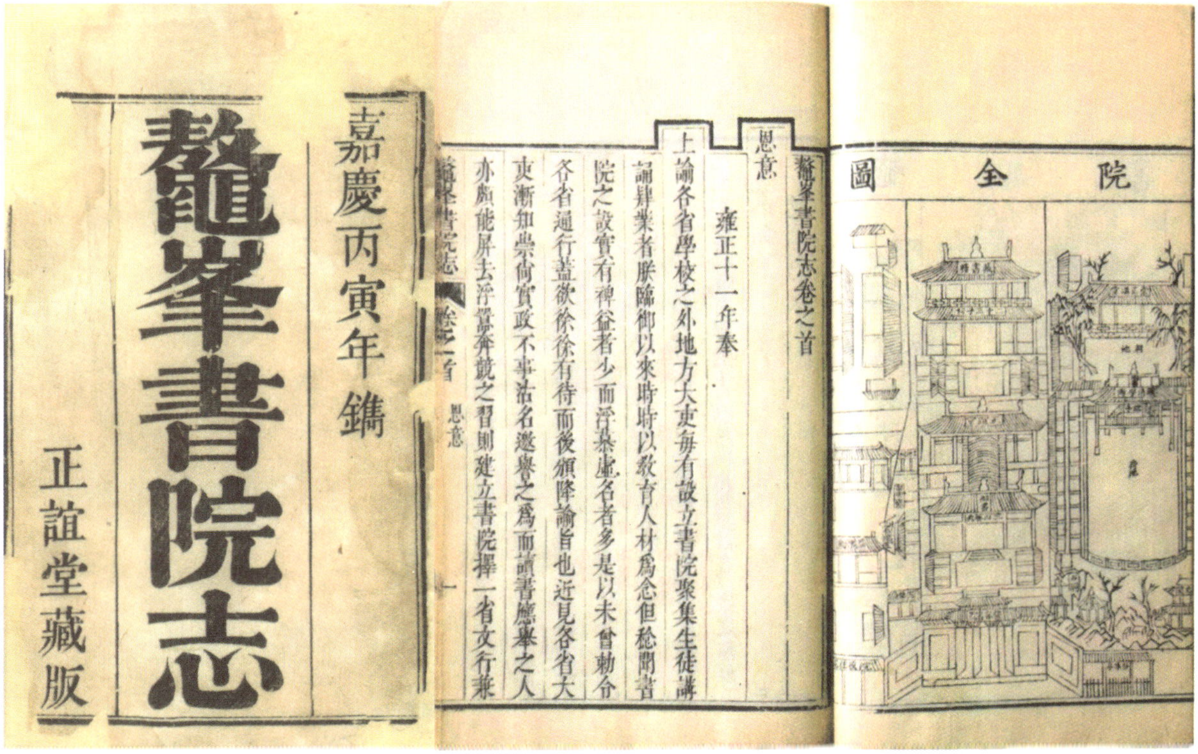
鰲峯書院志

嘉慶丙寅年鐫

正誼堂藏版

鰲峯書院志卷之首

恩意

雍正十一年奉

上諭各省學校之外地方大吏每有設立書院聚集生徒講誦肄業者朕臨御以來時時以教育人材爲念但稔聞書院之設實有裨益者少而浮慕虛名者多是以未曾勅令各省通行蓋欲徐徐有待而後頒降諭旨也近見各省大吏漸知崇尚實政不事沽名邀譽之爲而讀書應舉之人亦頗能屏去浮囂奔競之習則建立書院擇一省文行兼

鰲峯書院志 卷之首 恩意 一

▲ 道光六年（1826）福建巡抚孙文准巡台时，特从鳌峰书院的藏书中，拨出46种图书送给台湾的仰山书院，其中大部分图书是二程、杨时、朱熹的著作。这些藏书扩大了闽学的影响，推动了台湾书院的发展。

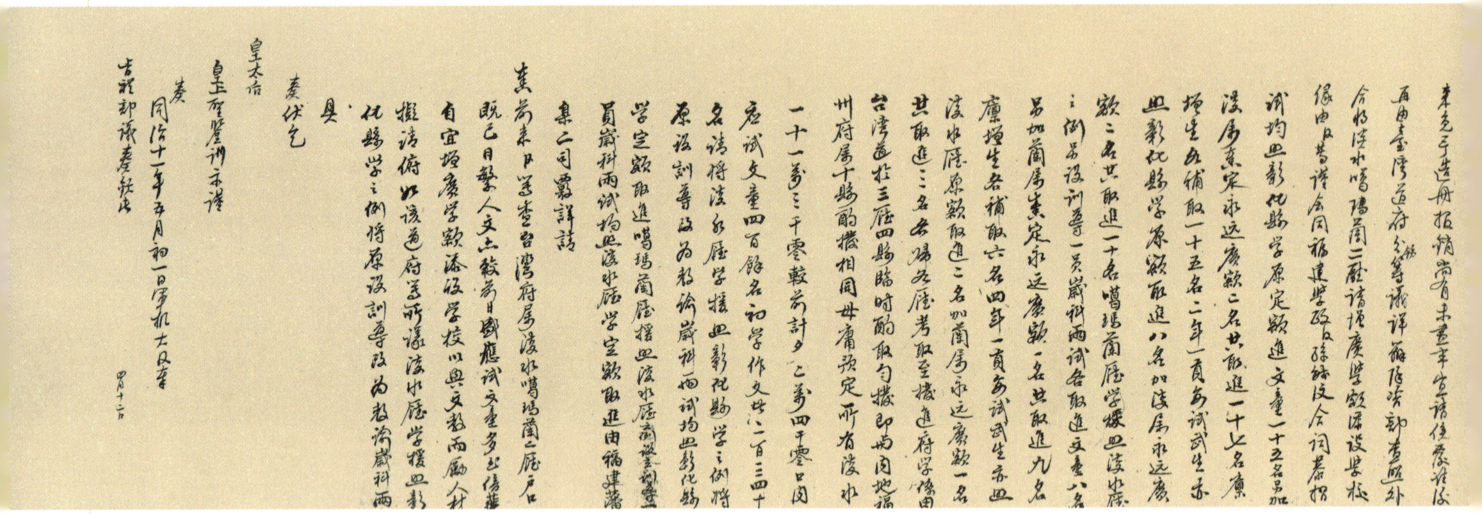

来免亏造册报销常有未尽事宜请俟察核
再由台湾道府分饬等议详藩臬咨部查照外
合将淡水噶玛兰二厅请增广学额添设学校
缘由及前请会同福建学政臣孙钦昂合词恭折
试均与彰化县学原定额进文童一十五名另加
淡属东宁永远广额二名共取进一十七名廪
增生亦补取一十五名二年一贡岁试武生亦
与彰化县学原额取进八名加淡属永远广
额二名共取进一十名噶玛兰厅学拟与淡水厅
之例另设训导一员岁科两试各取进文童八名
另加兰属东宁永远广额一名共取进九名
廪增生各补取六名四年一贡岁试武生亦与
淡水厅原额取进二名加兰属永远广额一名
共取进三名至归厅考取至拨进府学缘由
台湾道于三厅四县临时酌取匀拨即与内地福
州府属十县酌拨相同毋庸预定所有淡水
一十一万三千零较前计多二万四千零口因
应试文童四百余名初学作文共二百三四十
名请将淡水厅学援照彰化县学之例将
原设训导改为教谕岁科两试均照彰化县
学定额取进噶玛兰厅拟照淡水厅前设学额
贡岁科两试均照淡水厅学定额取进由福建藩
臬二司覆详请
奏前来臣等查台湾府属淡水噶玛兰二厅户口
既已日繁人文亦较前日盛应试文童多至倍蓰
自宜增广学额添设学校以兴文教而励人材
拟请俯如该道府等所议淡水厅学援照彰
化县学之例将原设训导改为教谕岁科两
具
奏伏乞
皇太后
皇上圣鉴训示谨
奏
同治十一年五月初一日军机大臣奉
旨礼部议奏钦此
四月十二日

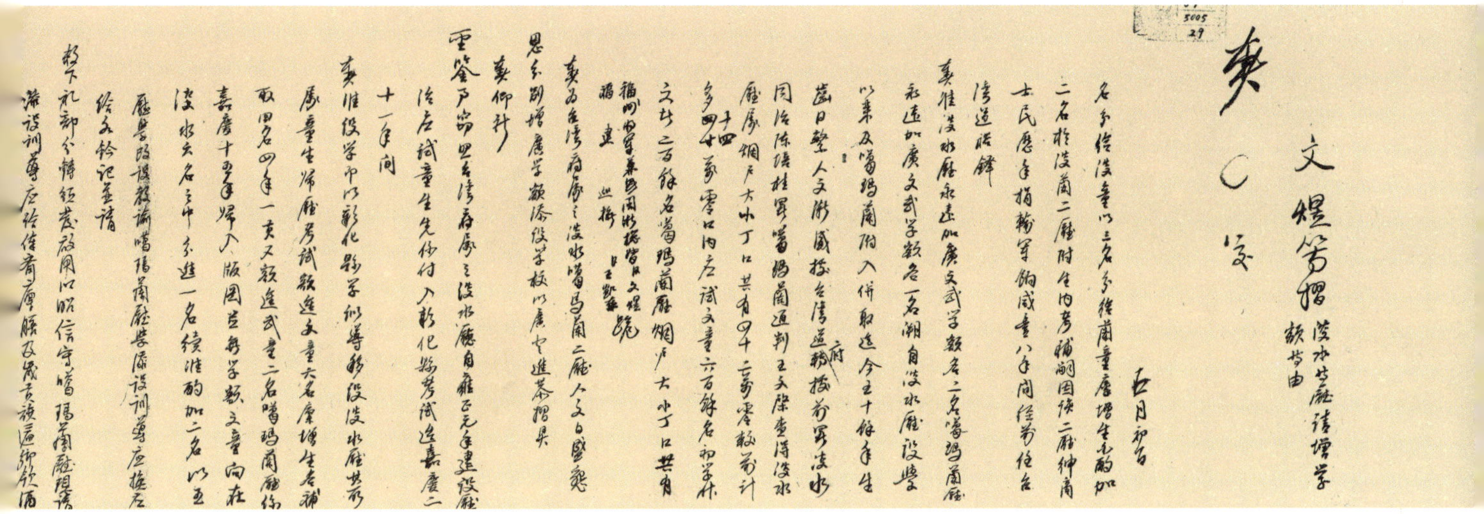

▲ 同治十一年（1872）四月十二日，兼署闽浙总督文煜等奏请在台湾府属淡水等厅分别增广学额、添设学校 。

◀ 在福建地方官员的努力下，台湾各地还设立针对原住民教育的包括义学、社学在内的番学，对于中华传统文化在台湾少数民族区域的传播以及促进番汉融合起了重要作用。图为番女嫁汉。

第二节 施行科举制度

科举制度在台湾的施行始于明郑时期。虽然当时考选制度实行的时间短、开科少，还不够完善，但却是台湾开科取士的开端。清代科举考试分为童试、乡试、会试等。康熙二十六年（1687）春开始，照甘肃宁夏生员之例在台湾开科取士。台湾士子必须参加由福建省统一组织的乡试，录取者再参加在北京举行的会试。

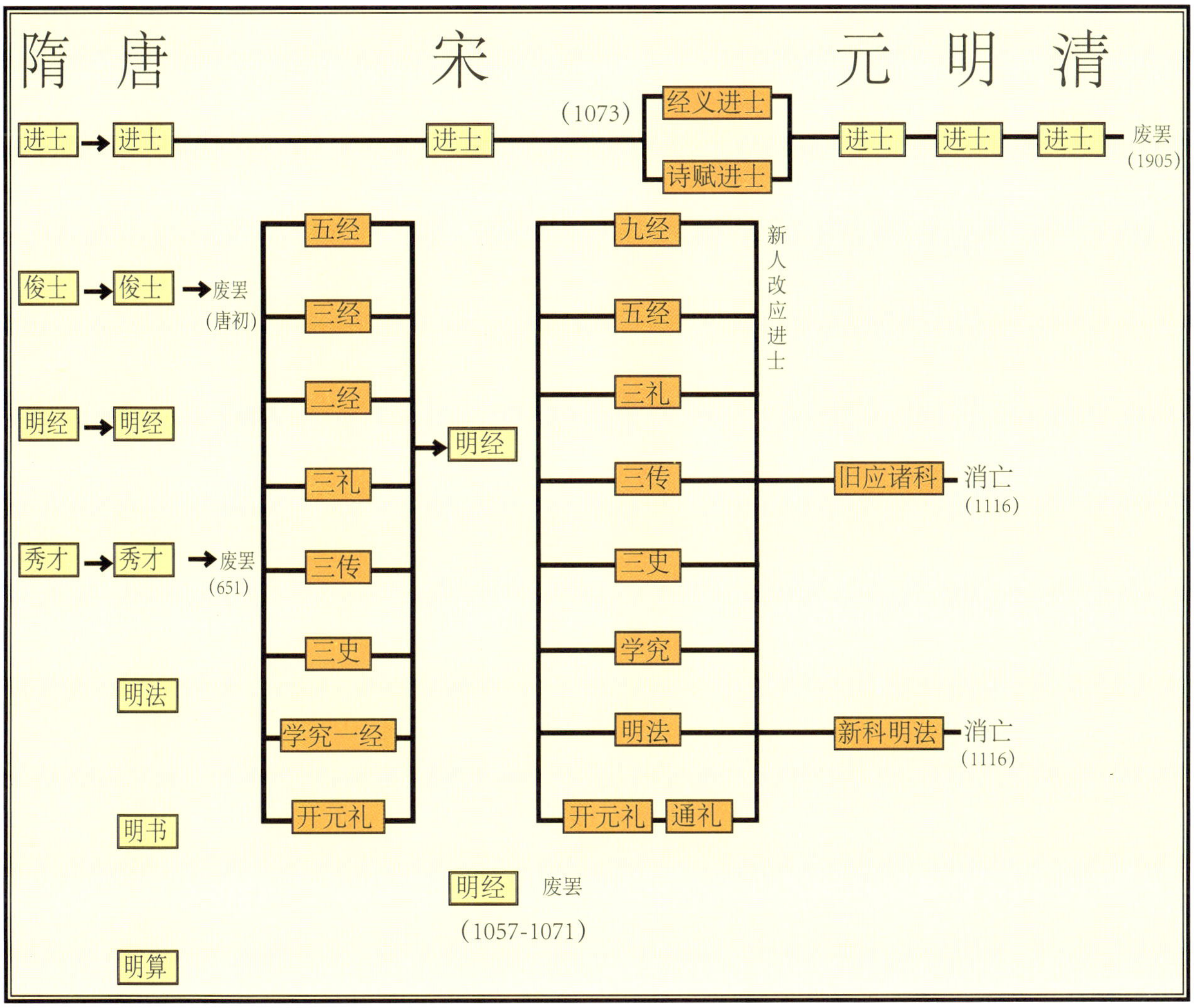

▲ 科举制度作为选拔官员的方式，创始于隋朝，确立于唐朝，完备于宋朝，变革于明、清两朝，废止于清朝末年，在我国存续了 1300 余年。图为历代科举主要科目沿革表。（北京孔庙和国子监博物馆提供）

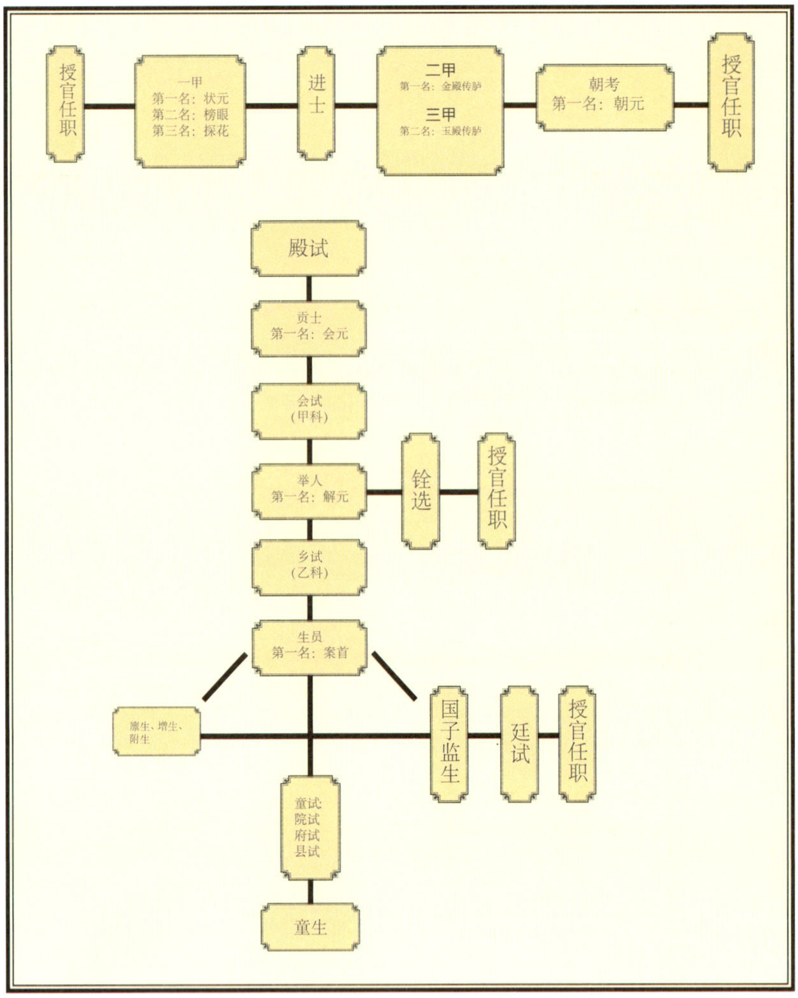

◀ 清代科举考试分级图

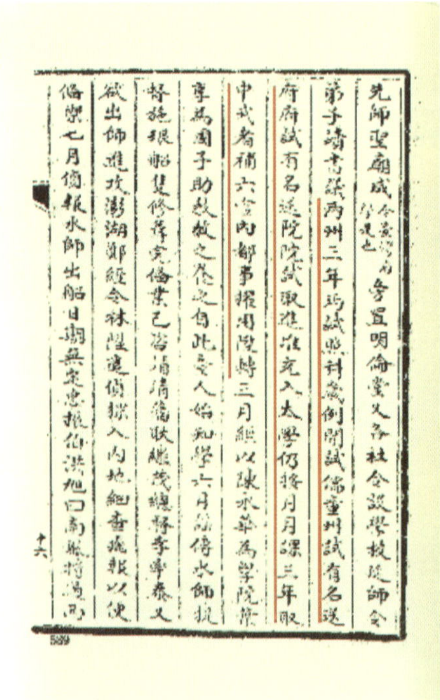
先師聖廟成（今臺灣府學是也），旁置明倫堂，又各社令設學校，延師令
弟子讀書。議兩州三年兩試，照科、歲例開試儒童。州試有名送
府，府試有名送院，院試取進，准充入太學，仍按月月課。三年取
中式者，補六官內都事，擢用陞轉。三月，經以陳永華為學院，葉
亨為國子助教，教之、養之，自此臺人始知學。六月，偽侍水師提
督施琅船隻修葺完備，業已咨請[illegible]狀，總督李率泰又
欲出師進攻澎湖。鄭經令林陞遣偵探入內地細查確報，以便
備禦。七月，偽報水師出船日期無定，忠振伯洪旭同勸經將澎湖

十六

589

清
江日昇識
臺灣外志

◀ 《台湾外志》记载：“议两州三年两试，照科、岁例开试儒童。州试有名送府，府试有名送院。院试取中，准充入太学，仍按月月课。三年取中式者，补六官内都事，擢用升转。”

童试

明清童试由各省学政统一组织实施，每三年举行两次，称为“岁试”“科试”，每次都必须经过县试、府试和院试，分别由知县、知府、学政主持。由于交通不便，台湾的院试由分巡台厦道等负责主持，考试地点在台湾府治所在地，所以院试在台湾又称为“道试”。童试成功者，为生员，进入当地儒学读书，俗称“中秀才”。

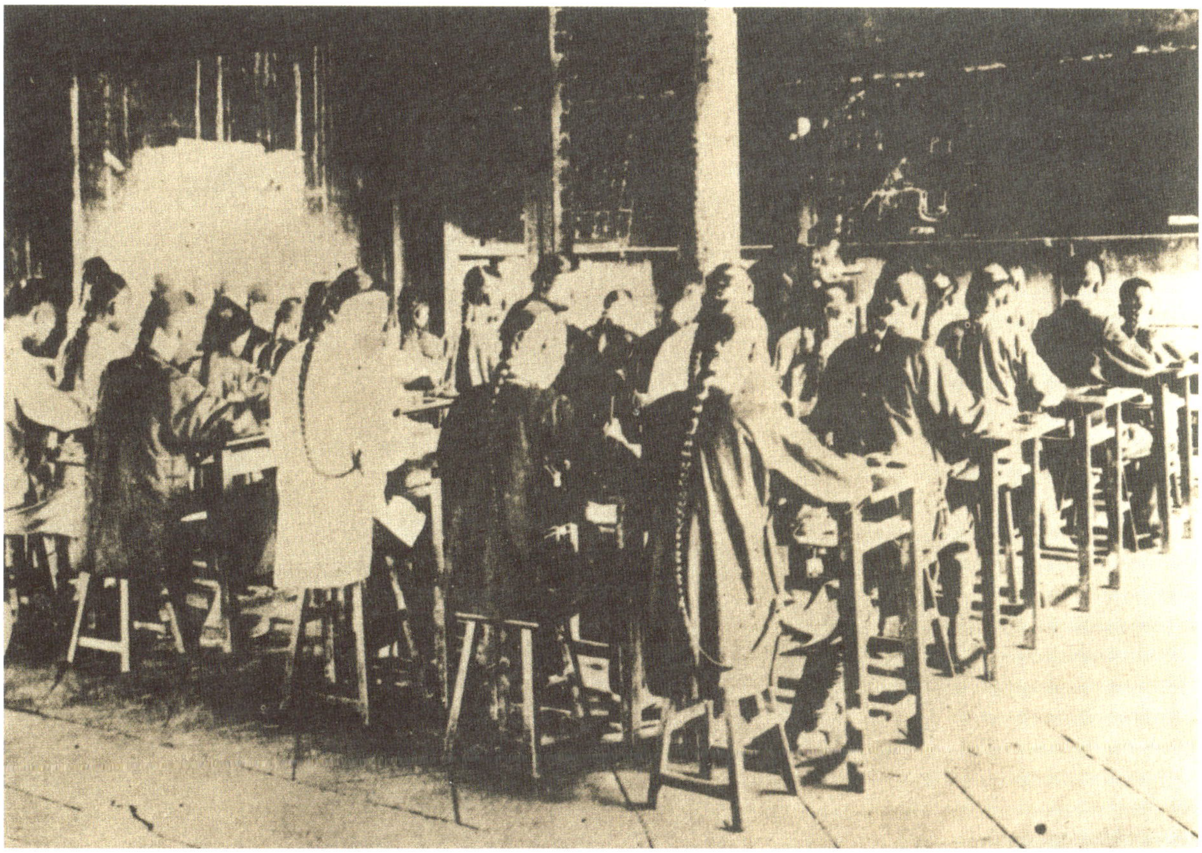

▲ 台湾士子就学图（林文龙《台湾的书院与科举》）

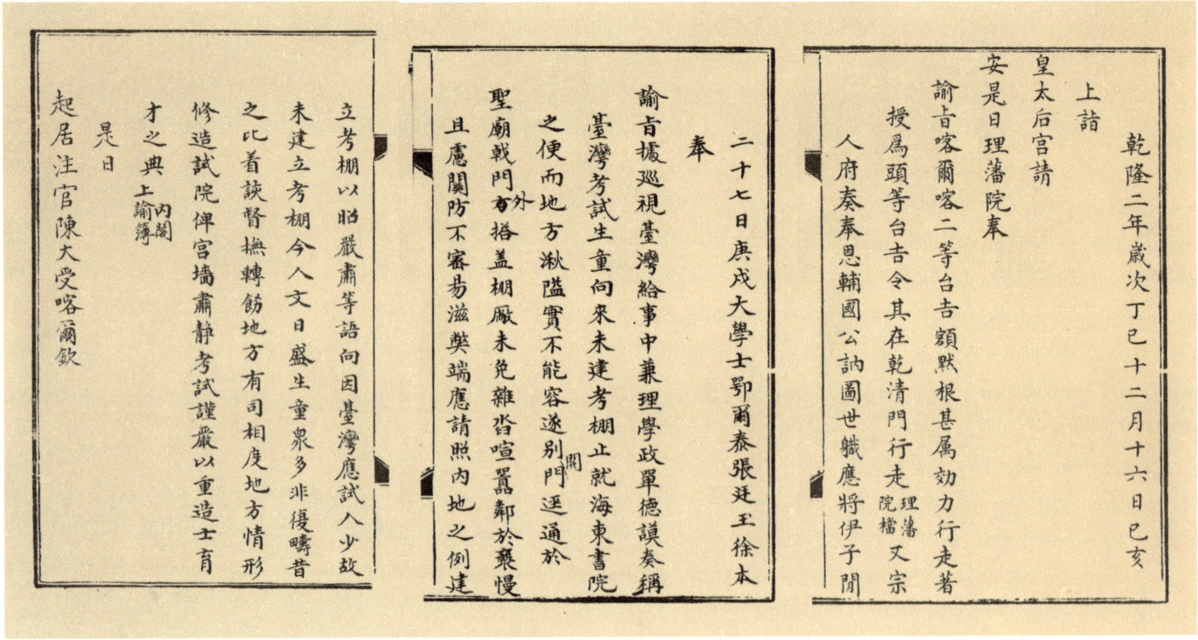

乾隆二年歲次丁巳十二月十六日己亥

上詣

皇太后宮請

安是日理藩院奏

諭旨喀爾喀二等台吉額默根甚属効力行走著

授爲頭等台吉令其在乾清門行走理藩院檔又宗

人府奏奉恩輔國公訥圖世職應將伊子閒

二十七日庚戌大學士鄂爾泰張廷玉徐本

奉

諭旨據巡視臺灣給事中兼理學政單德謨奏稱

臺灣考試生童向來未建考棚止就海東書院

之便而地方湫隘實不能容遂别開門逕通於

聖廟戟門外搭蓋棚廠未免雜沓喧囂鄰於褻慢

且應關防不密易滋弊端應請照内地之例建

立考棚以昭嚴肅等語向因臺灣應試人少故

未建立考棚今人文日盛生童衆多非復疇昔

之比着該督撫轉飭地方有司相度地方情形

修造試院俾宮墻肅静考試謹嚴以重造士育

才之典上諭簿（内閣）

是日

起居注官陳大受喀爾欽

▲ 随着教育的发展，考生日渐增多，乾隆二年（1737）十二月二十七日谕令：台湾人文日盛，生童众多，相度情形修造试院考棚。

▲ 光绪十七年（1891）台湾省城（台中）儒考棚建成，考棚建筑群位于台湾府小北门内。图为考棚建筑的一部分，是主考官坐镇监考之处。

▲ 光绪元年（1875）台湾分设台北府，并筹建试院。光绪十三年（1887），淡水贡生洪腾云慷慨捐资建成考棚，首任福建台湾巡抚刘铭传为其请旨嘉奖，建造“急公好义”牌坊。

▲ 清代秀才像

▲ 清代考生赴考时携带的考篮

乡试

乡试三年一试，于八月举行，中试者为举人。乡试是竞争最为激烈的一级考试，俗称“金举人，银进士”。台湾为福建九府之一，考生须渡海赴省会福州参加乡试，光绪十一年（1885）台湾建省后依旧沿用此例。

▲ 清政府统一台湾后，于康熙二十三年（1684）设台湾府，隶福建省，为福建第九府。图为福州屏山东麓泰山庙内保存的清代福建全省各州府城隍壁画，其中包括台湾府城隍。

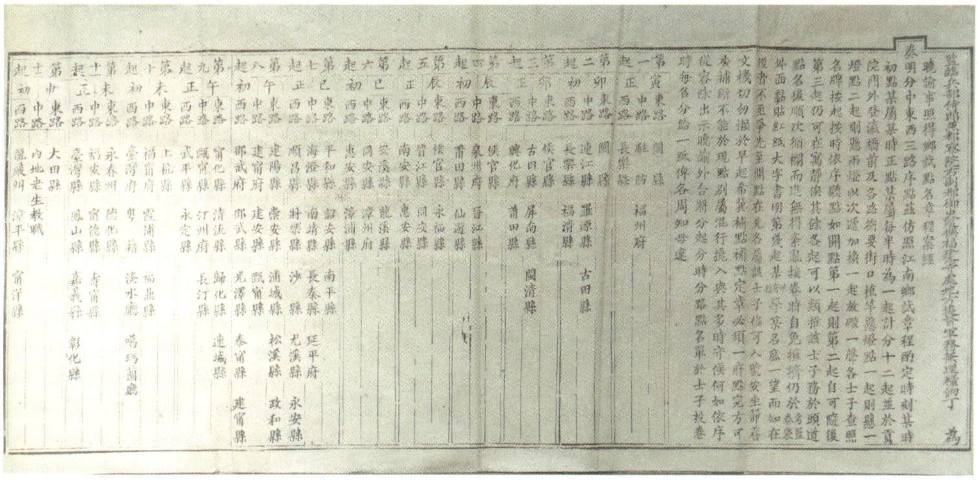

▲ 福建乡试点名章程，规定了全省各地考生入场点名的时间顺序，其中台湾各属举子排在第十起到第十一起，未时（13-15点）入场。

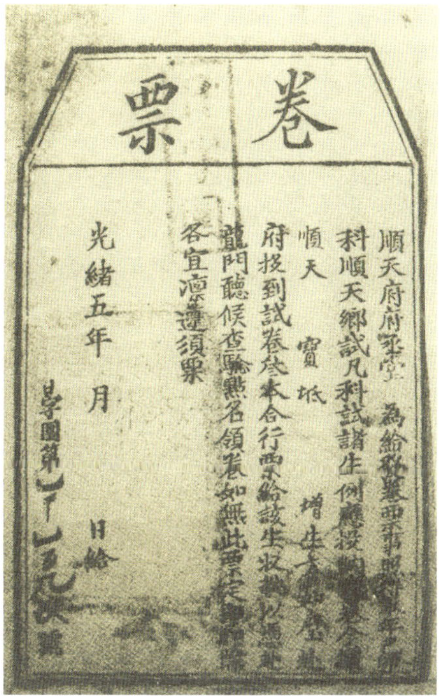

▲ 金门人林豪于咸丰九年（1859）参加福州乡试，这一科录取名额为205人，而应试者竟逾9000人，竞争十分激烈。在乡试期间，林豪写了《棘闱杂咏》20首，记录了在考场的所见所闻。图为考生卷票。

▲ 福建乡试的地点：福州贡院及考棚。

▲ 福建乡试放榜在福州鼓楼。台湾举人陈肇兴（1831－？）在《第一楼观榜》中生动地记述了乡试观榜情形。他写道，自己从台湾“买棹初从福地游”，参加乡试后，在“桂花香满越山秋”的日子里到第一楼去观榜，是年两科合并录取举人 225 名，于是“同榜人夸从古少”。图为福建乡试看榜地点：福州的第一楼——鼓楼。

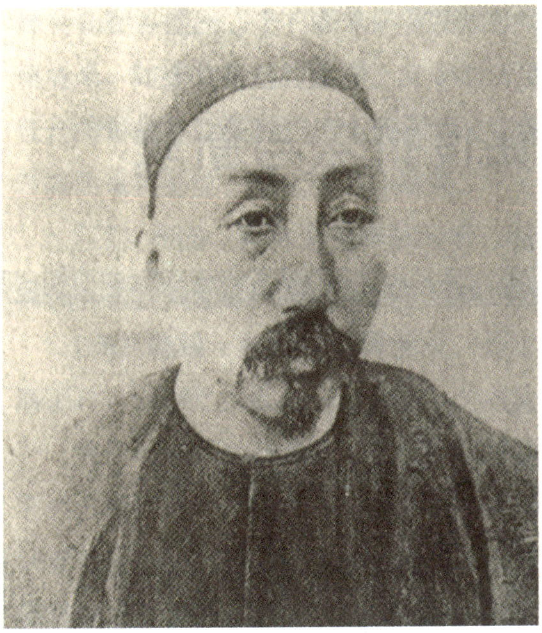

▲ 台湾首任巡抚刘铭传像

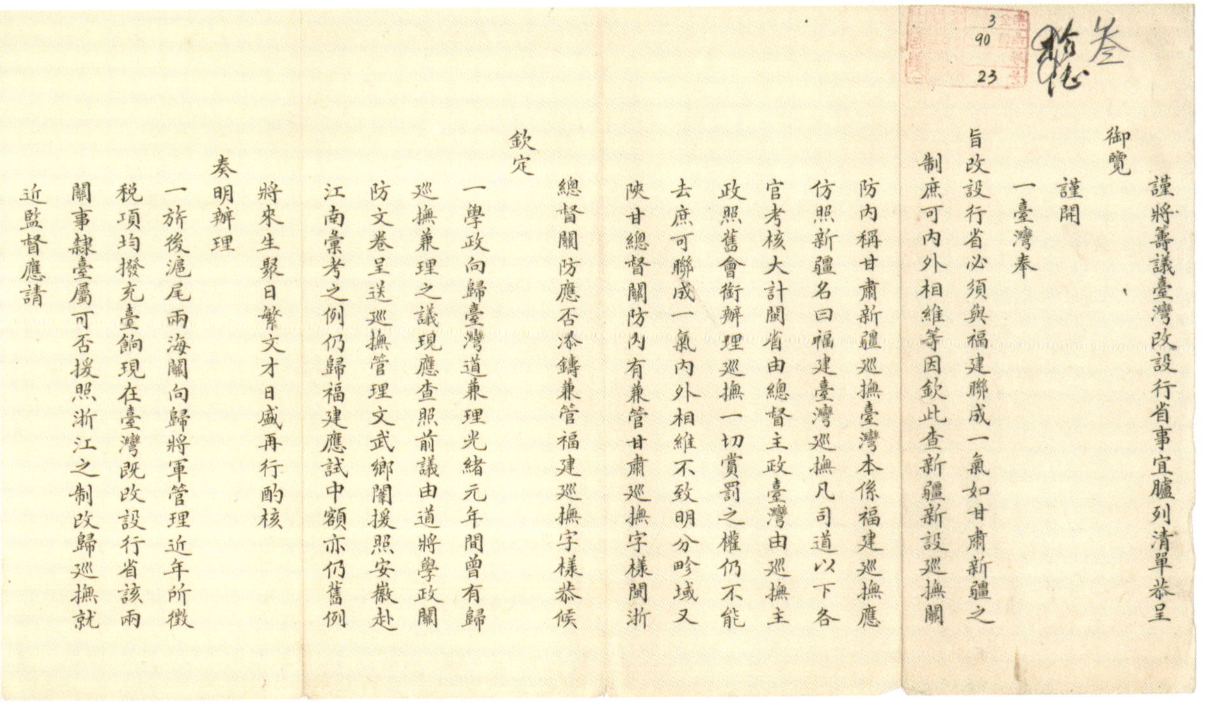

謹將籌議臺灣改設行省事宜臚列清單恭呈
御覽
謹開
一臺灣奉
旨改設行省必須與福建聯成一氣如甘肅新疆之
制庶可內外相維等因欽此查新疆新設巡撫關
防內稱甘肅新疆巡撫臺灣本係福建巡撫應
仿照新疆名曰福建臺灣巡撫凡司道以下各
官考核大計閩省由總督主政臺灣由巡撫主
政照舊會銜辦理巡撫一切賞罰之權仍不能
去庶可聯成一氣內外相維不致明分畛域又
陝甘總督關防內有兼管甘肅巡撫字樣閩浙
總督關防應否添鑄兼管福建巡撫字樣恭候
欽定
一學政向歸臺灣道兼理光緒元年間曾有歸
巡撫兼理之議現應查照前議由道將學政關
防文卷呈送巡撫管理文武鄉闈援照安徽赴
江南彙考之例仍歸福建應試中額亦仍舊例
將來生聚日繁文才日盛再行酌核
奏明辦理
一旂後滬尾兩海關向歸將軍管理近年所徵
稅項均撥充臺餉現在臺灣既改設行省該兩
關事隸臺屬可否援照浙江之制改歸巡撫就
近監督應請

▲ 光绪十一年（1885）台湾建省后，台湾巡抚刘铭传奏请台湾生员“仍归福建应试，中额亦仍旧例”并获准。图为光绪十二年(1886)六月十三日，光绪皇帝上谕《着台湾文武乡闱仍归福建应试》。

▲ 清代的观榜图（北京孔庙和国子监博物馆提供）

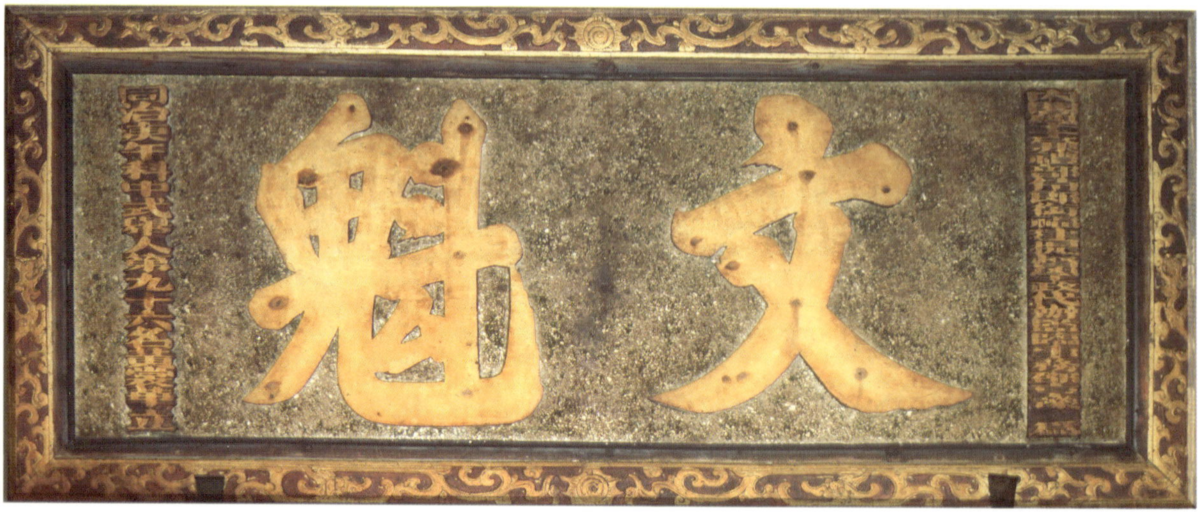

▲ 举人可以在家宅门上悬挂“文魁”匾额。图为台湾进士黄裳华的文魁匾额，现悬挂于台南佳里区黄氏宗祠内。

▲ 乡试放榜后设“鹿鸣宴”宴请新科举人，以示庆贺。举人除可参加会试外，亦可入仕，选任为知县或教职。图为清末吴友如《点石斋画报》所绘“鹿鸣盛宴图”。

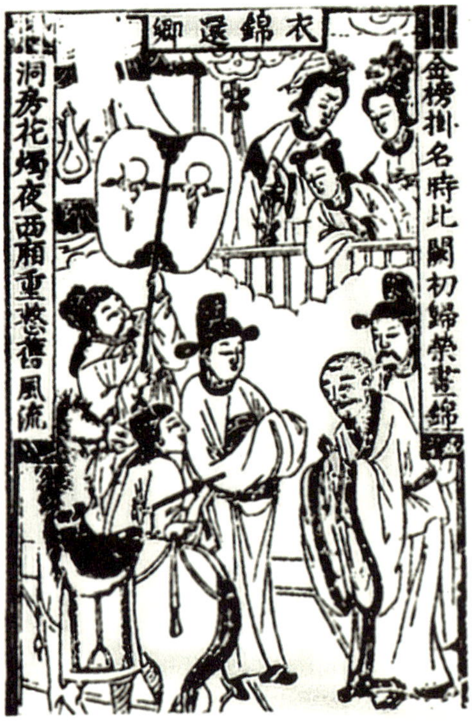

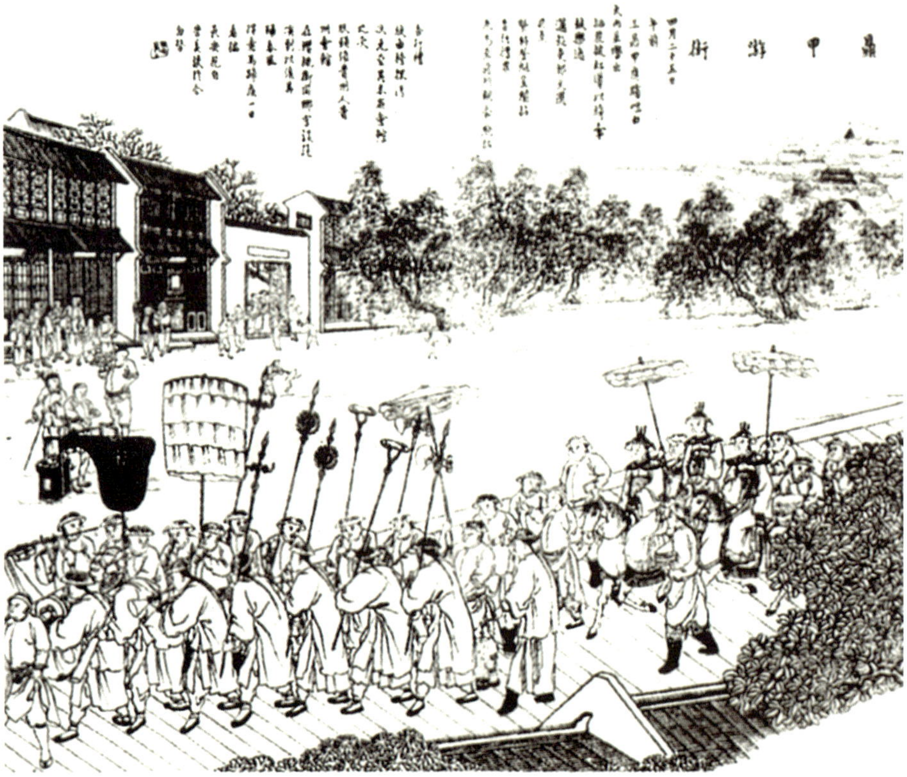

▲ 在台湾素有“穷秀才，富举人”的说法，秀才一旦中举，不仅会被重金请去任教，还可跻身名流，乡里亦觉与有荣焉。正如连横所言“其幸而得志者，则可以纡青紫，佩印绶，博富贵，为宗族交游光宠”。图为清代“鼎甲游街”图。

会试

会试三年一科，在乡试的次年举行，考取者称之为“贡士”。贡士还要参加会试之后的殿试，合格后称为“进士”。

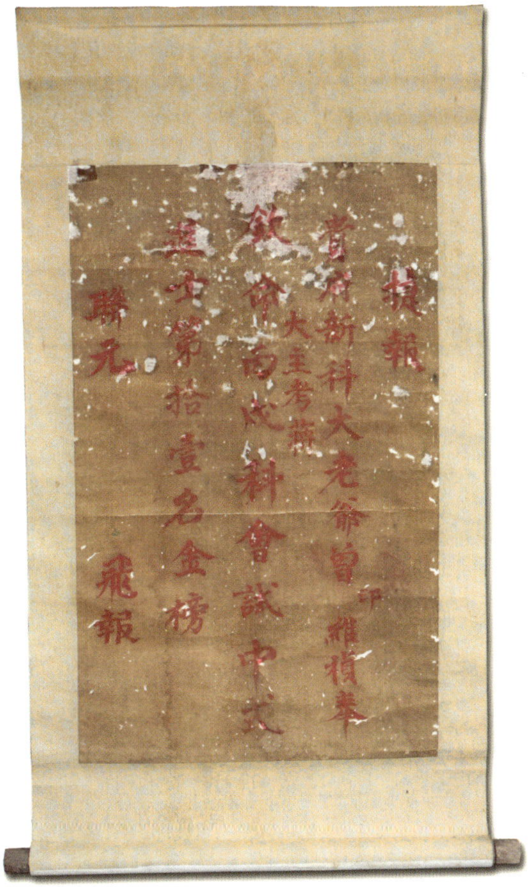

▲ 台湾进士曾维桢会试中式的捷报（现存于其后人手中）

▲ 贡院之号舍图

▲ 明清北京贡院旧照

朱卷、墨卷

明、清两朝，为防考官阅卷时辨认笔迹作弊，乡试及会试场内，应试人的原卷须弥封糊名，由誊录人用朱笔誊写一遍送交考官，称为“朱卷”。应试人的原卷即称“墨卷”，又称“闱墨”。

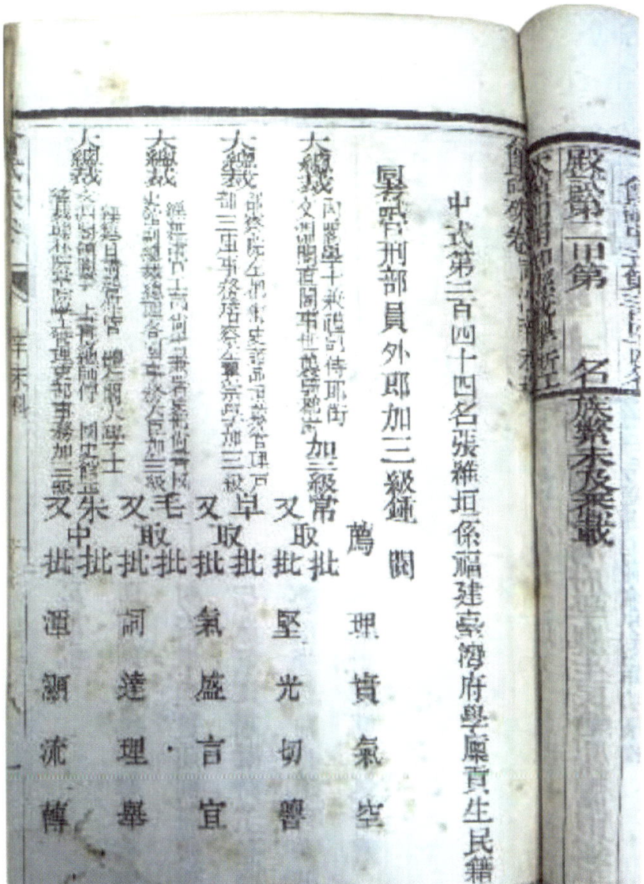

▲ 台湾进士张维垣（1827–1892）会试朱卷的批语

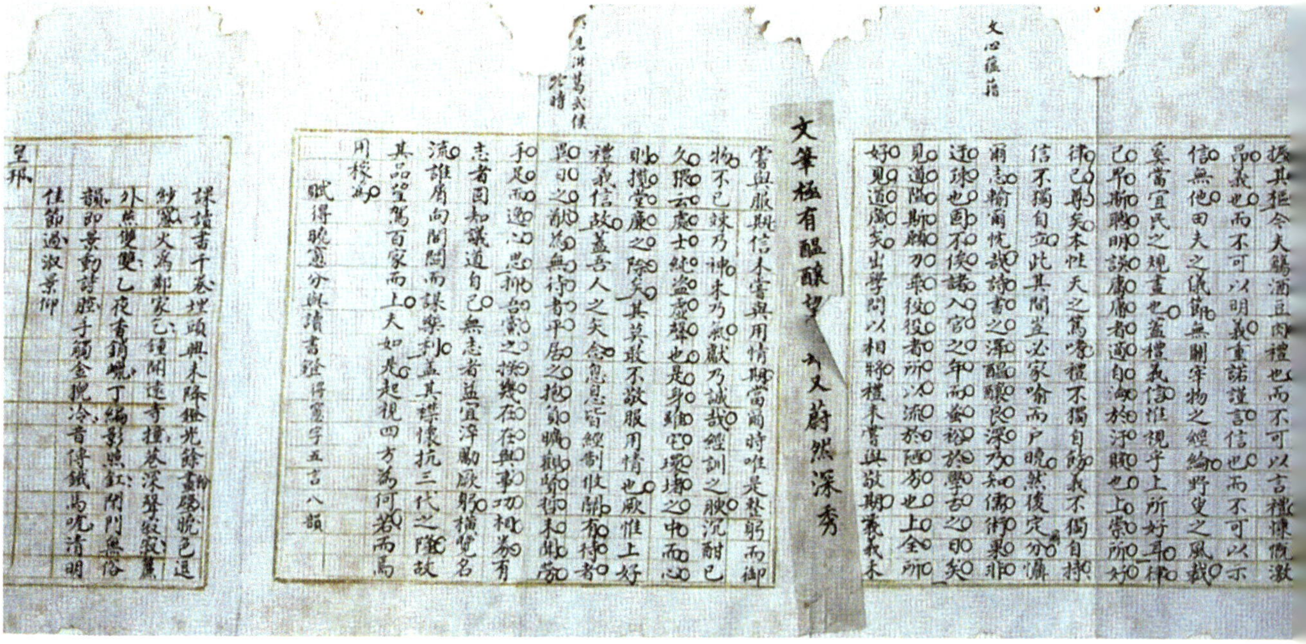

▲ 考生墨卷

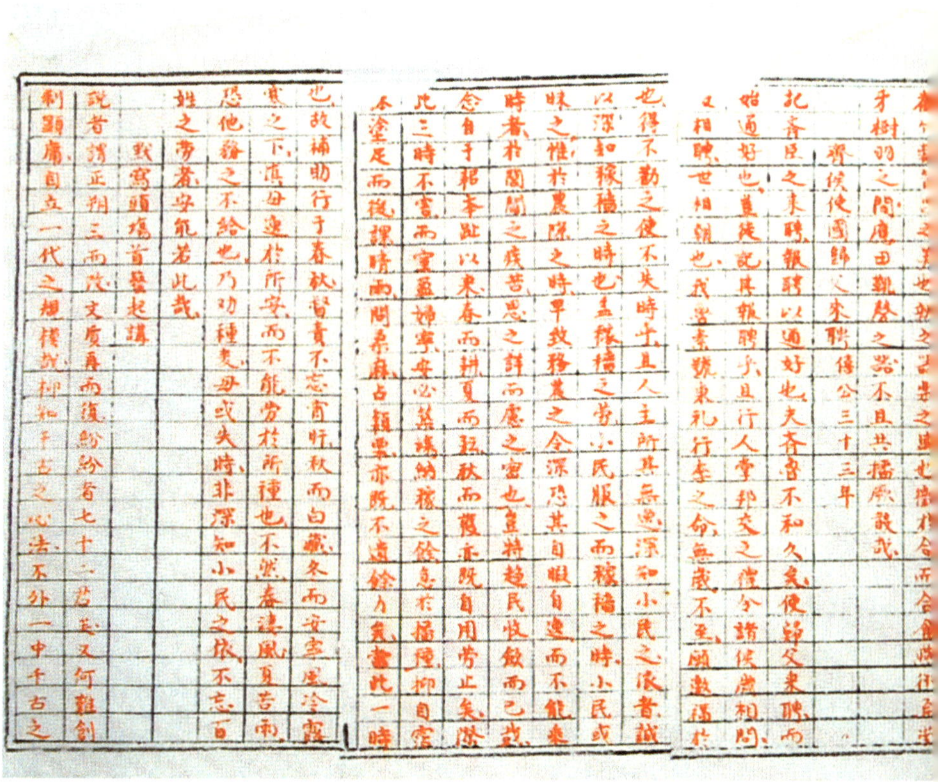

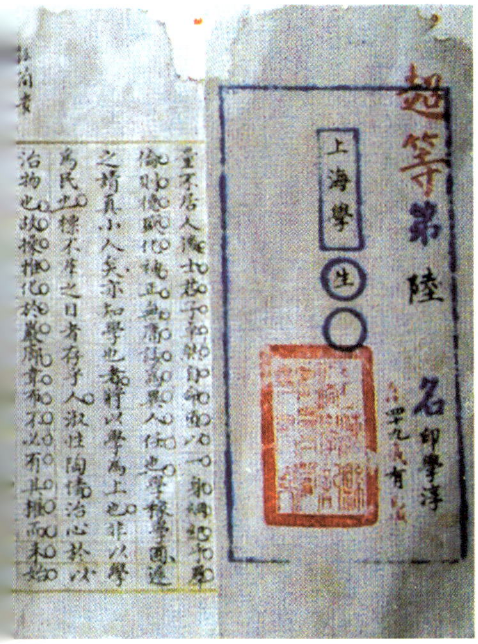

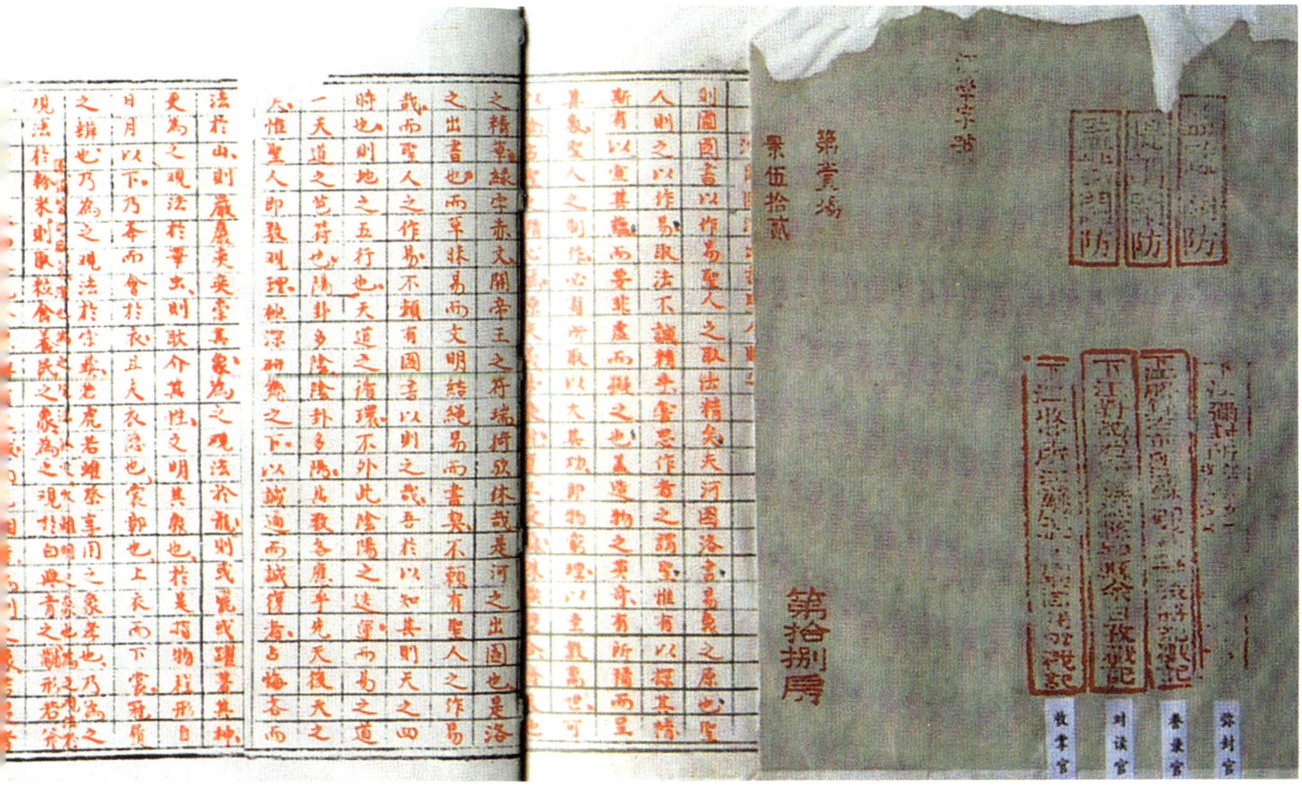

▲ 考生朱卷（资料来源于《科举文化特展图录》）

家修者廷獻之本所以三代之良吏不外醇儒吾人之政
事半由文學假令儒行之有虧又安望官箴之恪守乎大
抵古之察士首在察行流及既衰或不免於別居之謠今
之考士不廢考文究其終極又不免乎虛車之誚夫惟行
必顧言名必副實思國家待士之重則何以重其遠謨念
聖賢望我之殷則何以殷其擔荷清夜以思當知從事矣
皇朝學校休明人文薈萃士生其間敢不切求乎植品之原乎
制策又曰兵所以威天下實所以安天下整軍經武保大定功
實由於此臣謹案古者兵出於農伍兩卒旅之法即寓之
鄉田同井之中所以無事則務農有事則治兵其道一也
三代而後始分兵民而二之古制浸失漢置材官於郡國
而京師有南北軍屯唐初設府兵一變而為彍騎再變而
為方鎮宋兵有禁廂蕃鄉之目元立五衛明設京兵邊兵
其制各異而其法之善與否則固有利少而弊多者矣拘
乎其法豈所語於善用兵乎至於訓練之法漢有都肄唐
有講武宋有大閱而要其切於實用者則莫如明之戚繼
光所著練兵實紀其稱一練伍法二練膽氣三練耳目四
練營陣五練將六練手足其於用兵大要真能詳哉言之
誠即其義而思之則守乎古制酌乎今宜戰功之超著良
有以也夫兵者所以衛也不足不可以言兵不精亦不可
以言兵選精銳汰老弱簡器械申紀律其道不外乎此矣
國家整軍經武干城足備腹心又何難一兵得一兵之用哉
若此者修學以迪德課績以考成植品以修文整師以奮
武上登三下咸五仁聖之事賅帝王之道備矣臣尤伏願
皇上新又日新治益求治聖德已修而猶勤乙覽官箴已肅而
猶飭寅恭士風已正而不忘申重民俗已安而益練丁壯
由是日新昭其德雲從見其休霞蔚徵其化風行顯其治
奉三無而立極奄九有以來同上迓蕃釐下綏多祐則我
國家億萬年有道之長基此矣臣末學新進罔識忌諱干冒
宸嚴不勝戰慄隕越之至臣謹對

印卷官
禮部儀制清吏司額外主事臣宗室霍穆歡
禮部儀制清吏司候補主事臣王、楚

周賢麟朱瑞梁潘載

應
殿試舉人臣陳鴻作年叁拾貳歲貴州貴陽府貴筑縣人由優貢生應咸豐
貳年鄉試中式由舉人應咸豐玖年會試中式今應
殿試謹將三代腳色開具於後
一三代
曾祖秀萬　祖振　父瀅

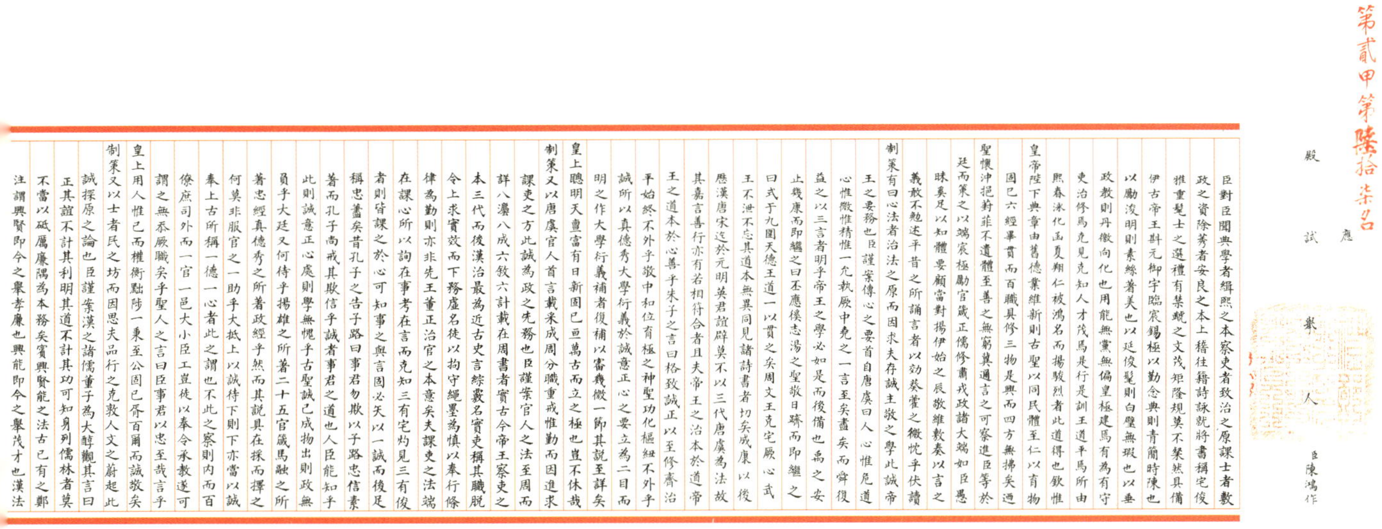
第貳甲第陸拾柒名

應殿試舉人臣陳鴻作

臣對臣聞典學者緝熙之本察吏者致治之原課士者數
政之資除莠者安良之本上稽往籍詩詠既將書稱宅俊
雅重髦士之選禮有棨戟之文茂矩隆規莫不粲然具備
伊古帝王斟元御宇臨宸錫極以勤念典則青簡時陳也
以勵浚明則素絲著美也以延俊髦則白璧無瑕也以垂
政教則丹徼向化也用能無黨無偏皇極建焉有為有守
吏治修焉克見克知人才茂焉是行是訓王道平焉所由
熙春泳化玉夏翔仁被鴻名而揚駿烈者此道得也欽惟
皇帝陛下典章由舊德業維新則古聖以同民體至仁以育物
固已六經畢貫而百職具修三物是興而四方無拂矣迺
聖懷沖挹葑菲不遺體至善之無窮冀通言之可察進臣等於
廷而策之以端宸極勵官箴正儒修肅戎政諸大端如臣愚
昧奚足以知體要顧當對揚伊始之辰敬維敷奏以言之
義敢不勉述平昔之所誦言者以効葵藿之微忱乎伏讀
制策有曰心法者治法之原而因求夫存誠主敬之學此誠帝
王之要務也臣謹案傳心之要首自唐虞曰人心惟危道
心惟微惟精惟一允執厥中堯之一言至矣盡矣而舜復
益之以三言者明乎帝王之學必如是而後備也禹之安
止幾康而即繼之曰丕應徯志湯之聖敬日躋而即繼之
曰式于九圍天德王道一以貫之矣周文王克宅厥心武
王不泄不忘其道本無異同見諸詩書者切矣成康以後
歷漢唐宋迄於元明英君誼辟莫不以三代唐虞為法故
其嘉言善行亦有若相符合者且夫帝王之治本於道帝
王之道本於心善乎朱子之言曰格致誠正以至修齊治
平始終不外乎敬中和位育極之神聖功化樞紐不外乎
誠所以真德秀大學衍義於誠意正心之要立為二目而
明之作大學衍義補者復補以審幾微一節其說至詳矣
皇上聰明天亶富有日新固已亘萬古而立之極也豈不休哉
制策又以唐虞官人首言載采成周分職重戒惟勤而因進求
課吏之方此誠為政之先務也臣謹案官人之法至周而
詳八灋八成六敘六計載在周書者實古今帝王察吏之
本三代而後漢治最為近古史言綜覈名實吏稱其職脫
令上求實效而下務虛名徒以拘守繩墨為慎以奉行條
律為勤則亦非先王董正治官之本意矣夫課吏之法端
在課心所以詢在事考在言而克知三有宅灼見三有俊
者則皆課之於心可知事之與言固必天以一誠而後足
稱忠藎矣昔孔子之告子路曰事君勿欺以子路忠信素
著而孔子尚戒其欺信乎誠者事君之道也人臣能知乎
此則誠意正心處則學無愧乎古聖誠己成物出則政無
負乎大廷又何待乎揚雄之所著二十五官箴馬融之所
著忠經真德秀之所著政經乎然而其說具在採而擇之
何莫非服官之一助乎大抵上以誠待下則下亦當以誠
奉上古所稱一德一心者此之謂也不此之察則內而百
僚庶司外而一官一邑大小臣工豈徒以奉令承教遂可
謂之無忝厥職矣乎聖人之言曰臣事君以忠至哉言乎
皇上用人惟己而權衡黜陟一秉至公固已胥百爾而誠敬矣
制策又以士者民之坊而因思夫品行之克敦人文之蔚起此
誠探原之論也臣謹案漢之諸儒董子為大醇觀其言曰
正其誼不計其利明其道不計其功可知身列儒林者莫
不當以砥厲廉隅為本務矣賓興賢能之法古已有之鄭
注謂興賢即今之舉孝廉也興能即今之舉茂才也漢法

▲ 咸丰九年（1859）陈鸿作殿试卷

大小金榜

金榜是清代科举考试最高级——殿试的成绩榜。大、小金榜成套，为黄纸墨书考中进士人的名次、姓名、籍贯，满、汉文合璧，押皇帝之宝，以皇帝诏令的形式下达。文科大金榜张挂于东长安门，武科大金榜张挂于西长安门，三天后收回宫中。小金榜由内阁中书四人书写，呈给皇帝御览，然后存于宫中。

▲ 陈列于北京孔庙内的同治七年（1868）戊辰科大金榜

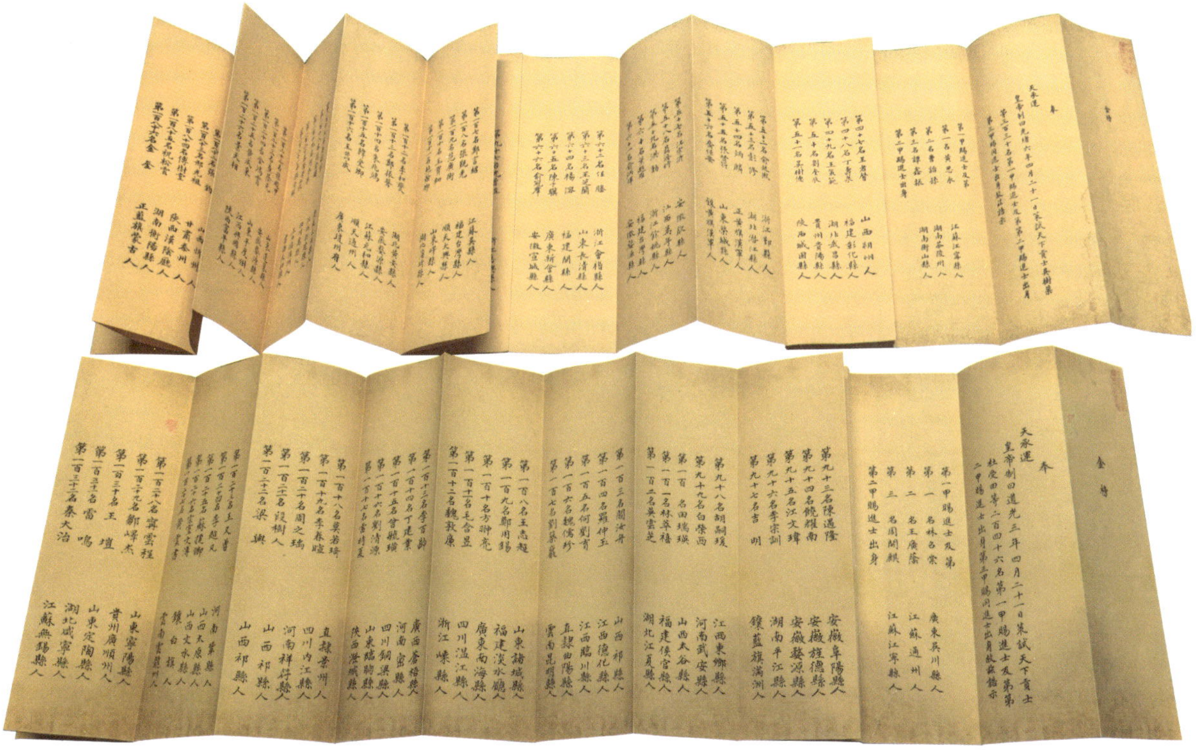

▲ 道光三年（1823）小金榜、光绪六年（1880）小金榜，分别记有台湾郑用锡、丁寿泉、叶题雁、张觐光考中进士。（中国第一历史档案馆提供）

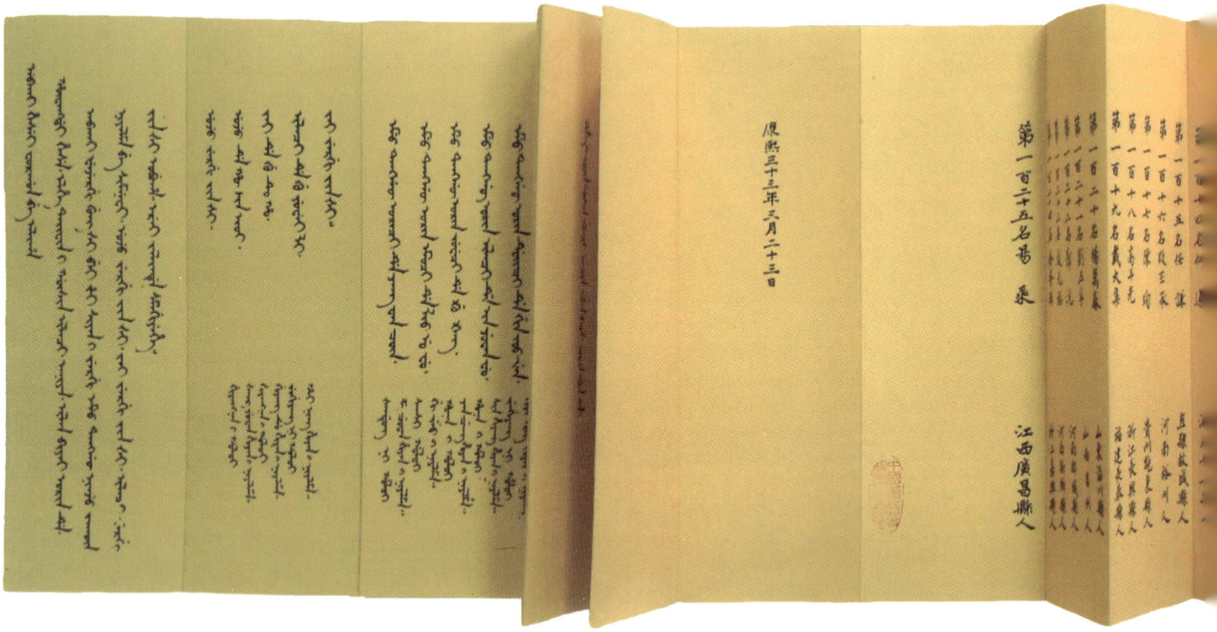

▲　康熙三十三年（1694）小金榜，二甲中记有“第三十一名陈梦球”。（中国第一历史档案馆提供）

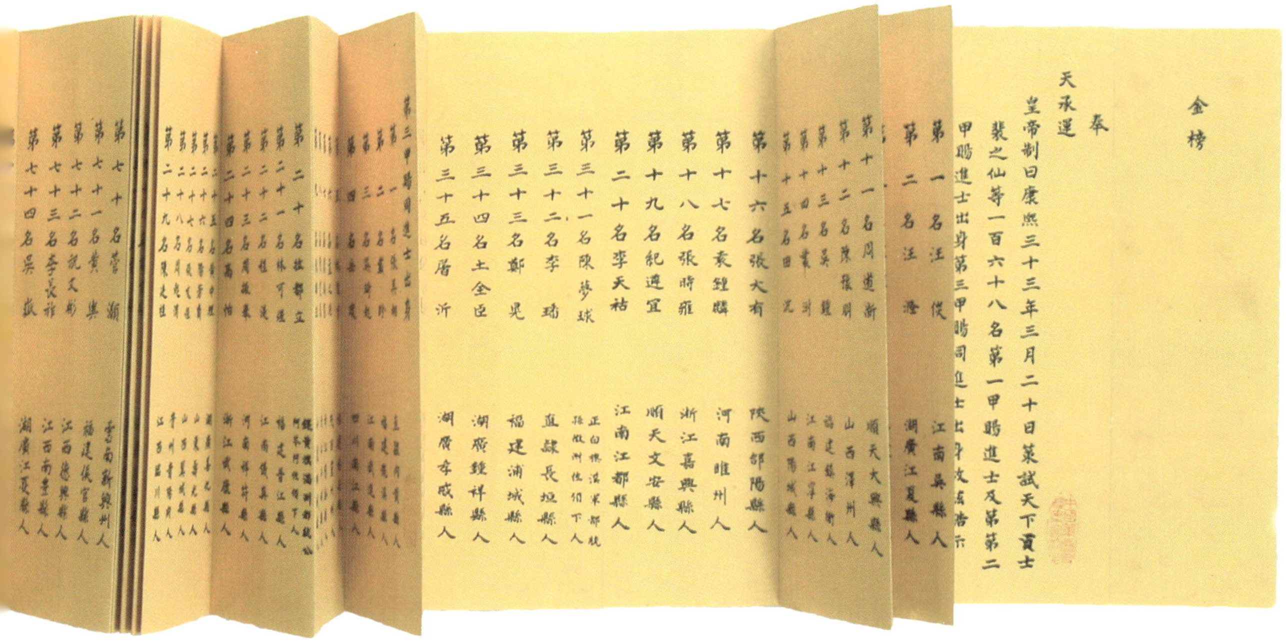
金榜
奉天承運
皇帝制曰康熙三十三年三月二十日策試天下貢士
裴之仙等一百六十八名第一甲賜進士及第第二
甲賜進士出身第三甲賜同進士出身故茲誥示

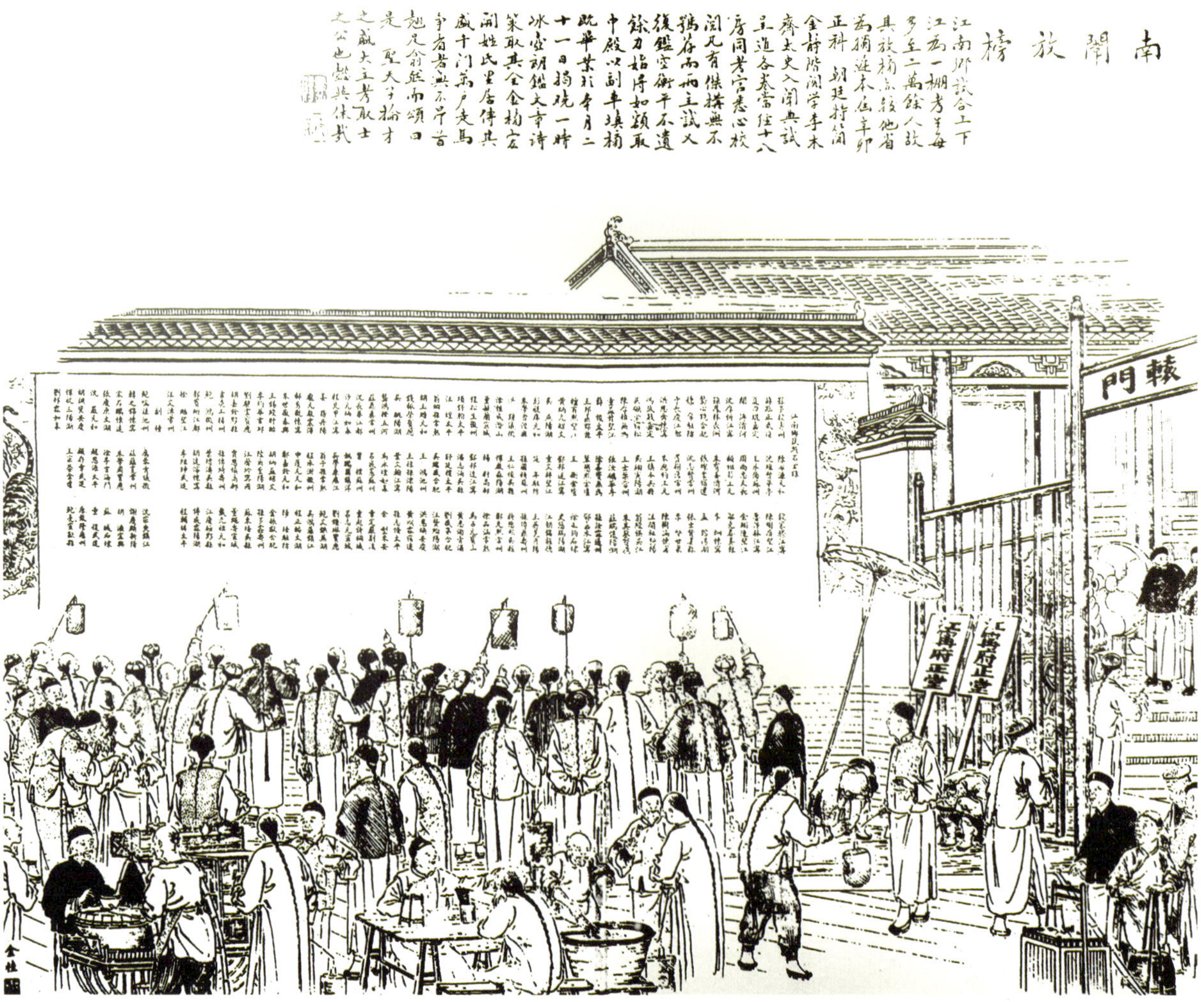

▲ 南闱放榜图

▲ 报差报喜图

▲ 金榜题名既是自身的骄傲，也能够荣登宗祠，光耀门楣。图为台湾进士陈望曾位于福建晋江的家族祠堂。

题名录

题名录是科举时代刻印有同榜中式者姓名、年龄、籍贯的名册。有的也在录前载有主考官、同考官等的姓名。

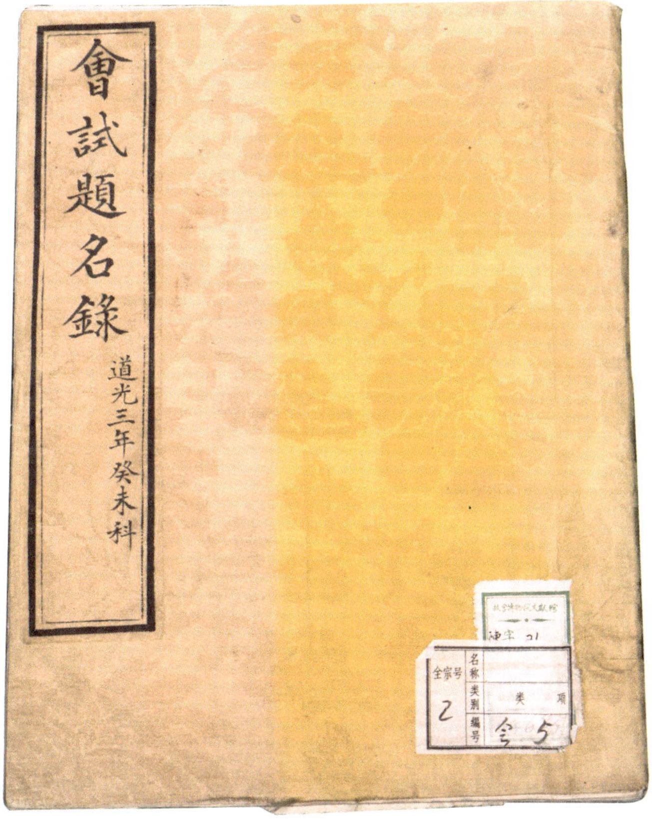

▲ 道光三年（1823）癸未科会试题名录，台湾人郑用锡中三甲第一百零九名。

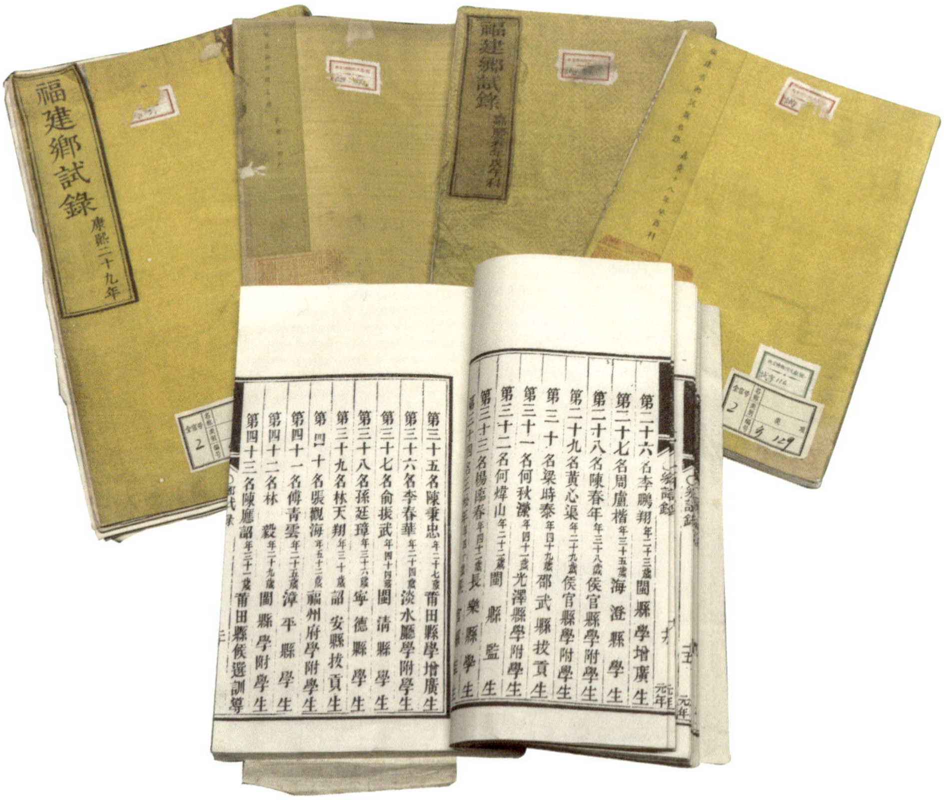

▲ 清康熙、嘉庆年间福建乡试录

齿录

“齿录”是科举时代一种按同科乡试中举、会试中式贡士年齿顺序排列的名录，汇刻同榜者姓名、年龄、籍贯、三代等，与“履历便览”性质相类。

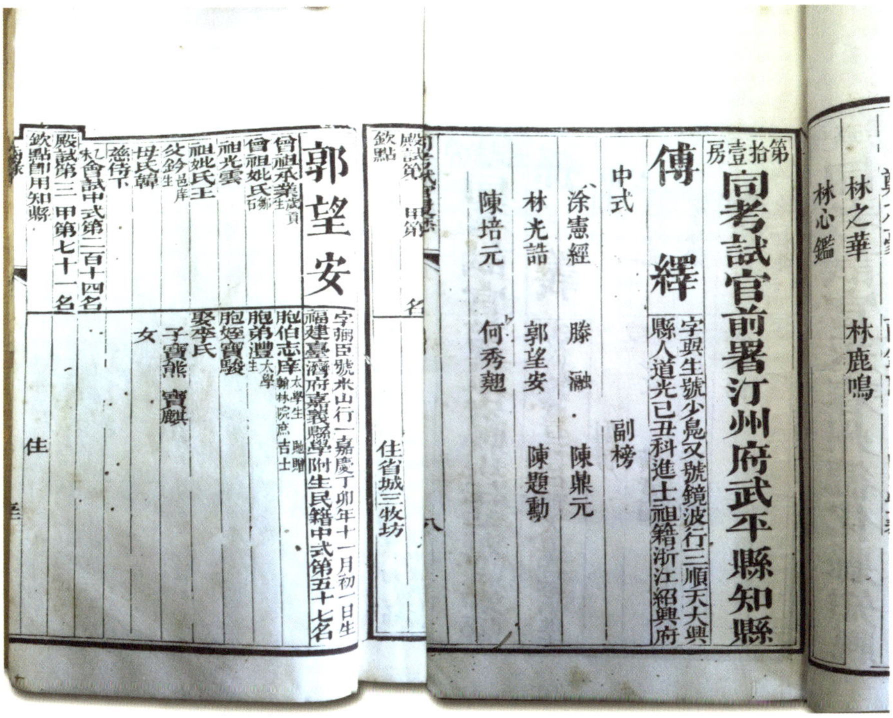
第拾壹房
同考試官前署汀州府武平縣知縣
傅繹
字與生號少息又號鏡波行三順天大興縣人道光己丑科進士祖籍浙江紹興府
中式
涂憲經 滕融 陳鼎元
林光詰 郭望安 陳題勳
陳培元 何秀翹
副榜

郭望安
字翊臣號來山行一嘉慶丁卯年十一月初一日生
福建臺灣府嘉義縣學附生民籍中式第五十七名
曾祖承業
曾祖妣氏
祖光雲
祖妣氏王
父紛
母氏韓
慈侍下
胞伯志庠
胞弟澧
胞姪寶駿
娶李氏
子寶熊 寶麒
女
會試中式第二百十四名
殿試第三甲第七十一名
欽點即用知縣
住省城三牧坊

▲ 台湾进士郭望安的齿录

第三节 实行保障措施

清代台湾文化教育水平相对落后。为鼓励台湾士子参加科举考试，清政府在一体统筹录取的基础上，专门为台湾考生设立保障名额。此外，台湾海峡风急浪高，台湾士子渡海到福州、北京参加乡试和会试，风险很大，时间也长达数月。为此，清政府对台湾考生实施“官送”及善后保障制度，激发了台湾士子参加科举考试的积极性，也使闽台两地在教育和文化上的联系更加密切。

定额录取

清代在闽台一体统筹录取的基础上，在乡试和会试中专门为台湾士子另编字号，设立保障名额，以鼓励台湾生员积极到大陆应考。会试中对台湾举人专列名额录取在全国各地中是独一无二的。

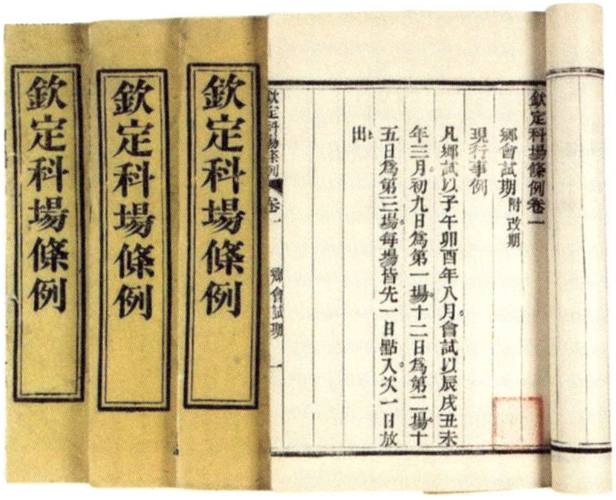

◀ 康熙二十六年（1687）清政府在福建省乡试中为台湾生员另编字号，额外取中举人，以资鼓励，对台湾生员的应考起了很大推动作用。图为记载了清政府对台湾士子实行科考优惠办法的《钦定科场条例》。

时 间	定额保障政策
康熙二十六年（1687）	福建提督张云翼疏请台湾乡试在福建省另编字号，录取举人一名。
雍正七年（1729）	覆准："台湾五学应试士子，另编'台'字号（后定名为'至'字号）。"
乾隆三年（1738）	议准："将来台郡士子来京会试果至十名以上之多，礼部再行奏闻，请钦定中额，以示鼓励。"
嘉庆十二年（1807）	议准："为加惠海隅人材起见，应于其'台'字号举人二人之外，再加一名，定为三名。"
道光八年（1828）	礼部准覆："于其闽籍中额三名之外，别编'田'字号，即自本科乡试为始，粤籍中额准加设一名。"
咸丰四年（1854）	议准："台湾捐款分闽粤两籍累积，各按十五万两以上加定额一名。"
咸丰五年（1855）	闽籍捐至十万两，加"至"字号永久中额一名。
咸丰八年（1858）	捐助军饷，再加闽籍"至"字号乡试定额二名。
光绪二十三年（1896）	闽浙总督边宝泉奏请内渡台湾学子继续享有原有的乡、会试保障名额。

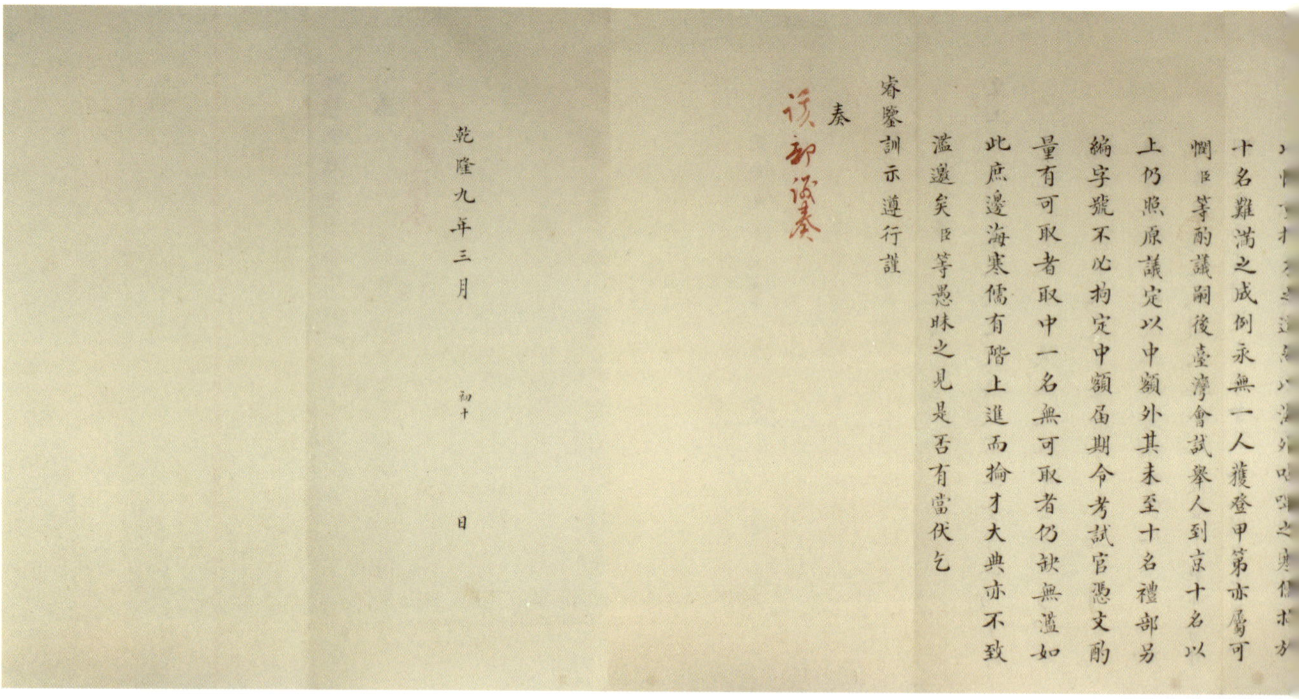
十名難滿之成例永無一人獲登甲第亦屬可
憫臣等酌議嗣後臺灣會試舉人到京十名以
上仍照原議定以中額外其未至十名禮部另
編字號不必拘定中額屆期令考試官憑文酌
量有可取者取中一名無可取者仍缺無濫如
此庶邊海寒儒有階上進而掄才大典亦不致
濫邀矣臣等愚昧之見是否有當伏乞
睿鑒訓示遵行謹
奏
該部議奏
乾隆九年三月初十日

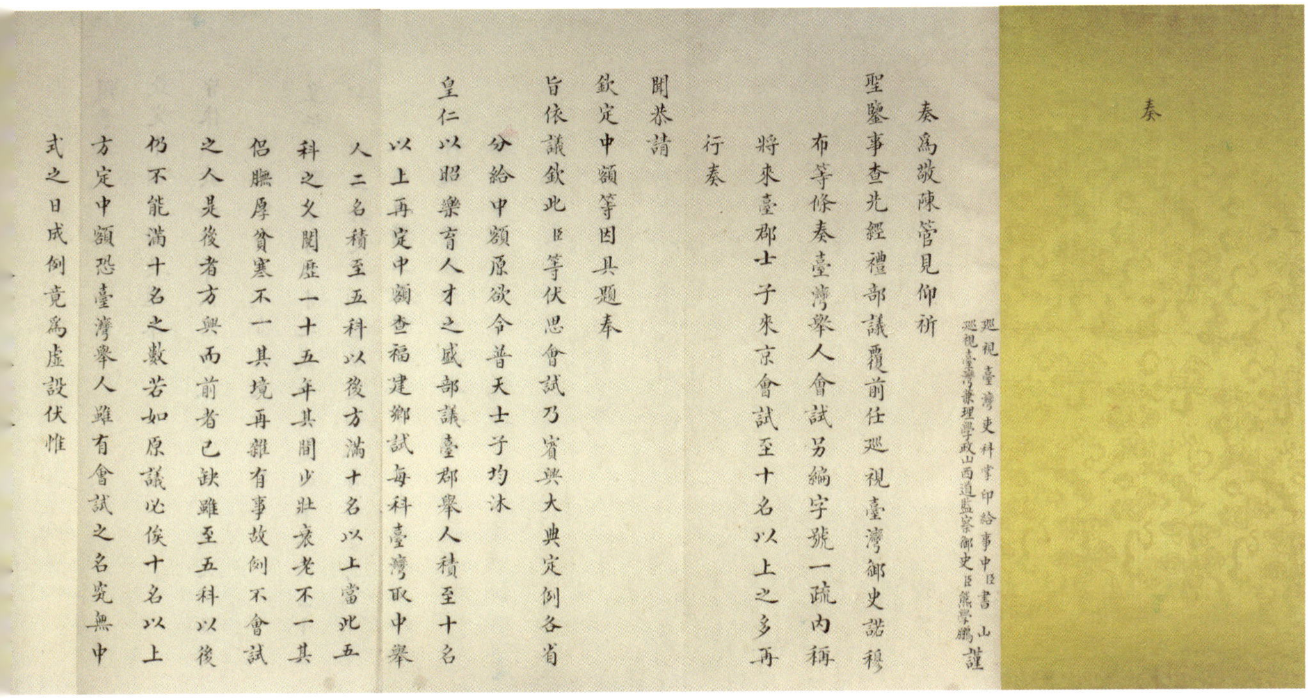

奏

巡視臺灣吏科掌印給事中臣書山
巡視臺灣兼理學政山西道監察御史臣熊學鵬謹
奏爲敬陳管見仰祈
聖鑒事查先經禮部議覆前任巡視臺灣御史諾穆
布等條奏臺灣舉人會試另編字號一疏內稱
將來臺郡士子來京會試至十名以上之多再
行奏
聞恭請
欽定中額等因具題奉
旨依議欽此臣等伏思會試乃賓興大典定例各省
分給中額原欲令普天士子均沐
皇仁以昭樂育人才之盛部議臺郡舉人積至十名
以上再定中額查福建鄉試每科臺灣取中舉
人二名積至五科以後方滿十名以上當此五
科之久閱歷一十五年其間少壯衰老不一其
侶膴厚貧寒不一其境再雜有事故例不會試
之人是後者方與而前者已缺雖至五科以後
仍不能滿十名之數若如原議必俟十名以上
方定中額恐臺灣舉人雖有會試之名究無中
式之日成例竟爲虛設伏惟

▲ 乾隆三年（1738）议准，如有 10 名以上台湾举人应试，就至少取中 1 名，即“会试中额”优惠办法。图为乾隆九年（1744）三月初十日，巡视台湾刑科给事中书山等奏折《台湾会试举人到京十名以上礼部编号不必拘定中额》。

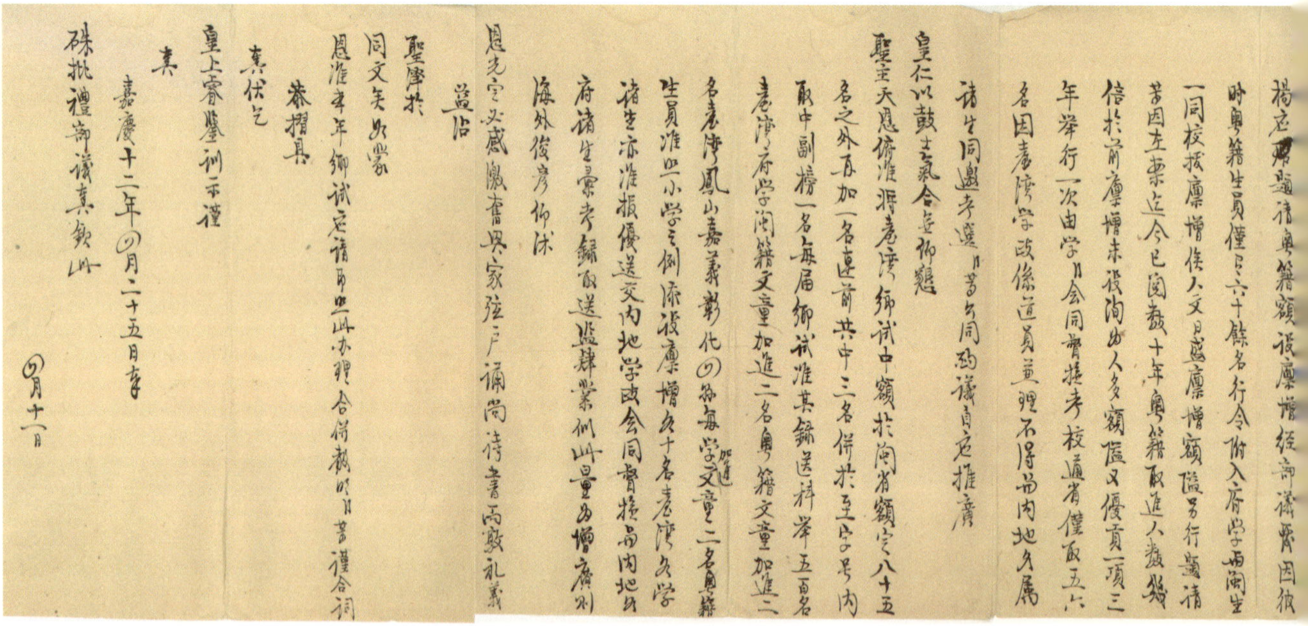
揭应題請粵籍額設廪增經部議覆因彼
時粵籍生員僅只六十餘名行令附入府学兩閩生
一同校拔廪增俟人文日盛廪增額缺另行題請
等因在案迄今已閱數十年粵籍取進人數幾
倍於前廪增未設淘汰人多額隘又優貢一項三
年舉行一次由学臣会同督撫考校通省僅取五六
名因台灣学政係道員兼理不得与內地各屬
諸生同邀考選臣等公同酌議自应推廣
皇仁以鼓士氣合無仰懇
聖主天恩俯准將台灣鄉試中額於閩省額定八十五
名之外再加一名連前共中三名併於至字号內
取中副榜一名每屆鄉試准其錄送科舉五百名
台灣府学閩籍文童加進二名粵籍文童加進二
名台灣鳳山嘉義彰化四縣每学加進文童二名粵籍
生員准照小学之例添設廪增各十名台灣各学
諸生亦准拔優送交內地学政会同督撫與內地各
府諸生彙考錄取送監肄業例此量為增廣則
海外俊彥仰沐
恩光寧不感激奮興家弦户誦尚詩書而敦禮義
益治
聖學於
同文矣所有
恩准本年鄉試应請即照此办理合併叙明臣等謹合詞
恭摺具
奏伏乞
皇上睿鑒訓示謹
奏
嘉慶十二年四月二十五日奉
硃批禮部議奏欽此
四月十一日

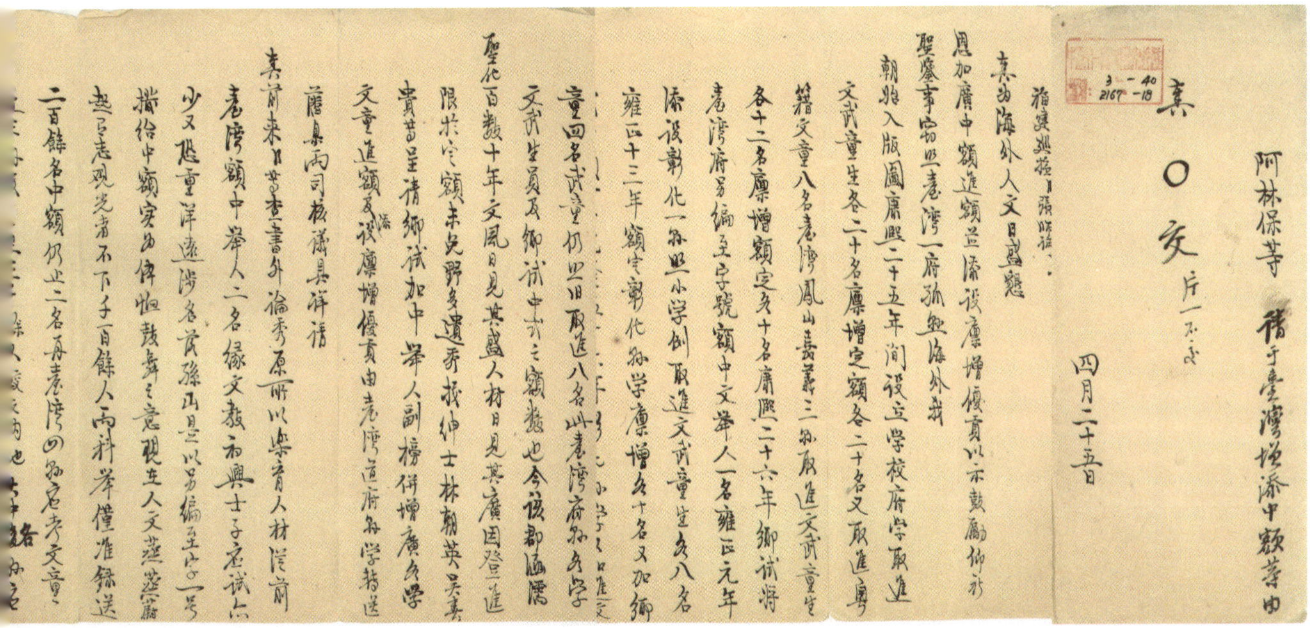
阿林保等 請于臺灣增添中額等由

四月二十五日

奏為海外人文日盛懇

恩加廣中額進額並添設廩增優貢以示鼓勵仰祈

聖鑒事竊照臺灣一府孤懸海外我

朝雅入版圖康熙二十五年間設立学校府学取進

文武童生各二十名廩增定額各二十名又取進粵

籍文童八名臺灣鳳山嘉義三縣取進文武童生

各十二名廩增額定各十名康熙二十六年鄉試將

臺灣府另編至字號額中文举人一名雍正元年

添設彰化一縣照小学例取進文武童生各八名

雍正十三年額定彰化縣学廩增各十名又加鄉

童四名武童仍照舊取進八名此臺灣府縣各学

文武生員及鄉試中式之額數也今該郡涵濡

聖化百數十年文風日見其盛人材日見其廣因登進

限於定額未免野多遺秀據紳士林朝英吳春

貴等呈請鄉試加中举人副榜併增廣各学

文童進額及添設廩增優貢由臺灣道府縣学詳送

藩臬兩司核議具詳請

奏前來臣等查書外論秀原所以樂育人材從前

臺灣額中举人一名緣文教初興士子應試尚

少又恐重洋遠涉多貲旅因是以另編至字一號

給中額實為体恤鼓舞之意現在人文蒸蒸

赴省應現先者不下千百餘人而科举僅准錄送

二百餘名中額仍止一名每臺灣四縣應考文童

▲ 嘉庆十二年（1807）四月十一日，闽浙总督阿林保等奏折《请于台湾增添乡试中额》。

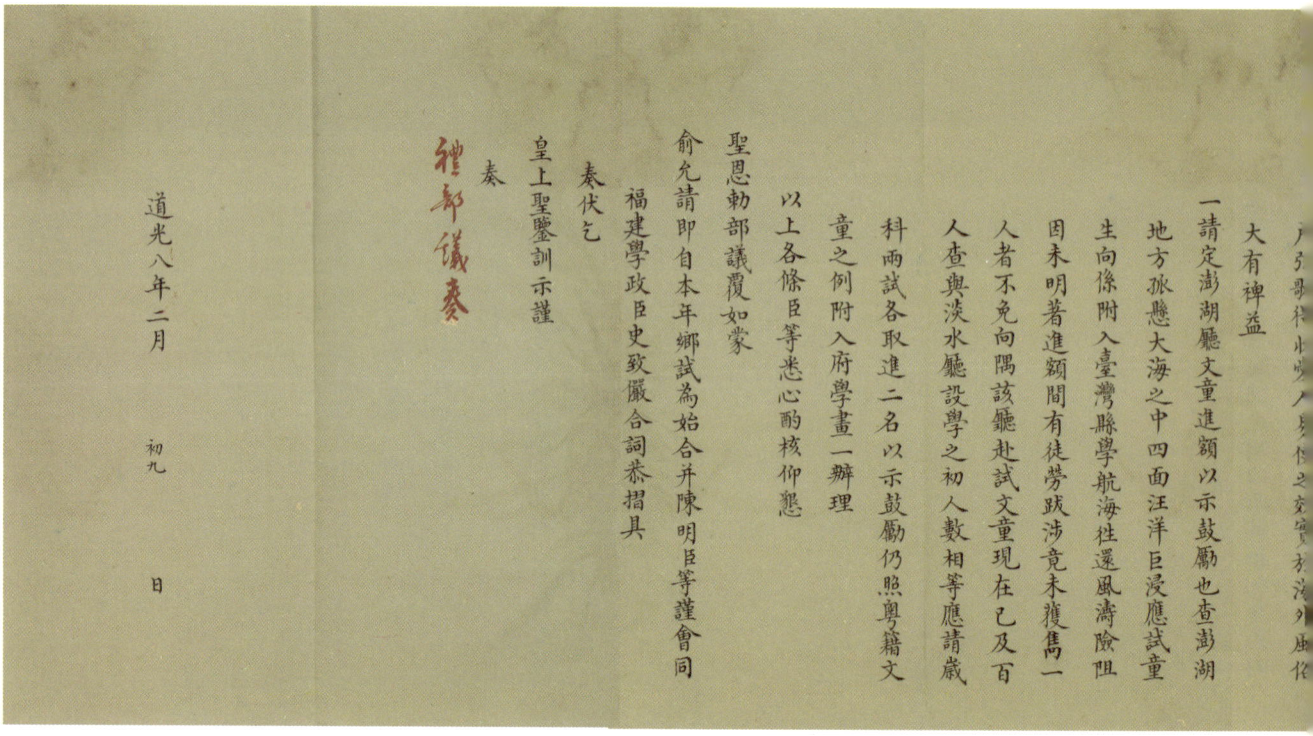
大有裨益
一請定澎湖廳文童進額以示鼓勵也查澎湖
地方孤懸大海之中四面汪洋巨浸應試童
生向係附入臺灣縣學航海往還風濤險阻
因未明著進額間有徒勞跋涉竟未獲雋一
人者不免向隅該廳赴試文童現在已及百
人查與淡水廳設學之初人數相等應請歲
科兩試各取進二名以示鼓勵仍照粵籍文
童之例附入府學畫一辦理
以上各條臣等悉心酌核仰懇
聖恩勅部議覆如蒙
俞允請即自本年鄉試爲始合并陳明臣等謹會同
福建學政臣史致儼合詞恭摺具
奏伏乞
皇上聖鑒訓示謹
奏
禮部議奏
道光八年二月　初九　日

▲ 道光八年（1828）二月初九日，闽浙总督孙尔准等奏折《台湾府人文日盛请加设粤籍举额并增厅县学额》。

奏

閩浙總督臣孫爾準
福建巡撫臣韓克均 跪

奏為臺灣府人文日盛仰懇
聖恩加設粵籍舉額並增廳縣學額以廣
文教事竊照臺灣孤懸海外民無土著皆係閩粵之
人寄居閩則漳泉汀三府粵則惠潮二府嘉應
一州是以學校有閩籍粵籍之分閩籍生員另
編至字號每科鄉試中文舉人三名粵籍生員
則係散入福建通省卷內憑文取中又該府屬
臺灣鳳山嘉義彰化四縣文童每縣定額取進
十三名其澎湖廳應試童生附入臺灣縣學並
未另設進額茲據臺郡紳士鄭開禁等以海外
人文日盛呈請加設粵籍舉額並增四縣及澎
湖廳文童進額等情由臺灣道府縣學遞加查
議轉詳飭據藩臬兩司會核請
奏前來臣等伏查臺灣為海外要區百餘年來涵
濡
聖化人文蔚起蒸蒸日上所當仰懇
恩施廣其登進之階俾多士鼓篋奮興野處不暱崇
閒率皆尚義為之風服習詩書益文豊義之

一請設粵籍舉額一名以符原案也查乾隆六
年禮部議覆前任閩浙總督宗室德沛具
題粵生鄉試俟數科以後數滿百名再請另編
字號取中一名等因嘉慶十六年經前署督
臣張師誠以粵籍生員造送科考者已有八
十八名加新進九名共有九十七名
題請另編字號取中舉額一名奉部駁稱檢查
嘉慶十四年科考冊內粵籍生員列入等第
者僅止三十四名即造送錄遺者亦未必人
人盡屬可取不得遽添中額致各省客籍紛
紛效尤等因茲據臺灣道冊報粵籍生員現
計一百二十三名已逾過百名之數臣等查
乾隆六年部議粵生數滿百名即請取中舉
人一名今係遵奉原議辦理非他省客籍所
得援以為例應請於臺灣閩籍中額三名之
外另編田字號加設粵籍中額一名庶閩籍
粵籍各有定額益昭平允亦與原案相符
一請加四縣文童學額以昭激勸也查臺灣鳳
山嘉義彰化四縣各額進文童十三名近年
以來文風加盛應試之人倍多於昔幾與內
地大縣相同而學額尚不及中縣之數登進
之塗未免梢隘臣等伏思臺灣民情浮動悍

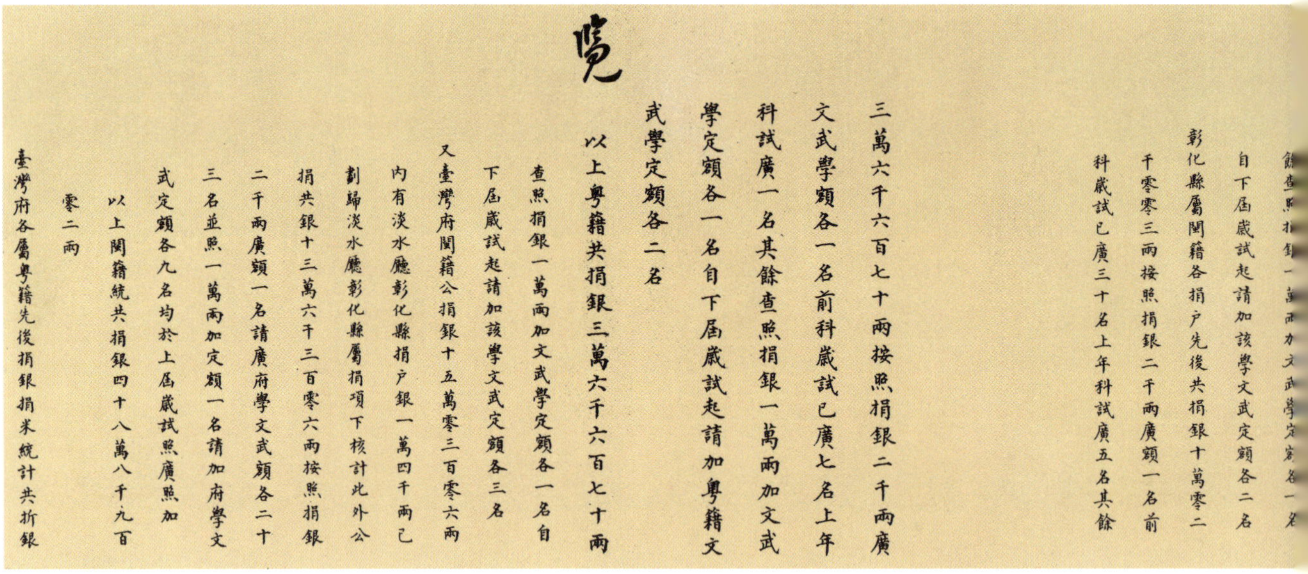
自下屆歲試起請加該學文武定額各二名
彰化縣屬閩籍各捐户先後共捐銀十萬零二
千零零三兩按照捐銀二千兩廣額一名前
科歲試已廣三十名上年科試廣五名其餘
三萬六千六百七十兩按照捐銀二千兩廣
文武學額各一名前科歲試已廣七名上年
科試廣一名其餘查照捐銀一萬兩加文武
學定額各一名自下屆歲試起請加粵籍文
武學定額各二名
覽
以上粵籍共捐銀三萬六千六百七十兩
查照捐銀一萬兩加文武學定額各一名自
下屆歲試起請加該學文武定額各三名
又臺灣府閩籍公捐銀十五萬零三百零六兩
內有淡水廳彰化縣捐户銀一萬四千兩已
劃歸淡水廳彰化縣屬捐項下核計此外公
捐共銀十三萬六千三百零六兩按照捐銀
二千兩廣額一名請廣府學文武額各二十
三名並照一萬兩加定額一名請加府學文
武定額各九名均於上屆歲試照廣照加
以上閩籍統共捐銀四十八萬八千九百
零二兩
臺灣府各屬粵籍先後捐銀捐米統計共折銀

▲ 咸丰八年（1858）三月初二，福建台湾道裕铎清单《台湾府属先后捐助军需抚恤统核银数并请加学额》。

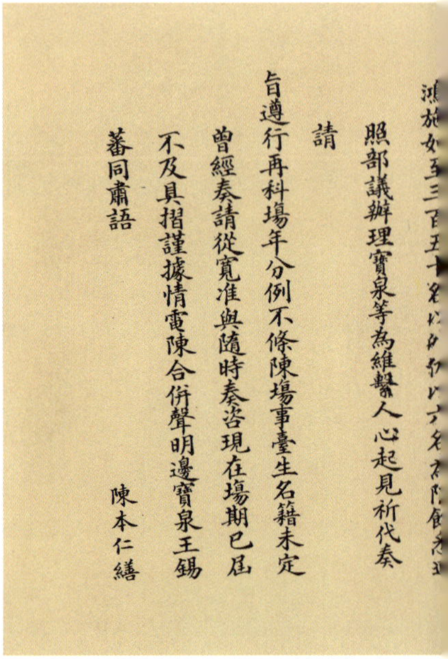
照部議辦理寶泉等為維繫人心起見祈代奏
請
旨遵行再科場年分例不條陳場事臺生名籍未定
曾經奏請從寬准與隨時奏咨現在場期已屆
不及具摺謹據情電陳合併聲明邊寶泉王錫
蕃同肅語
陳本仁繕

謹將臺灣一府屬先後捐助軍需撫卹統核銀
數分别閩粤兩籍查照廣額並加定額中額敬
繕清單恭呈
御覧
計開
臺灣一府先後通共捐銀五十二萬五千五百
七十二兩内閩籍捐銀四十八萬八千九百
零二兩經於乙卯科鄉試請照部議章程加
至宇號文武中額各一名本科鄉試應請再
加至宇號文武中額各二名
臺灣府屬淡水噶瑪蘭二廳屬閩籍各捐户先
後共捐銀六萬六千一百七十一兩按照捐
銀二千兩廣額一名前科歲試已廣十五名
上年科試廣額三名其餘查照捐銀一萬兩
加文武學定額各一名自下屆歲試起請加
淡水廳文武定額各二名噶瑪蘭廳文武定
額各一名
臺灣縣屬閩籍各捐户先後共捐銀七萬七千
六百六十四兩按照捐銀二千兩廣額一名
前科歲試已廣二十七名上年科試廣一名
其餘查照捐銀一萬兩加文武學定額各一
名自下屆歲試起請加該學文武定額各二
名
鳳山縣屬閩籍各捐户先後共捐銀三萬八千
六百四十兩按照捐銀二千兩廣額一名前
科歲試已廣六名其餘查照捐銀一萬兩加
文武學定額各一名自下屆歲試起請加該
學文武定額各二名

光緒二十三年八月
呈遞電信
收閩浙總督福建學政電八月初八日
臺灣内渡諸生入籍應試奏明每百名中一名
由部議准在案昨據臺紳陳朝龍等稟請不拘
人數多少仍照原額六名取中當經批駁茲又
疊次稟稱百名取一部議已定不敢再瀆惟臺
灣向有捐輸加額三名請奏明於百中取一外
酌予留存幷稱臺士產業田廬均歸淪沒既不
願甘心事敵亦不敢稍萌怨憤惟科名一途不
求破格但求循例等情查部議中額以六名為
限並未將捐輸刪除所稟本難准行惟臺士拋
棄田園間關内渡甘受流離之苦不肯自外幨
幪情殊可憫本年呈報入籍三百餘人錄遺實
到一百餘人按額取中至多不過二名既據再
三籲請可否仰懇

▲ 光绪二十三年（1897）八月初八，闽浙总督边宝泉电《台湾内渡诸生入籍应试科举中额》。

“官送”待遇

▲ 台湾海峡风急浪高，经常发生船翻人亡事故。为了保护台湾士子赴闽应试的安全，同治十三年（1874）起，清政府专门派官船，由淡水港护送至福州，名曰“官送”，以鼓励台湾士子渡海应考。

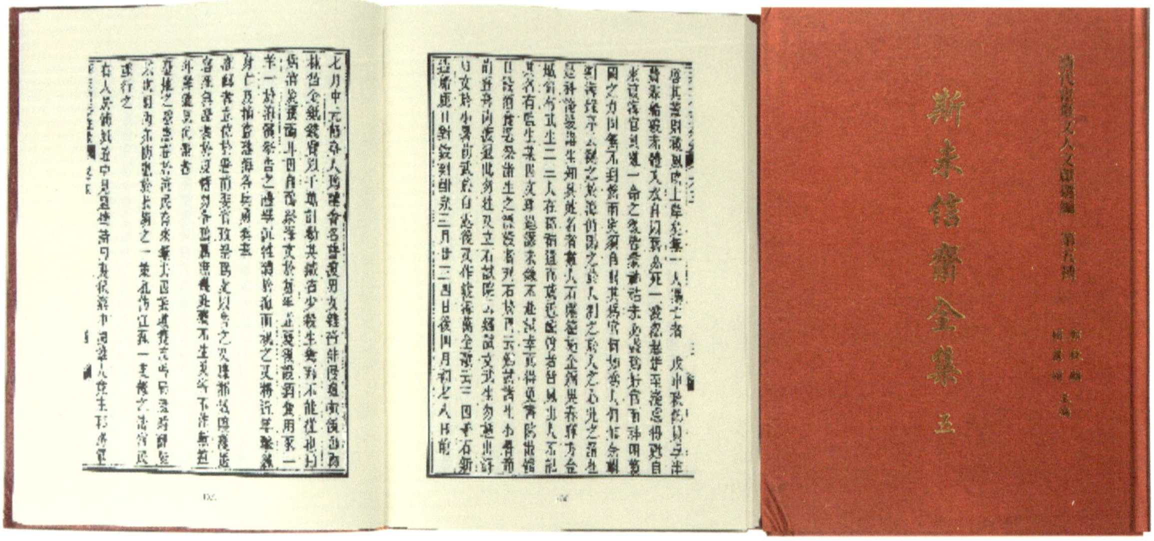

▲ 徐宗幹（1796—1866）所著《斯未信斋全集》中记述了当时台湾生员渡海赶考的情景。

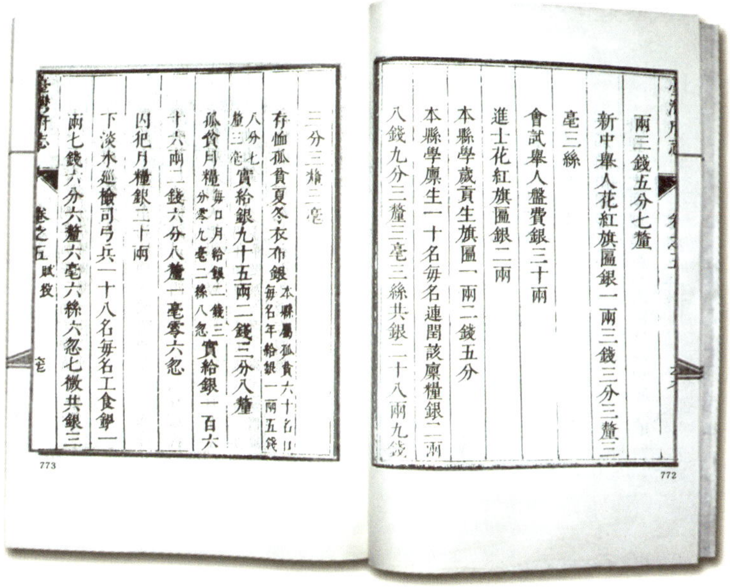

▲ 台湾士子赴福州参加乡试及赴京参加会试，朝廷、书院专门发给旅费，民间也会捐赠旅费。图为高拱乾纂修的《台湾府志》中有关清政府为台湾士子赴考提供旅费的详细记载。

◀ 清泉州府晋江蚶江与台湾鹿港对渡碑

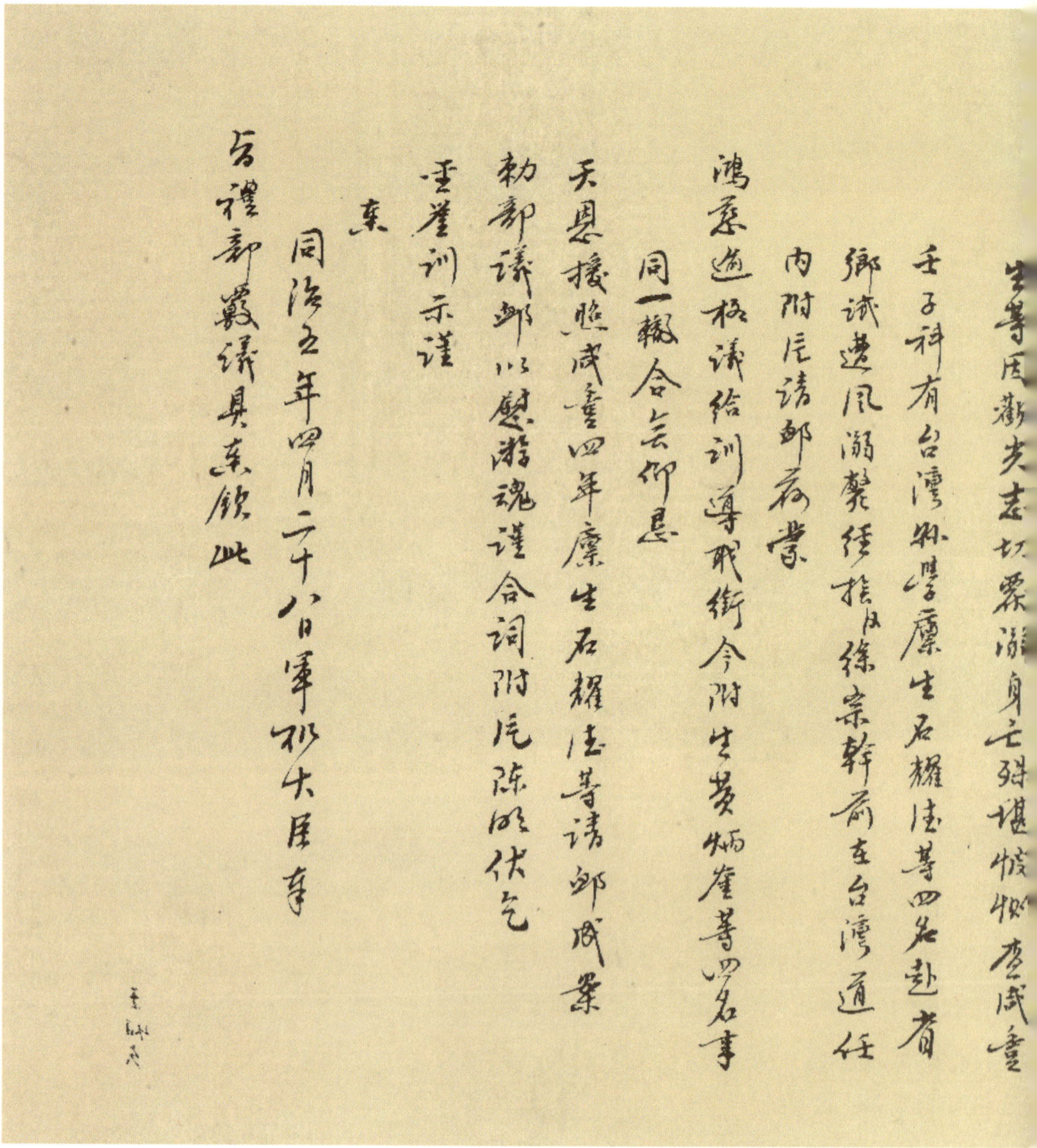
生等因觸失志切衆溺身亡殊堪憫惻查咸豐
壬子科有台灣府學廩生石耀陞等四名赴省
鄉試遭風溺斃經撫臣徐宗幹前在台灣道任
內附片請部蒙
鴻慈逾格議給訓導職銜今附生黃炳奎等四名事
同一轍合無仰懇
天恩援照咸豐四年廩生石耀陞等請郵成案
勅部議郵以慰游魂謹合詞附片陳明伏乞
聖鑒訓示謹
奏
同治五年四月二十八日軍機大臣奉
旨禮部議具奏欽此

▲ 同治五年（1866）四月二十八日，台湾道丁日健奏片《彰化县府学贡生黄炳奎等赴考遭风沉溺请议恤》。

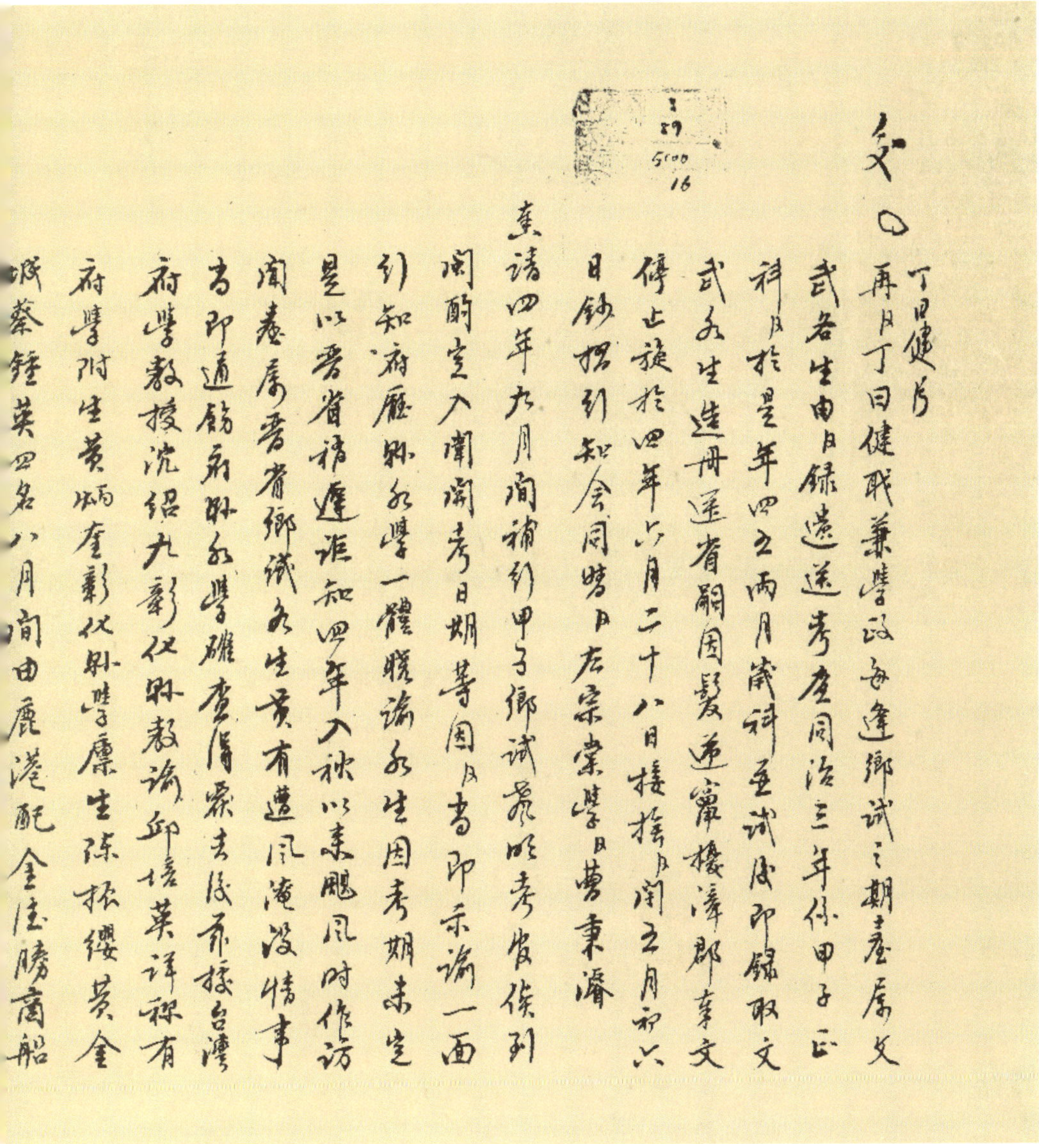
知〇

丁日健片

再，臣丁日健職兼學政，每逢鄉試之期，臺屬文武各生由臣錄遺送考。查同治三年係甲子正科，臣於是年四、五兩月歲科並試，即錄取文武各生造冊送省，嗣因髮逆竄擾漳郡，章文停止。旋於四年六月二十八日接據臣閩五月初六日鈔摺，知會同臣左宗棠、學臣曹秉濬奏請四年九月間補行甲子鄉試，最晚考期俟到閩酌定入闈開考日期等因，臣當即示諭一面行知府廳州縣學一體曉諭文生，因考期未定，是以赴省稍遲，詎知四年入秋以來颶風時作，訪聞臺屬赴省鄉試文生貢有遭風淹沒情事，當即通飭府州縣學確查，據案去後，茲據臺灣府學教授沈紹九、彰化縣教諭邱培英詳稱，有府學附生黃炳奎，彰化縣學廩生陳振纓、貢生金城蔡鍾英四名，八月間由鹿港配金佳勝商船

台湾会馆

从康熙二十六年（1687）开始，陆续有台湾士子到大陆参加科举考试，此后台湾文风日盛，到光绪九年（1883）参加乡试的台湾士子逾800人。每年从小暑内渡福州，到9月15日乡试放榜，台湾士子往往要在大陆逗留数月，因此，在福州和北京两地都专门建有会馆，以便于他们住宿。

▲ 光绪九年（1883），分巡台湾道刘璈特拨15000两银子在福州贡院附近购地，建造了台北、台南两郡试馆，共计3栋楼房，可容纳台湾士子300余人居住。试馆于光绪十年（1884）建成，光绪十一年（1885）福建乡试乙酉科投入使用，现已拆除不存。图为福州贡院至公堂旧址，民国时为福建省党部部址，现为福州中山纪念堂，位于福州市鼓楼区中山路。

▲ 澎湖士绅蔡继善义捐在福州南台购地建造会馆，专供每科赴福州参加乡试的台湾生员住宿，为台湾考生在福州的应试提供生活上的方便。图为清末福州南台。

▲ 早年台湾在京城没有会馆，赴京参加会试的台湾士子多寓于漳郡会馆、泉郡会馆、晋江邑馆等。

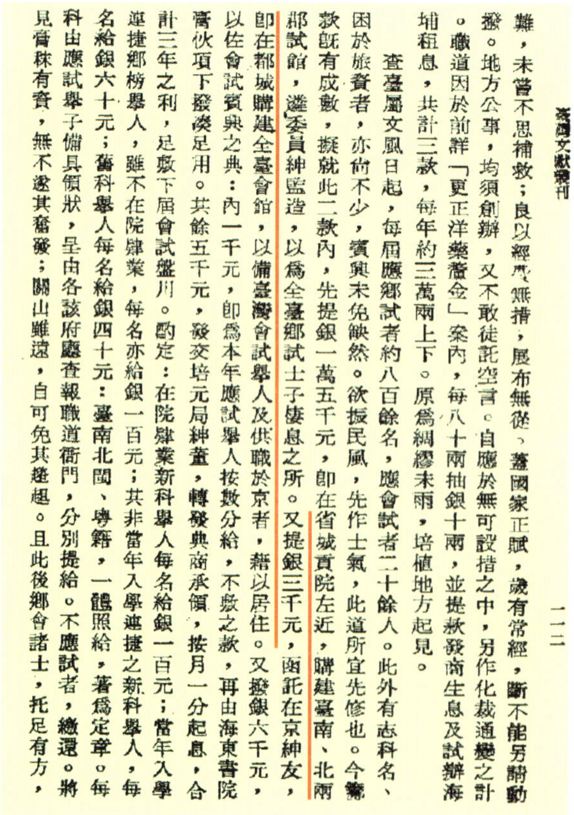

臺灣文獻叢刊　一一二

難，未嘗不思補救；良以經費無措，展布無從。蓋國家正賦，歲有常經，斷不能另請動撥。地方公事，均須創辦，又不敢徒託空言。自應於無可設措之中，另作化裁通變之計。職道因於前詳「更正洋藥釐金」案內，每八十兩抽銀十兩，並提款發商生息及試辦海埔租息，共計三款，每年約三萬兩上下。原爲綢繆未雨，培植地方起見。

查臺屬文風日起，每屆應鄉試者約八百餘名，應會試者二十餘人。此外有志科名、困於旅資者，亦尙不少，賓興未免缺然。欲振民風，先作士氣，此道所宜先修也。今籌款既有成數，擬就此二款內，先提銀一萬五千元，卽在省城貢院左近，購建臺南、北兩郡試館，遴委員紳監造，以爲全臺鄉試士子棲息之所。又提銀三千元，函託在京紳友，卽在都城購建全臺會館，以備臺灣會試舉人及供職於京者，藉以居住。又撥銀六千元，以佐會試賓興之典：內一千元，卽爲本年應試舉人按數分給，不敷之款，再由海東書院膏伙項下撥湊足用。其餘五千元，發交培元局紳董，轉發典商承領，按月一分起息，合計三年之利，足敷下屆會試盤川。酌定：在院肄業新科舉人每名給銀一百元；當年入學連捷之新科舉人，每名給銀六十元；舊科舉人每名給銀四十元：臺南北閩、粵籍，一體照給，著爲定章。每科由應試舉子備具領狀，呈由各該府廳查報職道衙門，分別提給。不應試者，繳還。將見膏秣有資，無不遂其奮發；關山雖遠，自可免其趦趄。且此後鄉會諸士，托足有方，

▲ 光绪九年（1883）刘璈在修建福州试馆的同时又提银三千元，函托在京绅友，在京城购建全台会馆，以备台湾会试举人及供职于京者居住。

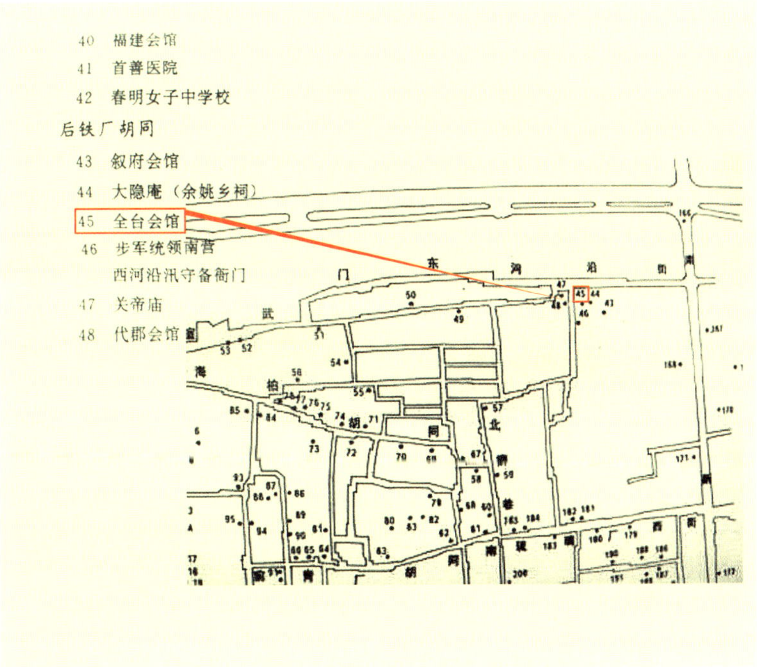

▲ 全台会馆旧址 2003 年在北京宣南地区旧城改造时拆除，而北京的台湾会馆保留至今，是目前大陆仅存的台湾会馆。

▲　《闽中会馆志》中记载了京城的全台会馆于光绪二十年（1895）起委托给福建会馆代管，以提供给福建士子和台湾被日本割占后入闽籍的台湾士子使用。

▲　台湾会馆东侧夜景

▲ 2010 年 5 月 7 日，重新修缮并扩建的北京台湾会馆举行了隆重的重张仪式。

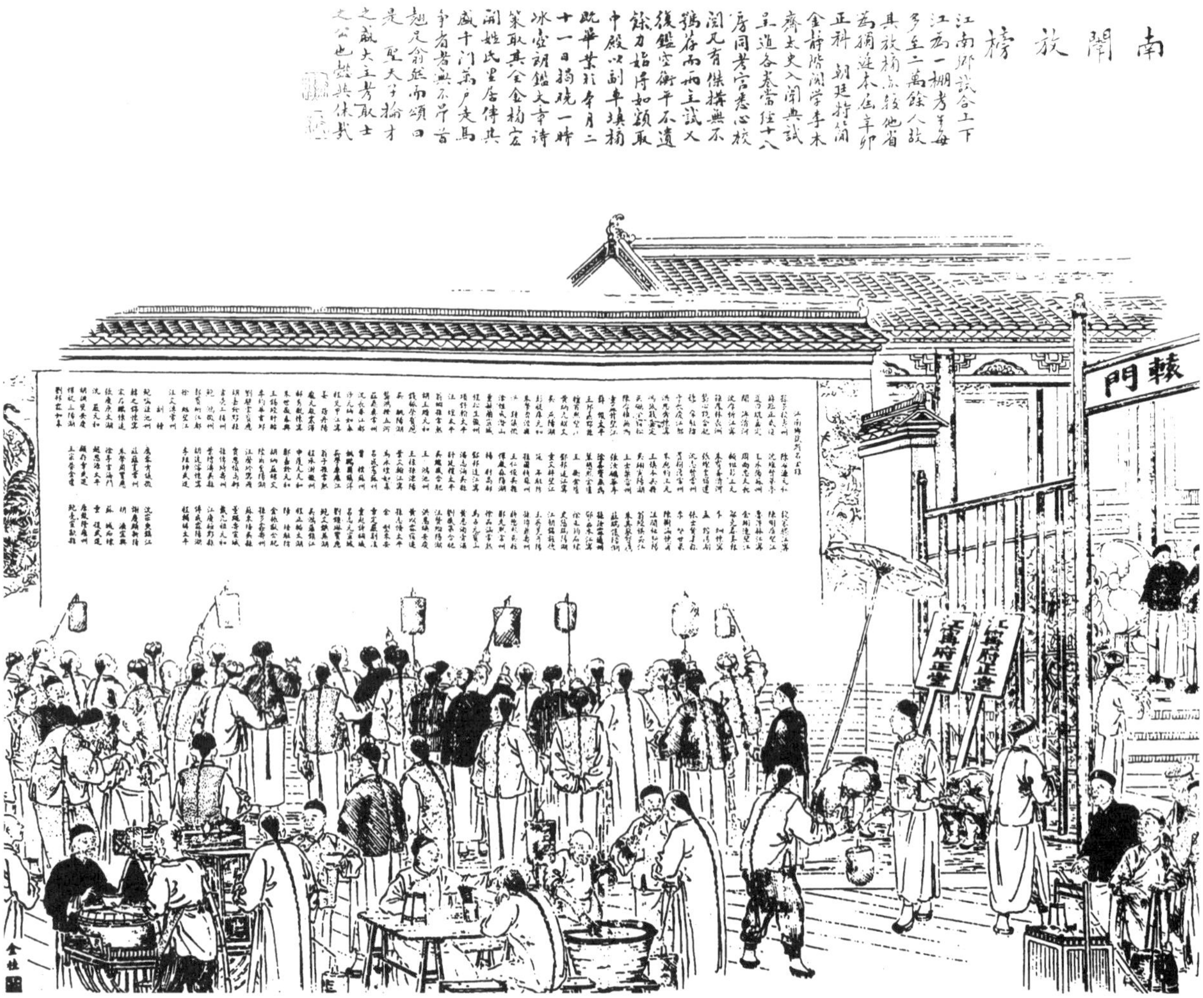
南闈放榜
江南鄉試合上下江為一棚考生每多至二萬餘人故其放榜亦較他省為獨遲本屆辛卯正科 朝廷特簡金靜階閣學李木齋太史入闈典試呈進各卷當經十八房同考官悉心校閱凡有傑構無不鶚薦而兩主試又復鑑空衡平不遺餘力搜得如額取中殿以副車填榜既畢業於本月二十一日揭曉一時冰壺朗鑑文章詩策取其全金榜宏開姓氏里居傳其盛千門萬戶走馬爭看者無不昂首翹足翕然而頌曰是 聖天子掄才之盛大主考取士之公也懿歟休哉
轅門
江寧府正堂
金桂

第二章 文昌武隆 佳话流传

台湾经济的日渐繁荣和文教事业的发展，养成了台湾士子崇尚科名的传统，许多人倾心科举，以博求功名，取得社会认同。科举制度在台湾实行200多年，出现了不少科举家族，至今流传着父子进士、师生同榜等佳话，促进了台湾的文化发展和社会进步。

第一节
举人进士名录

康熙二十六年（1687）凤山县生员苏峨乡试中举，成为台湾第一位举人，到清末废除科举制为止，台湾至少考中589名以上的举人，其中文举人305人，武举人284人。自康熙三十三年（1694）陈梦球蟾宫折桂，至光绪二十九年（1903）汪春源得中进士，210年间台湾共考中33名文进士，10名以上的武进士。

▲ 康熙二十六年（1687），台湾有五人渡海应试，凤山县生员苏峨（？ -1713）一举中式，成为台湾第一位举人。图为苏峨墓志铭拓片。

清代台湾文举人统计表

朝代	人数
康熙 8 科	8
雍正 6 科	6
乾隆 27 科	53
嘉庆 11 科	29
道光 15 科	59
咸丰 4 科	30
同治 5 科	44
光绪 13 科	76
总计	305

清代台湾武举人统计表

朝代	人数
康熙年间	53
雍正年间	13
乾隆年间	68
嘉庆年间	33
道光年间	55
咸丰年间	11
同治年间	23
光绪年间	28
总计	284

台湾文进士名录

姓 名	科年　　甲第	籍 贯
陈梦球	康熙三十三年 (1694) 甲戌科，二甲第三十一名	隶籍正白旗
王克捷	乾隆二十二年（1757）丁丑科，三甲第四十三名	诸罗县
庄文进	乾隆三十一年（1766）丙戌科，三甲第七十一名	凤山县
郑用锡	道光三年 (1823) 癸未科，三甲第一百零九名	淡水厅
曾维桢	道光六年（1826）丙戌科，二甲第六十八名	彰化县
黄骧云	道光九年（1829）己丑科，二甲第七十二名	台湾县
郭望安	道光十五年（1835）乙未科，三甲第七十一名	嘉义县
蔡廷兰	道光二十五年 (1845) 乙巳恩科，二甲第六十一名	澎湖厅
施琼芳	道光二十五年（1845）乙巳恩科，三甲第八十四名	台湾县
杨士芳	同治七年（1868）戊辰科，三甲第一百一十八名	噶玛兰厅
张维垣	同治十年 (1871) 辛未科，二甲第一百一十八名	台湾县
陈望曾	同治十三年（1874）甲戌科，三甲第六十九名	台湾县
蔡德芳	同治十三年（1874）甲戌科，三甲第七十九名	彰化县
施炳修	同治十三年（1874）甲戌科，三甲第二百名	彰化县
施士洁	光绪二年 (1876) 丙子恩科，三甲第二名	台湾县
黄裳华	光绪三年（1877）丁丑科，二甲第九十三名	台湾县
黄登瀛	光绪三年（1877）丁丑科，三甲第三十三名	嘉义县
丁寿泉	光绪六年（1880）庚辰科，三甲第四十八名	彰化县
叶题雁	光绪六年（1880）庚辰科，三甲第六十名	台湾县
张觐光	光绪六年（1880）庚辰科，三甲第一百零八名	台湾县
江昶荣	光绪九年（1883）癸未科，三甲第一百三十七名	台湾县
林启东	光绪十二年（1886）丙戌科，二甲第一百零一名	嘉义县
徐德钦	光绪十二年（1886）丙戌科，三甲第二名	嘉义县
蔡寿星	光绪十二年（1886）丙戌科，三甲第六十四名	彰化县
丘逢甲	光绪十五年（1889）己丑科，三甲第九十六名	彰化县
许南英	光绪十六年（1890）庚寅恩科，三甲第六十一名	安平县
陈登元	光绪十八年（1892）壬辰科，三甲第五十名	淡水县
施之东	光绪二十年（1894）甲午恩科，二甲第八十三名	彰化县
李清琦	光绪二十年（1894）甲午恩科，二甲第一百零五名	彰化县
萧逢源	光绪二十年（1894）甲午恩科，二甲第六十名	凤山县
黄彦鸿	光绪二十四年（1898）戊戌科，二甲第八十五名	淡水县
陈濬芝	光绪二十四年（1898）戊戌科，二甲第一百八十四名	新竹县
汪春源	光绪二十九年（1903）癸卯科，三甲第一百二十名	安平县

台湾武进士名录（部分）

姓名	科年	籍贯
阮洪义	康熙三十三年（1694）甲戌科	台湾县
叶宏桢	康熙四十五年（1706）丙戌科	台湾县
柯参天	康熙四十八年（1709）己丑科	凤山县
林大瑜	康熙五十一年（1712）壬辰科	台湾县
许　瑜	康熙五十二年（1713）癸巳科	诸罗县
范学海	康熙五十七年（1718）戊戌科	台湾县
蔡庄鹰	乾隆四年（1739）己未科	台湾府
周士超	乾隆五十八年（1793）癸丑科	淡水厅
吴安邦	嘉庆元年（1796）丙辰科	彰化县
许捷标	道光六年（1826）丙戌科	台湾县

题名碑

北京孔庙内立有镌刻着清朝全部进士姓名及甲第、籍贯的碑石，称为“进士题名碑”。

▲ 北京孔庙和国子监。始建于元代，合于“左庙右学”的古制，分别是皇帝祭祀孔子的场所和中央最高学府。

▲ 北京孔庙内的题名碑

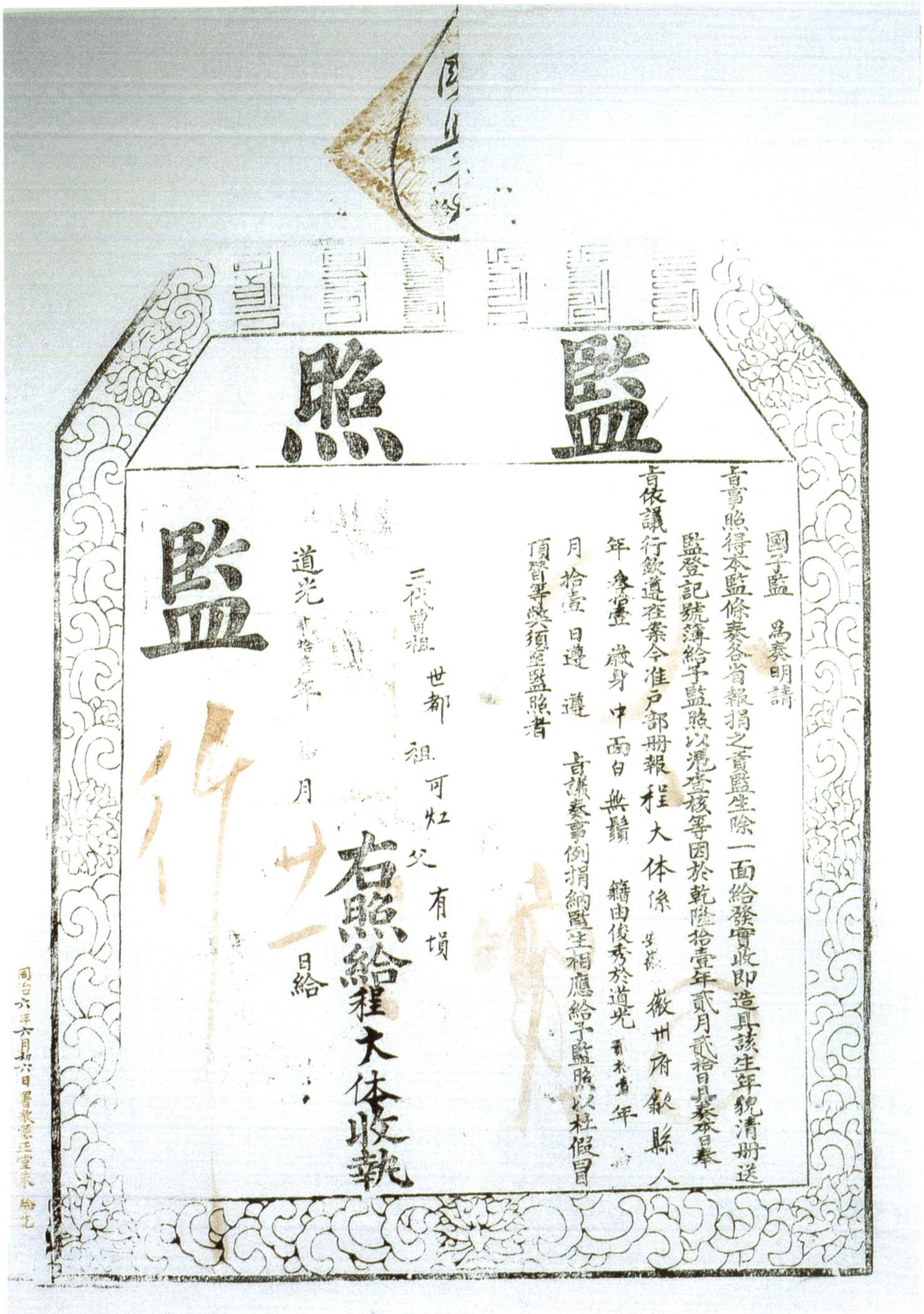

▲ 道光二十一年（1841）程大体国子监监照

第二节 台湾知名进士

科举制度的实施进一步推动了儒学在台湾的传播，使儒家思想成为规范台湾社会的主导思想，也促使台湾人才辈出。33 名台湾文进士中，原籍可考的有 17 名，其中有 14 名原籍属福建，他们在促进教育发展、改良社会风气和增进台湾民众对朝廷的向心力上，发挥了重要的作用。

陈梦球（？—1700）

陈梦球，陈永华之子，字二支，号游龙，祖籍福建同安，康熙三十三年（1694）进士，二甲第三十一名，是最早的台湾进士。

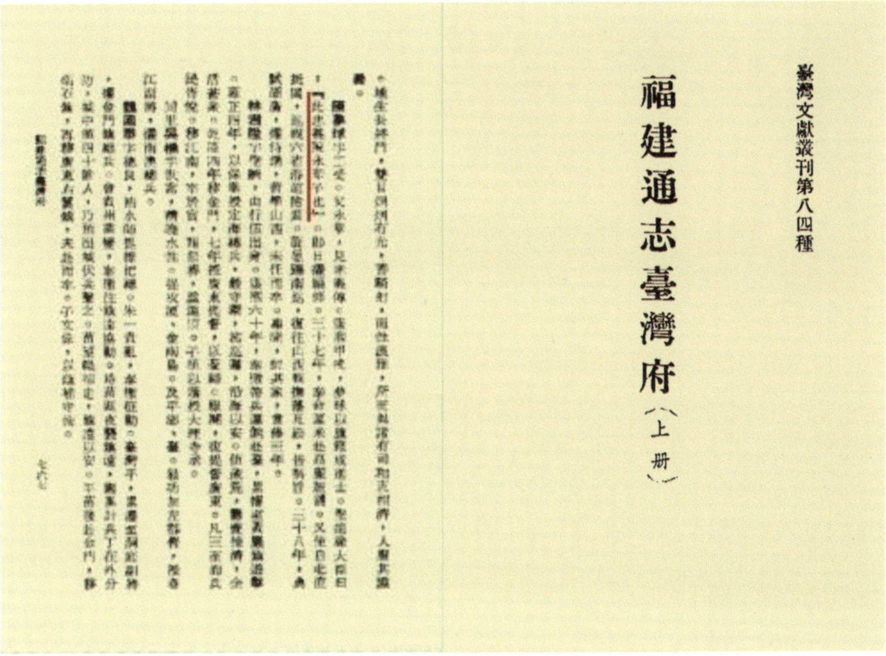
臺灣文獻叢刊第八四種

福建通志臺灣府（上册）

▲ 陈梦球的启蒙地在台湾，是实质意义上的“开台进士”。康熙皇帝称其：“此忠义陈永华子也。”图为《台湾文献丛刊第 84 种·福建通志台湾府》。

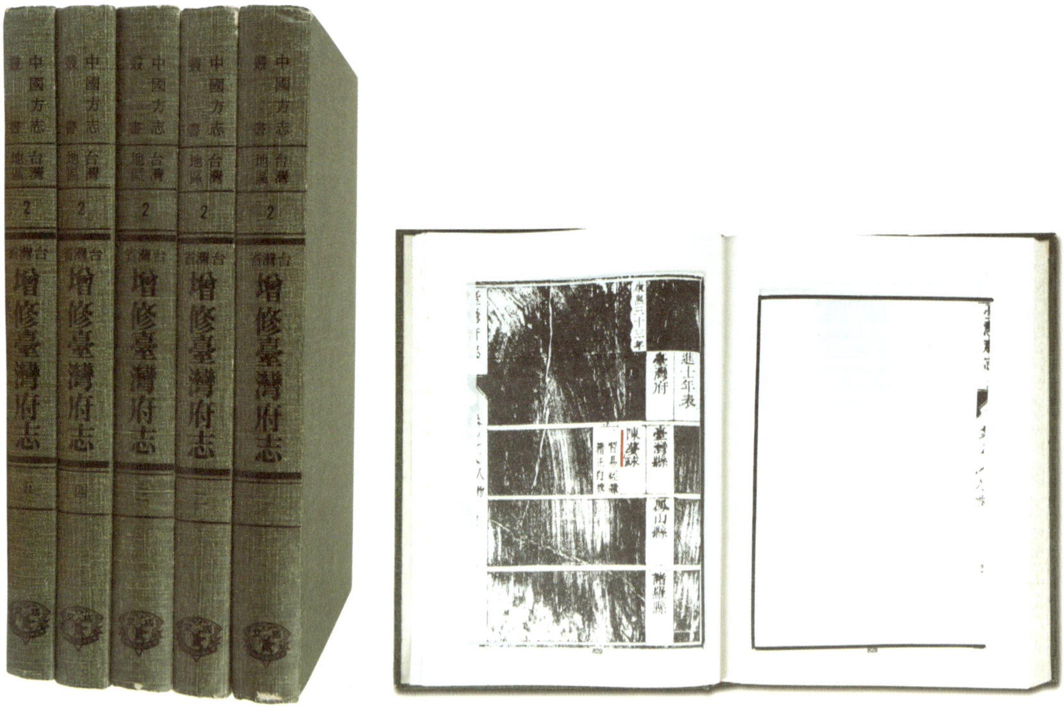

▲ 据连横《台湾通史》记载，陈永华“子梦炜、梦球居台蕃衍，至今为邑望族”。康熙二十二年（1683），施琅率清军攻入澎湖，陈梦球之兄陈梦炜受命至澎湖上降表，陈氏兄弟因而编入汉军“旗籍”，此后，陈梦球也以旗籍考中进士。图为《增修台湾府志》中关于陈梦球的记载。

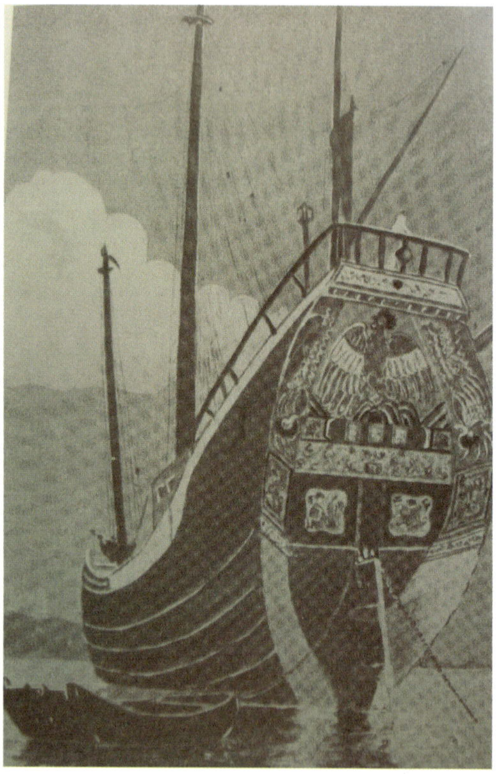

◀ 康熙三十七年（1698）陈梦球运米谷赴高丽（今朝鲜）赈灾，又自京坐船巡视沿海各省，次年任湖广乡试正主考。康熙三十九年（1700）督学山西，卒于任上。

郑用锡（1788—1858）

郑用锡，谱名文衍，又名蕃，字在中，号祉亭，淡水厅人，乾隆五十三年（1788）生于后龙（今属苗栗市）。道光三年（1823）进士。郑用锡自幼颖慧，通晓经史，尤其精于《易经》，曾主明志书院讲席。

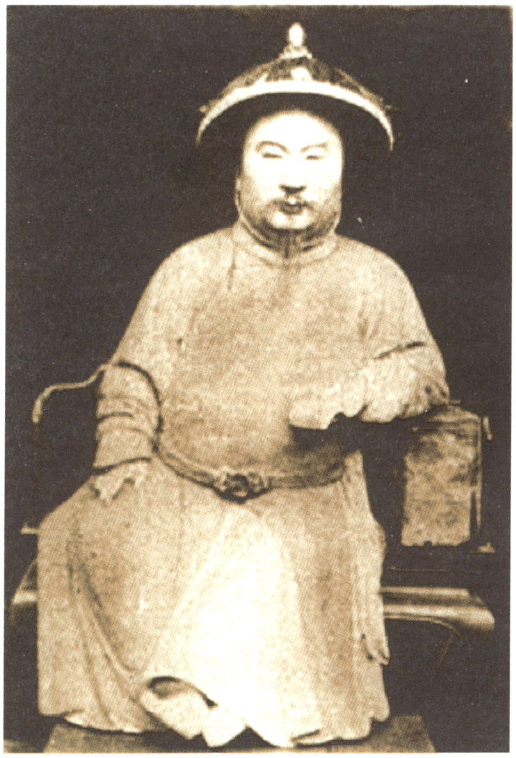

◀ 郑用锡像

◀ 道光六年（1826），郑用锡禀请改建淡水厅城（即竹堑城）。道光十四年（1834）捐京官，前往京师，签分兵部武选司任职，补授礼部铸印局员外郎。图为竹堑城目前仅存之迎曦门。

▲ 因不习官场应酬，郑用锡于道光十七年（1837）以母老为由，请求归养。返乡后开始兴建住宅，即“进士第”，位于现新竹市北区北门街。图为郑用锡进士第。

◀ 咸丰八年（1858）郑用锡病卒，入祀乡贤祠。图为郑用锡墓，建于同治八年（1869），在今新竹市大众庙山，是台湾现存规格较高的墓葬建筑。

▲ 立于郑用锡墓前的石笔

曾维桢（？—1868以前）

曾维桢，彰化县人，道光六年（1826）进士，获选为翰林院庶吉士，是台湾翰林中全部教育过程均在台湾的一位。

敕曰家有孝慈之歎美以相濟而成國榮褒
錫之文恩以並推而厚爾黄氏迺湖北漢
陽府孝感縣知縣曾維楨之胞伯母德可
相夫教能啟後一堂環珮和音克著其慈
祥五夜機絲内治聿昭其柔順兹以覃恩
貤封爾為孺人於戲眷一體之榮鸞章
貴采表同心於訓迪象服分光

湖北漢陽府孝感縣
知縣曾維楨之胞伯父母
道光貳拾伍年拾月拾伍日

▲ 道光皇帝封曾家祖先为“文林郎”，嘉奖慰勉曾维桢政绩卓著，以及其伯父栽培曾维桢，为国育才。图为道光皇帝圣旨。（现存于曾维桢后人手中）

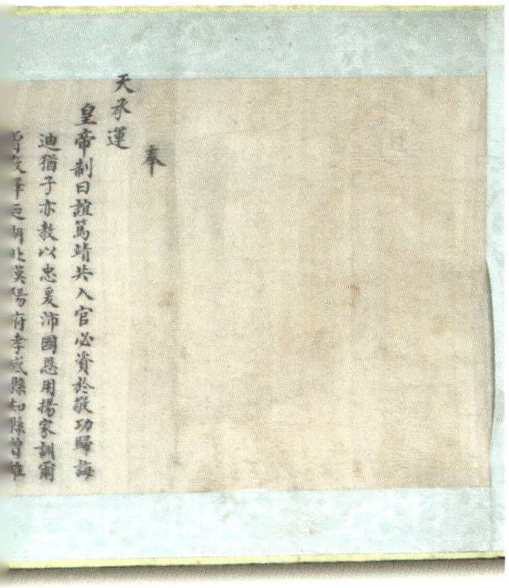
奉
天承運
皇帝制曰諭萬靖共入官必資於敬功歸誨
迪循子亦教以忠爰沛國恩用揚家訓爾

▶ 曾维桢墨迹

▲ 彰化曾维桢进士执事牌

▲ 曾维桢进士用过的宝剑（现存于其后人手中）

黄骧云（1801 — 1841）

黄骧云，淡水中港头份庄人，道光九年（1829）进士，为台湾客家第一位进士，台湾“会魁”之一，是清朝嘉义长福营参将黄清泰的次子。

▲ 黄骧云自幼聪颖，少时被其父送到福州就读于鳌峰书院，苦读十年，未曾返家。图为黄骧云“会魁”匾。

▲ 黄骧云所题“大启文明”位于高雄市美浓镇东门楼上。

蔡廷兰（1801—1859）

蔡廷兰，字香祖，号秋园，澎湖厅（今马公市兴仁里）人。自幼颖异，13岁考中秀才，有“十三游泮，负雏凤”之称，屡试第一，时人称“神童”。道光二十五年（1845）进士。

▲ 蔡廷兰为澎湖贡献诸多，深得赞誉。道光十二年（1832）澎湖大饥，曾作“请急赈歌”上呈兴泉道周凯，引起朝廷关注，投入赈灾。图为《闽南纪胜十二景》澎岛赈灾图。

▲ 澎湖通判玉庚等为蔡廷兰所立“乡国善士”匾（高启进先生提供）

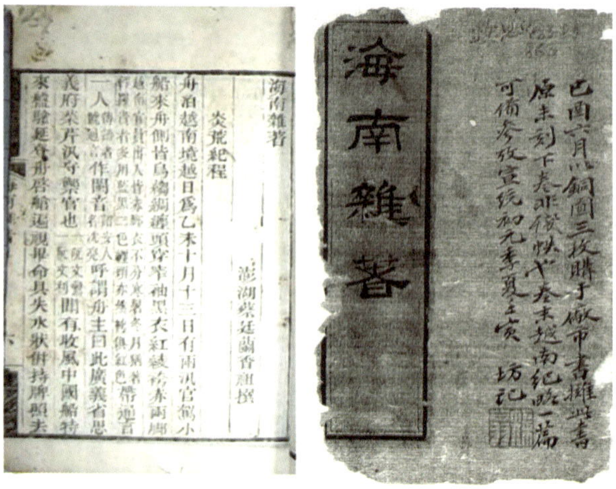

▲ 蔡廷兰一生充满传奇。道光十四年（1834）主讲台湾引心书院，道光十六年（1836）乡试毕返乡，在海上遭遇大风，漂泊到越南，步行四月，历万余里，返回福建。后将所见所闻撰成《海南杂著》。图为《海南杂著》以及“炎荒纪程”章节。

▶ 金门举人吕世宜所绘蔡廷兰“风尘万里客，天地一诗人”画像。

◀ 蔡廷兰佩剑（高启进先生提供）

▲ 道光十七年（1837），周凯任台湾道，聘蔡廷兰主讲崇文书院，兼长引心、文石两书院。道光二十五年（1845）中进士后，先后任江西峡江知县、南昌水利同知、丰城知县等，颇有政声。图为整修中的进士第及蔡廷兰进士塑像。

▲　位于澎湖县马公市兴仁里的蔡廷兰进士宅

▲　蔡廷兰因抗击太平军、治理地方水患等有功，升赣州同知，赏戴蓝翎。咸丰九年（1859）卒于任上，年五十九。图为蔡廷兰墓碑，位于今澎湖马公市乌崁里怀恩堂生命纪念馆北侧。（高启进先生提供）

杨士芳（1826 — 1903）

杨士芳，宜兰人。自小随父兄务农，道光二十年(1840)于田中耕作时目睹黄缵绪中举后下乡会客的风光荣耀之貌，自此发奋读书。同治七年（1868）进士，是宜兰地区唯一的进士。钦点浙江省即用知县，加同知五品官衔。因父丧丁忧未赴任。

▲ 杨士芳热心各种公益善举，推进教育事业发展，是当地士绅的代表，深受乡里崇戴。图为杨士芳像。

◀ 同治十三年(1874)，杨士芳倡议为延平郡王郑成功赐谥建祠，日本割台后，又联合兰邑士绅创建岳武穆王庙。图为位于宜兰市南的杨士芳进士旗杆座。

▲ 同治八年（1869），杨士芳倡建宜兰孔庙；光绪八年（1882）任宜兰县仰山书院山长。图为宜兰孔庙。

▲ 杨士芳一生气节凛然，大义可风。图为杨士芳进士墓。

陈望曾 (1853–1929)

陈望曾，台湾县人。同治十三年（1874）进士。其高祖陈斌、曾祖陈光昭分别为乾隆年间的武举人和武进士。

▲ 陈望曾高祖父陈斌曾任澎湖、安平协镇，晚年告老回福建漳浦赤湖祖地兴建府第。图为其祖祠圩后祠堂。

▲ 陈氏祖祠修建时从台湾运回青石雕凿的花窗一对装嵌于大门左右两侧，花窗计有七十二孔，为世代子孙认祖的标志。

施士洁（1856—1922）

施士洁，台湾县人。字沄舫，讳应嘉，号耐公，晚署定惠老人，原籍福建晋江岑江。施士洁祖父乾隆年间移居台湾鹿港，后迁居台湾府城大西门外。施士洁早年参加县、府、院三试，均获第一，号称“小三元”，时论崇之。光绪元年（1875）弱冠乡试中举，次年中进士，点内阁中书，与丘逢甲、许南英被时人合称为“台湾诗坛三巨擘”。

▲ 施士洁后因回乡奉母，辞官返台，长期从事文教事业。曾先后任教于白沙书院、崇文书院和海东书院。其任海东书院山长时，“逢甲与新竹郑鹏云、安平汪春源、叶郑兰肄业其中”。图为施士洁像。

▲ 施士洁晚年像

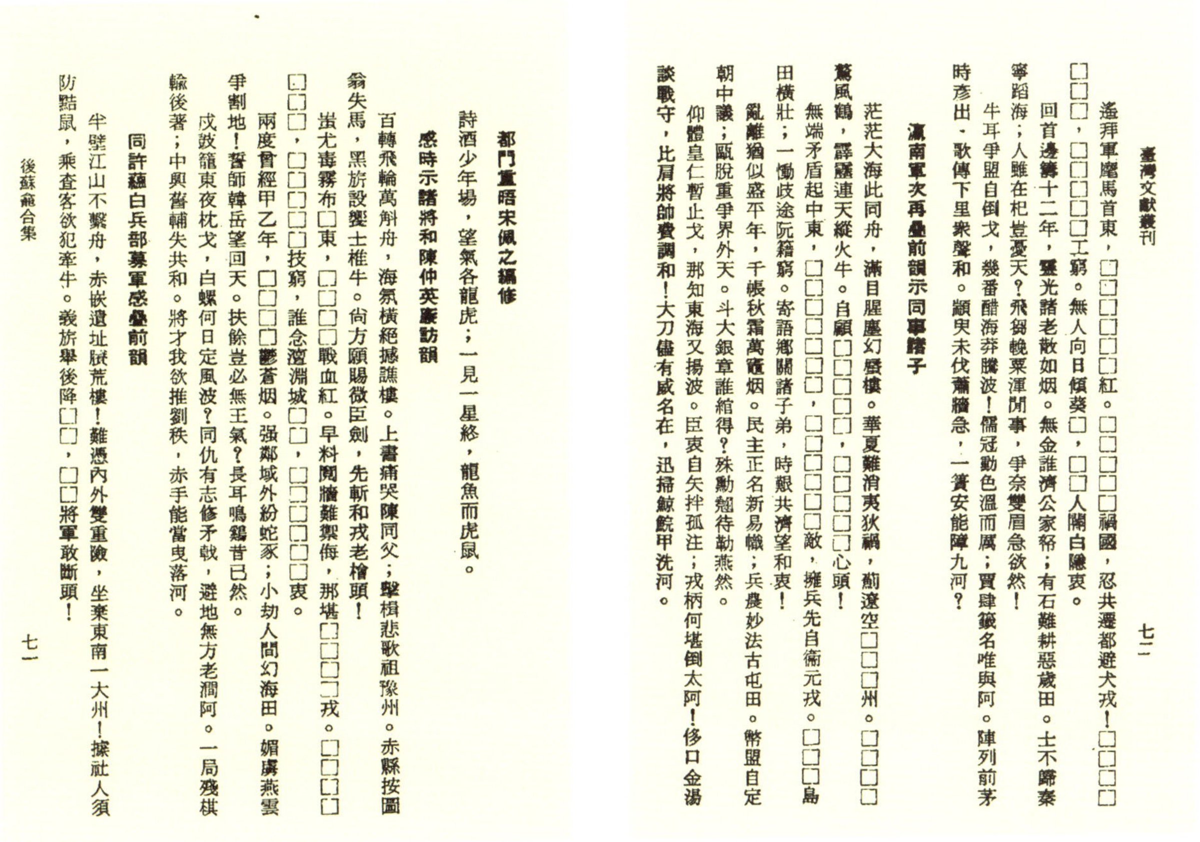

詩酒少年場，望氣各龍虎；一見一星終，龍魚而虎鼠。

都門重晤宋佩之編修

感時示諸將和陳仲英廉訪韻

百轉飛輪萬斛舟，海氛橫絕撼譙樓。上書痛哭陳同父；擊楫悲歌祖豫州。赤縣按圖翁失馬，黑旂設饗士椎牛。尚方願賜微臣劍，先斬和戎老檜頭！

蚩尤毒霧布□東，□□□戰血紅。早料閱牆難禦侮，那堪□□□□戎。□□□□□□□，□□□□□技窮，誰念湟淵城□□，□□□□□□夷。

兩度曾經甲乙年，□□□□鬱蒼烟。強鄰域外紛蛇豕；小劫人間幻海田。媚虜燕雲爭割地！誓師韓岳望回天。扶餘豈必無王氣？長耳鳴鷄昔已然。

戍鼓籠東夜枕戈，白螺何日定風波？同仇有志修矛戟，避地無方老澗阿。一局殘棋輸後著；中興奮輔失共和。將才我欲推劉秩，赤手能當曳落河。

同許蘊白兵部募軍感疊前韻

半壁江山不繫舟，赤嵌遺址賦荒樓！雖憑內外雙重險，坐棄東南一大州！擦社人須防黠鼠，乘查客欲犯牽牛。義旂舉後降□□，□□將軍敢斷頭！

後蘇龕合集　七一

臺灣文獻叢刊　七二

遙拜軍麾馬首東，□□□□□□紅。□□□□□禍國，忍共遷都避犬戎！□□□□□□□，□□□□□工窮。無人向日傾葵□，□□人間白隱夷。

回首邊籌十二年，豎光諸老散如烟。無金誰濟公家帑；有石難耕惡歲田。士不歸秦寧蹈海；人雖在杞豈憂天？飛芻輓粟渾閒事，爭奈雙眉急欲然！

牛耳爭盟自倒戈，幾番醋海莽騰波！儒冠勳色溫而厲；買肆籤名唯與阿。陣列前茅時彥出，歌傳下里衆聲和。顓臾未伏蕭牆急，一簣安能障九河？

瀛南軍次再疊前韻示同事諸子

茫茫大海此同舟，滿目腥塵幻蜃樓。華夏難消夷狄禍，薊遼空□□□州。□□□□驚風鶴，霹靂連天縱火牛。自顧□□□□□，□□□□□心頭！

無端矛盾起中東，□□□□□□□，□□□□□□敵，擁兵先自衛元戎。□□□島田橫壯；一慟歧途阮籍窮。寄語鄉關諸子弟，時艱共濟望和衷！

亂離猶似盛平年，千帳秋霜萬竈烟。民主正名新易幟；兵農妙法古屯田。幣盟自定朝中議；甌脫重爭界外天。斗大銀章誰綰得？殊勳翹待勒燕然。

仰體皇仁暫止戈，那知東海又揚波。臣衷自矢拌孤注；戎柄何堪倒太阿！侈口金湯談戰守，比肩將帥費調和！大刀儘有威名在，迅掃鯨鯢甲洗河。

▲　光绪二十年（1894）至二十一年（1895），施士洁积极参与抵制割台的斗争，与台南团练局统领许南英招募义勇，并作《同许蕴白兵部募军感叠前韵》等诗篇，号召民军保家卫国。《马关条约》签订后，施士洁“誓不做日本国子民”，写下《别台作》，挈家眷内渡，流寓于晋江、泉州、厦门。

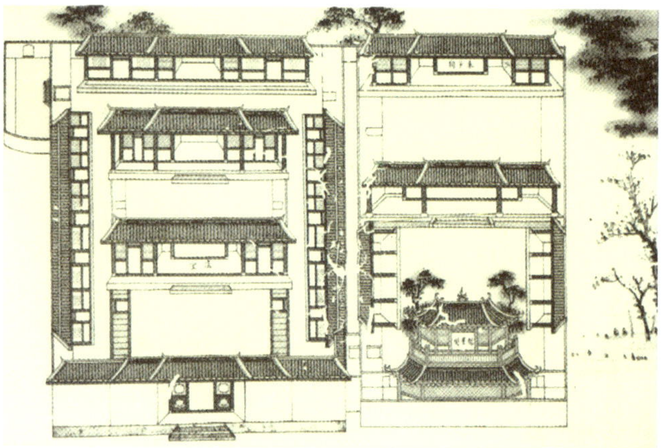

◀ 《重修台郡各建筑图说》中崇文书院的绘图

► 施士洁善作诗文，在台湾教学课士、拈韵吟诗，著有《后苏龛诗钞》《后苏龛文稿》等诗文，在台湾诗界享有盛名，对台湾文学发展起了相当大的影响。连横称“光绪以来，台湾诗界群推施沄舫、丘仙根二公，各成家数”。

◀ 施士洁一生风流倜傥，广交朋友，在两岸留下了众多笔墨，得以流传。图为施士洁在厦门鼓浪屿日光岩上的“古避暑洞”摩崖石刻。

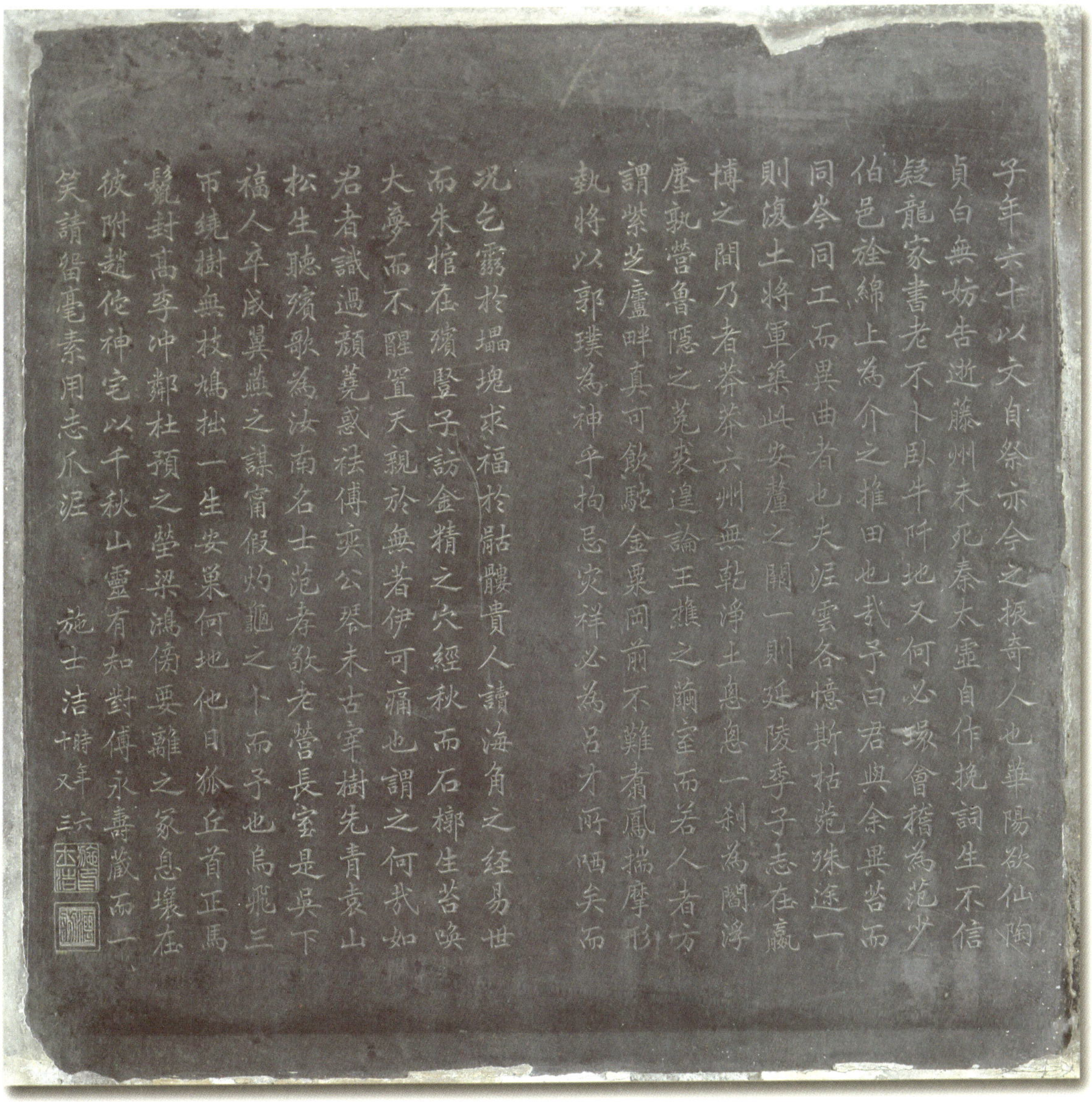

▲ 施士洁为福建晋江古檗山庄所题的"檗谷山庄记"

黄登瀛（1844—1883）

黄登瀛，嘉义县人。自幼聪颖，勤习举子业，幼随父移台之后，在聚奎阁继续攻读。同治十年（1871）中举人，光绪三年（1877）中进士，累授文林郎，钦点山西即用知县。

▲ 黄登瀛官服画像（现悬挂于福建晋江黄登瀛进士第内）

▲ 黄登瀛便服画像（现存于其后人手中）

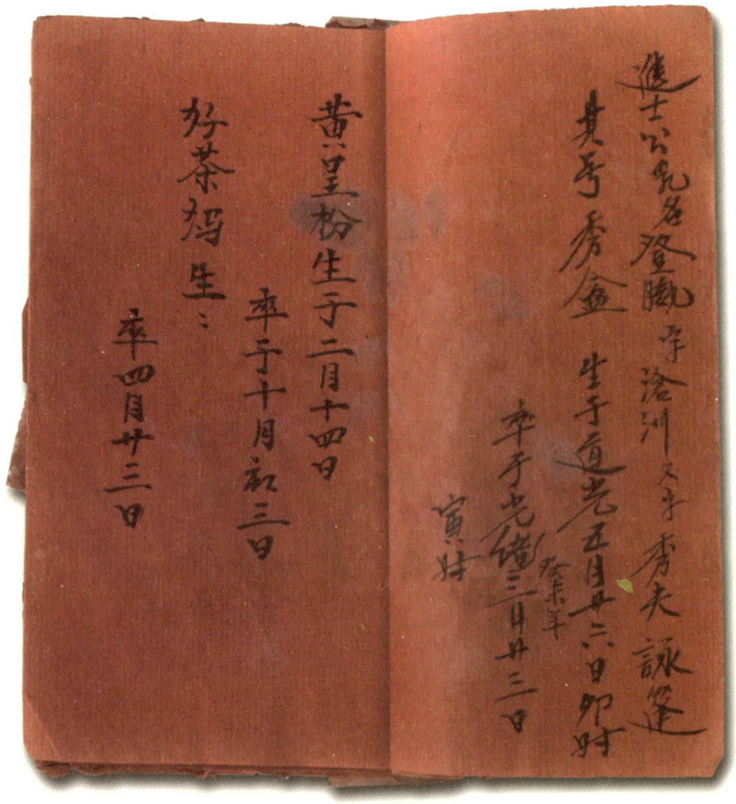

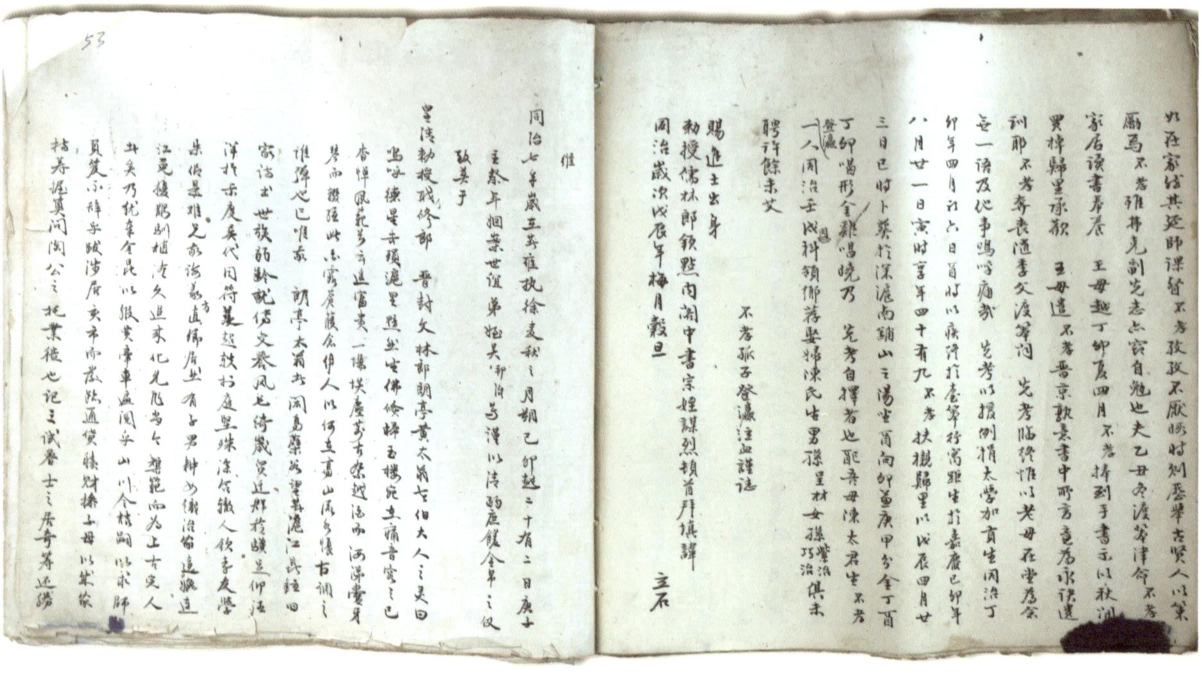

▲　黄登瀛中进士后，在赴任途中遭劫，返回故乡后因母亲病弱，为尽孝道，放弃仕途，在家侍奉母亲。图为记录有黄登瀛生平的族谱。

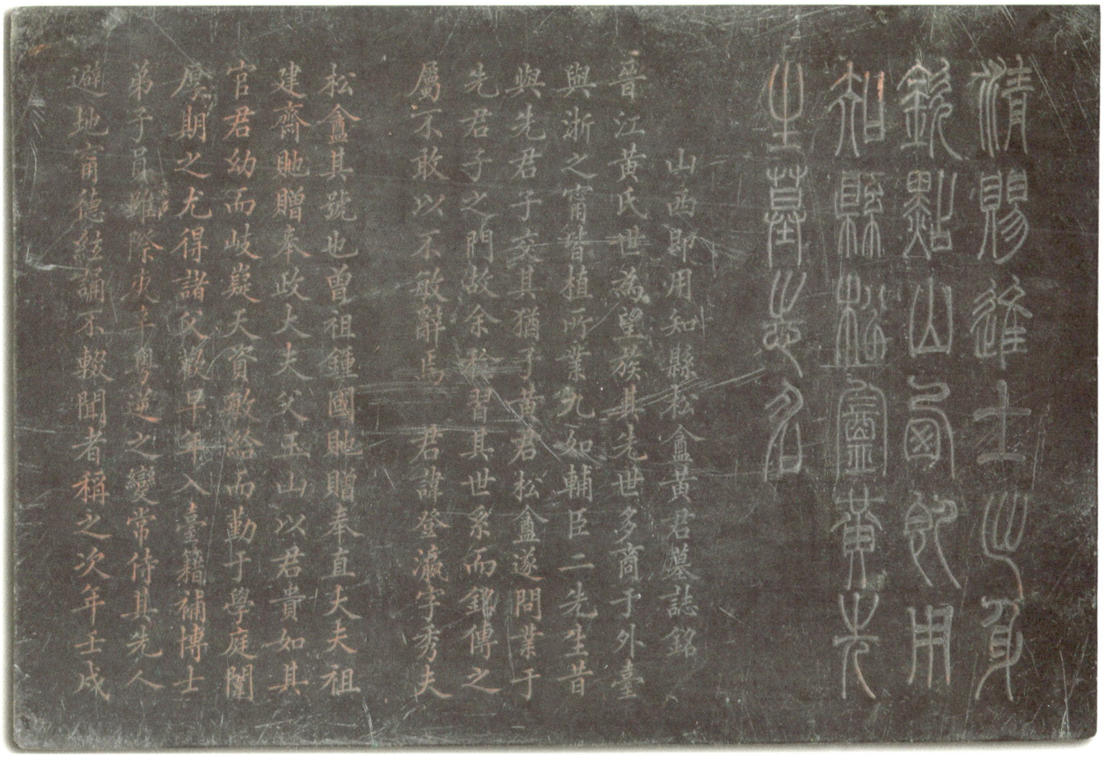

▲　光绪九年（1883），黄登瀛病逝于晋江深沪家中，享年 41 岁。光绪十一年（1885）安葬于福建晋江，清廷敕封加四级、诰授奉政大夫。图为黄登瀛进士墓志铭碑文。（现藏于进士后人手中）

◀ 黄登瀛学有所成，虽未能履新赴任，但两岸黄氏族人至今仍以他为荣耀。在云林县北港等地，乡土教材及儿童学前教育均把黄登瀛事迹作为题材。《云林县北港镇大事记年表》《笨港大事年表》均记载有黄登瀛的事迹。图为位于福建晋江的“进士第”和位于台南市佳里区的黄氏宗祠“崇荣堂”。

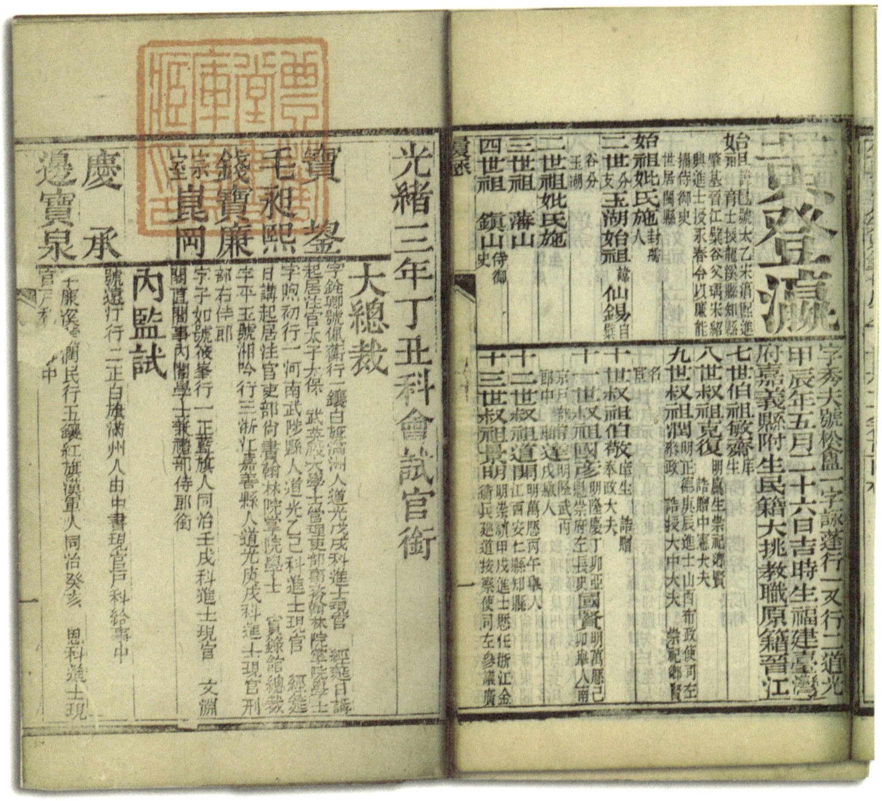

▲ 载有黄登瀛履历的《光绪三年丁丑科会试齿录》

丁寿泉（1846—1886）

丁寿泉，彰化县人，回族，鹿港丁协源家族始祖丁克家的第六子。同治十二年（1873）考取举人，光绪六年（1880）中进士，后授广东即用知县，加同知衔，但因家事，未前往广东就任。

▲ 丁寿泉曾担任彰化白沙书院山长，光绪十二年（1886）与训导刘凤翔、廪生吴德功、主事吴鸿藻等人探访台湾中部的节妇事迹，在当地颇有名望。图为丁寿泉画像以及位于福建泉州江头的“进士第”。

▲ 位于台湾鹿港的丁家大宅

▲ 鹿港丁宅内“赐进士出身”“掌教白沙书院”的执事牌

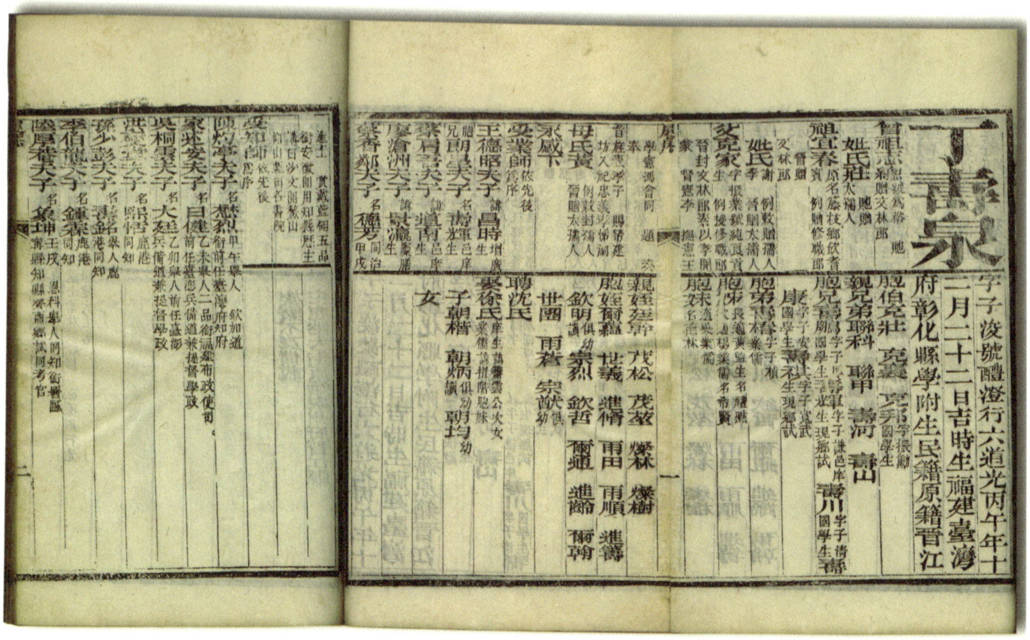

丁壽泉
字子洨號醴澄行六道光丙午年十二月二十二日吉時生福建臺灣府彰化縣學附生民籍原籍晉江

▲ 《光绪三年丁丑科会试齿录》，记录有丁寿泉的履历。（现存于上海图书馆）

江昶荣（1841 — 1895）

江昶荣，台湾县中堆竹园庄人（现屏东县内埔乡），祖籍粤东嘉应州镇平县。同治九年(1870）中举人，光绪九年（1883）登进士。同年五月奉派四川即用知县。

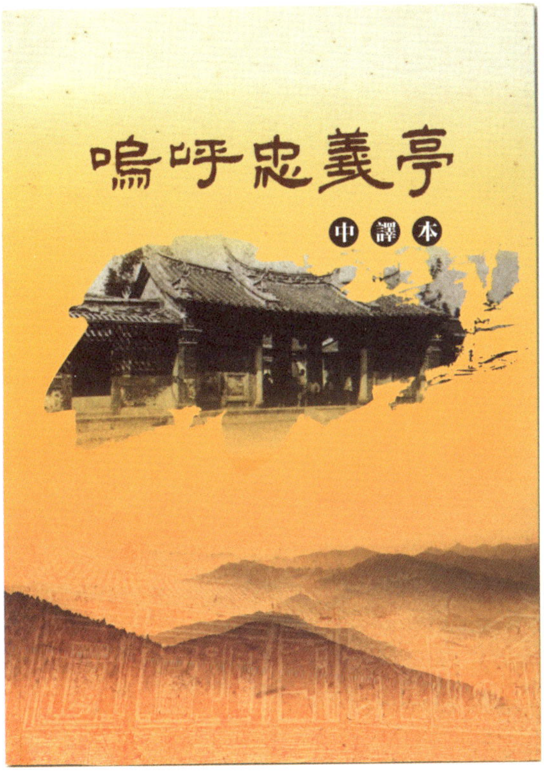

▲ 《呜呼忠义亭》中有关于江昶荣事迹的记载

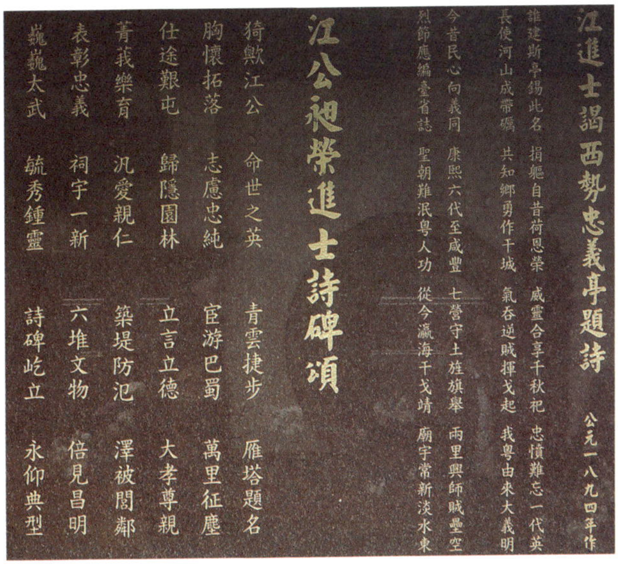

▲ 江昶荣一生坎坷曲折，在赴蜀上任之时，适逢中法战争，因道路梗阻逾期而被议，返台后又值丁忧，遂无意于仕途，乃致力于地方文化及公益事业，泽被乡邑。后因参与台湾查田清赋有功，朝廷开复原职衔，光绪二十一年（1895）卒于故乡。图为江昶荣进士的纪念碑，现立于屏东六堆客家文化馆内。

▲ 江昶荣专心于地方文化及公益事业，致力于推动忠义祠的修建，在当地颇有影响。图为江昶荣推动修建的忠义祠，位于屏东六堆。

蔡寿星（1857—1924？）

蔡寿星，彰化县人。光绪十二年（1886）进士。同年五月，着以主事分部学习。

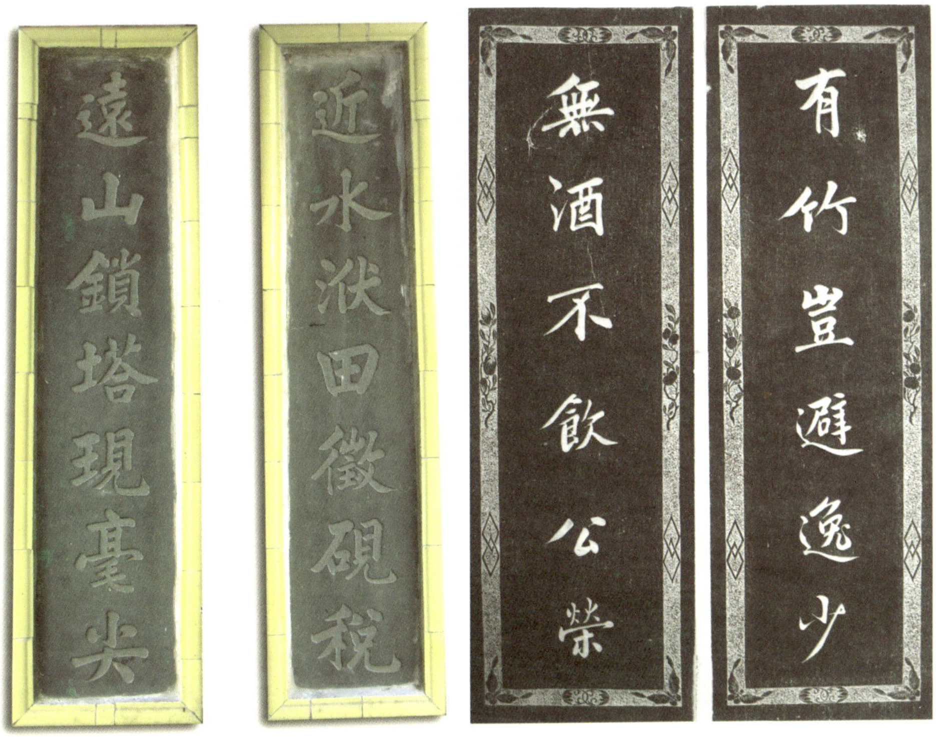

▲ 蔡寿星手书石刻（图片由福建石狮市博物馆提供）

▶ 位于福建石狮的蔡寿星墓（图片由福建石狮市博物馆提供）

◀ 蔡寿星曾担任户部主事，人称“蔡部爷”，其回乡建造的府邸也被称为“部爷府”，并逐渐演变成地名。图为位于福建石狮玉浦的蔡寿星故居——“部爷府”。

丘逢甲（1864—1912）

丘逢甲，彰化县人，生于苗栗县铜锣湾，祖籍粤东嘉应州镇平县（今广东梅州蕉岭县），光绪十五年（1889）进士，授工部主事，是清末著名诗人和爱国志士，同时也是一位卓越的教育家。

◀ 丘逢甲像

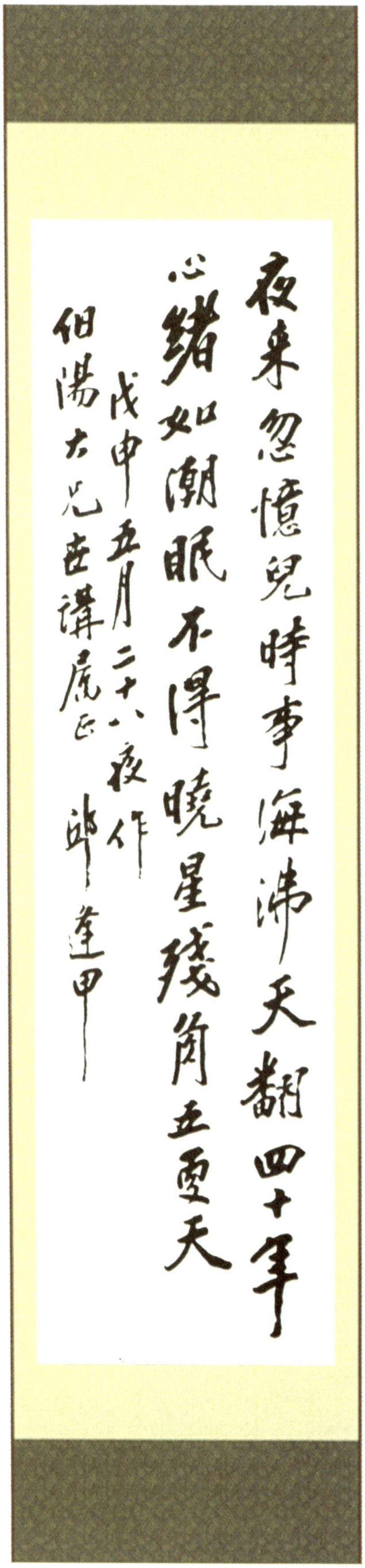

夜来忽憶兒時事海沸天翻四十年
心緒如潮眠不得曉星殘角五更天
戊申五月二十八夜作
逢甲

◀ 丘逢甲的行书七绝诗

▲ 光绪二十年（1894）中日甲午战起，丘逢甲捐献家资，训练义军，并任全台义军统领，率台湾民众抵抗日军侵台。护台失败后内渡定居广东，以“台湾遗民”自称。他积极赞成“戊戌变法”，支持孙中山革命斗争。1912年元旦，民国南京临时政府成立，他是唯一的台湾籍参议员。图为苗栗铜锣竹森村丘逢甲出生地（上图）和位于广东梅州的丘逢甲故居（下图）。

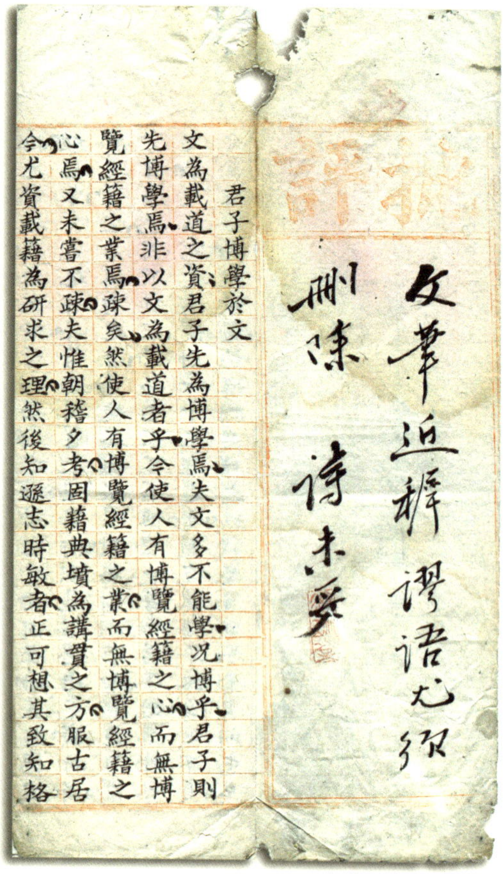

◀ 丘逢甲一生致力于教育，培养人才，在潮汕地区任教期间，结合在台湾讲学的经验，积极进行教育改革，摒弃八股试帖，创办新式学堂，开创了潮汕近代新学的先声。图为其任台南宏文书院山长时亲笔批阅的课卷。（林文龙先生提供）

▶ 丘逢甲精诗文、书法，梁启超在《饮冰室诗话》中称其为晚清“诗界革命一巨子”，著有《岭云海日楼诗抄》。

许南英（1855—1917）

许南英，号蕴白或允白，又号窥园主人、留发头陀，安平县人。咸丰五年（1855）出生于台湾府城，祖籍广东揭阳。许南英对于当时内忧外困的局面深有感触，光绪十二年（1886）和十五年（1889）两次进京会试，均因在试卷中陈述国家危机而未被录取。十六年（1890）再考，中恩科会魁，授兵部车驾清吏司主事。未任辞归，参与台湾“垦土化番”事务，协修《台湾通志》。

▲ 甲午战争期间，许南英任台南筹防局统领，率众抗击日军。在乙未反割台斗争中，他积极参与台南抗日，台南陷落后举家迁回大陆。先后在广东为官十数年，曾任乡试阅卷官、知县等。1916 年因林尔嘉之荐，前往印度尼西亚为棉兰市华侨市长张鸿南写传，1917 年底客死于当地。图为许南英像。

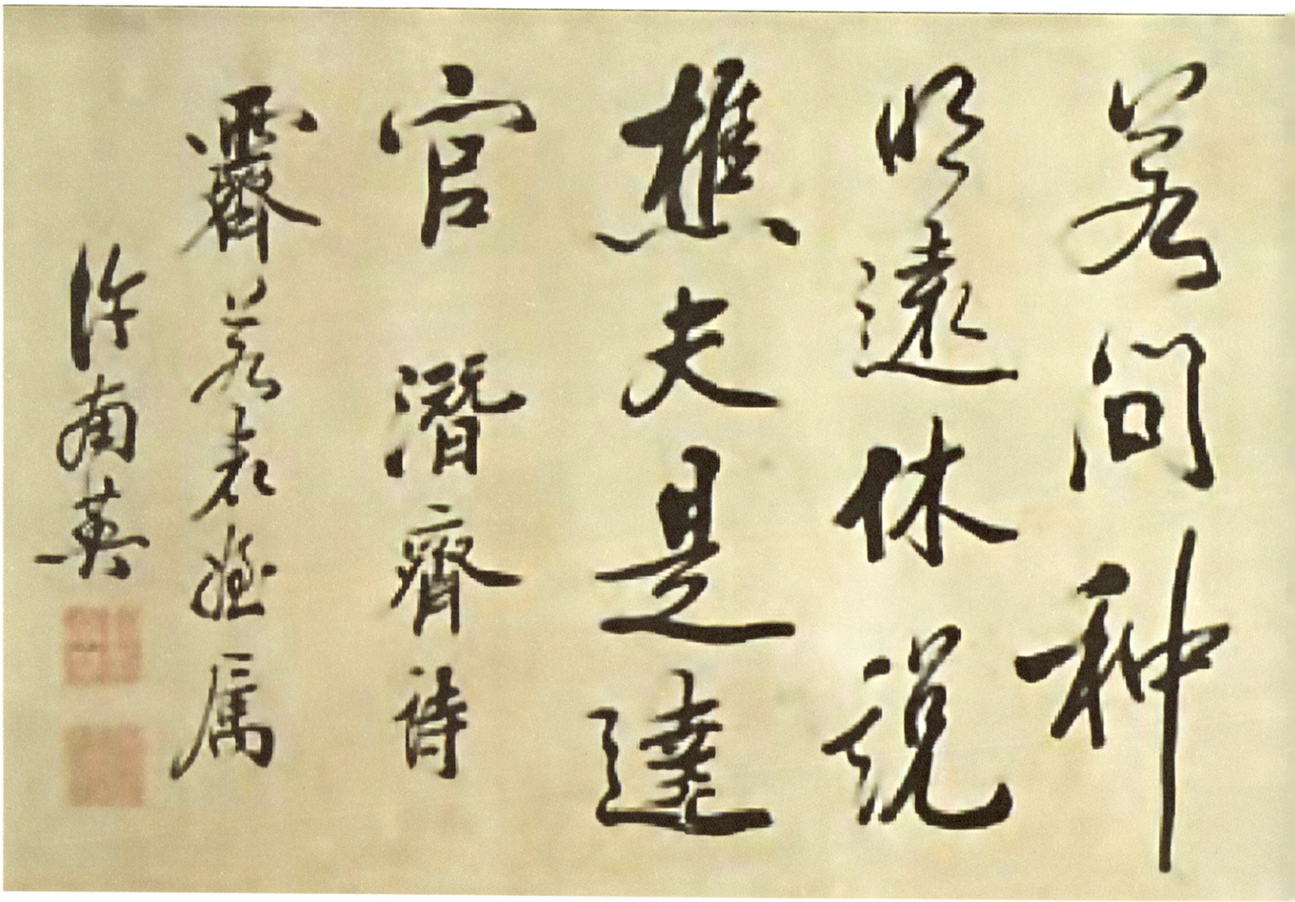

▲ 许南英工诗歌，辑有《窥园留草》等，兼擅书法，颇得王羲之神韵，秀丽飘逸。所书《许春熙墓志铭》碑，为潮汕金石瑰宝。图为许南英书法作品。

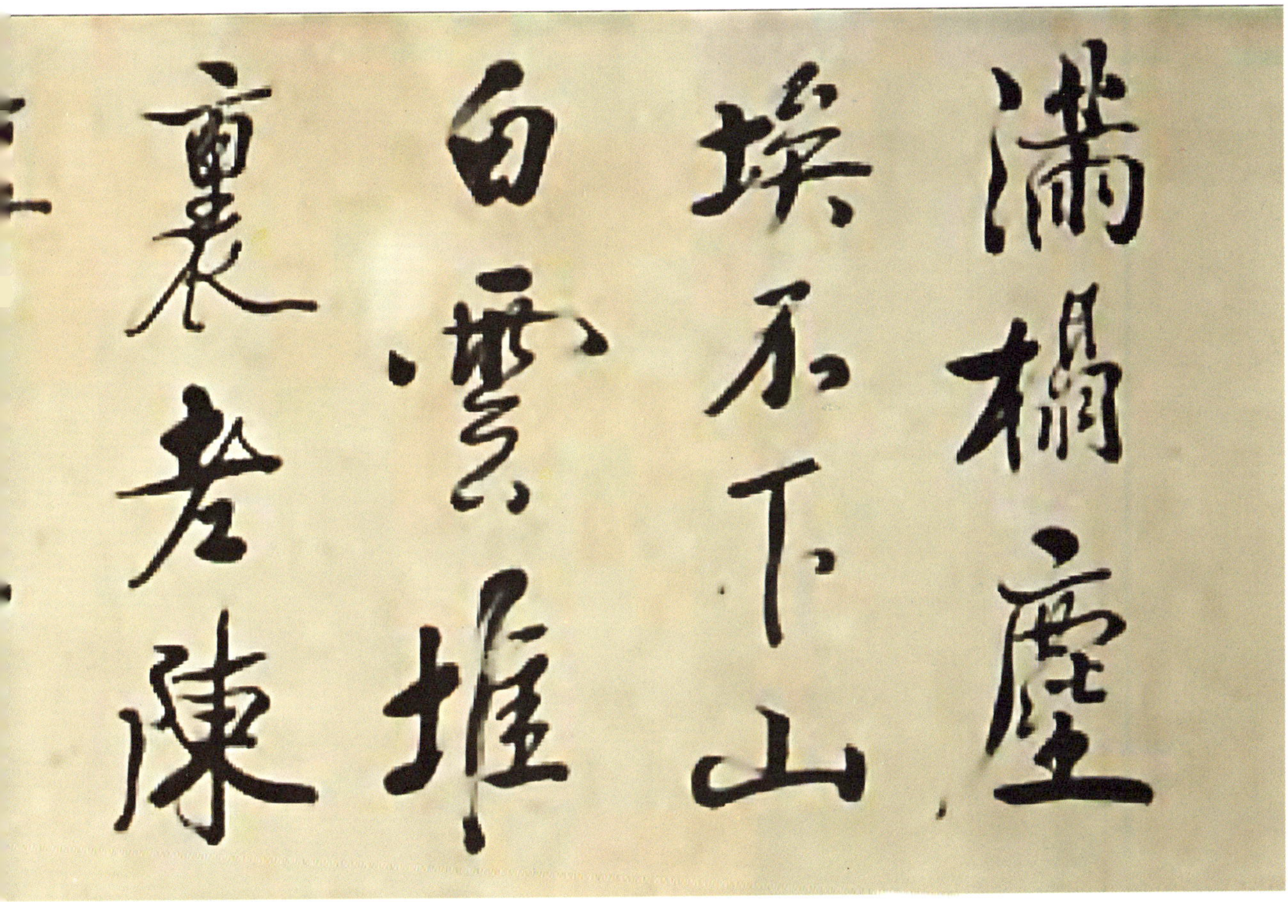
滿樹塵
埃不下山
白雲堆
裏老陳

▲ 许南英著作《窥园留草》

▶ 许南英窥园遗址惜字亭，位于现台南市永华宫旁。

施之东（1859—1928）

施之东，字质鲁，号谷似，又号遂村居士，福建石狮人。施之东年少聪慧，东渡台湾，寄籍台湾府彰化县，岁试屡居前茅。光绪十七年（1891）施之东以台湾籍秀才身份中举，光绪二十年（1894）中进士，后晋京授兵部主事。

▲ 施之东画像

▲ 甲午战败，清廷割台。施之东无意于官场，以回乡奉母为由，辞官回到福建石狮曾坑，在书斋以教授乡里的农家子弟读书为生。图为位于福建晋江的施氏宗祠。

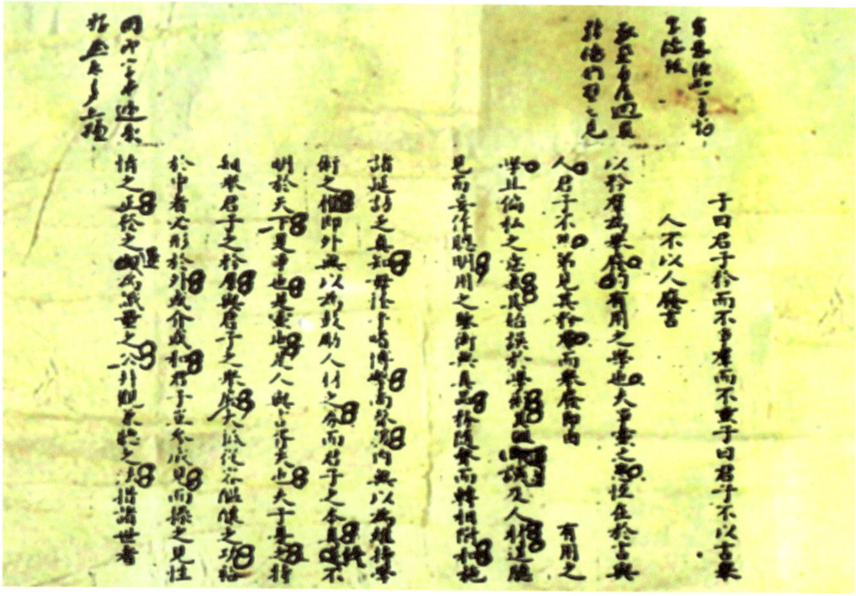
子曰君子矜而不争群而不党子曰君子不以言举
人不以人废言

▲ 施之东的八股文手稿（进士后人提供）

▶ 位于福建省石狮市曾坑的施之东故居“傍斋小筑”

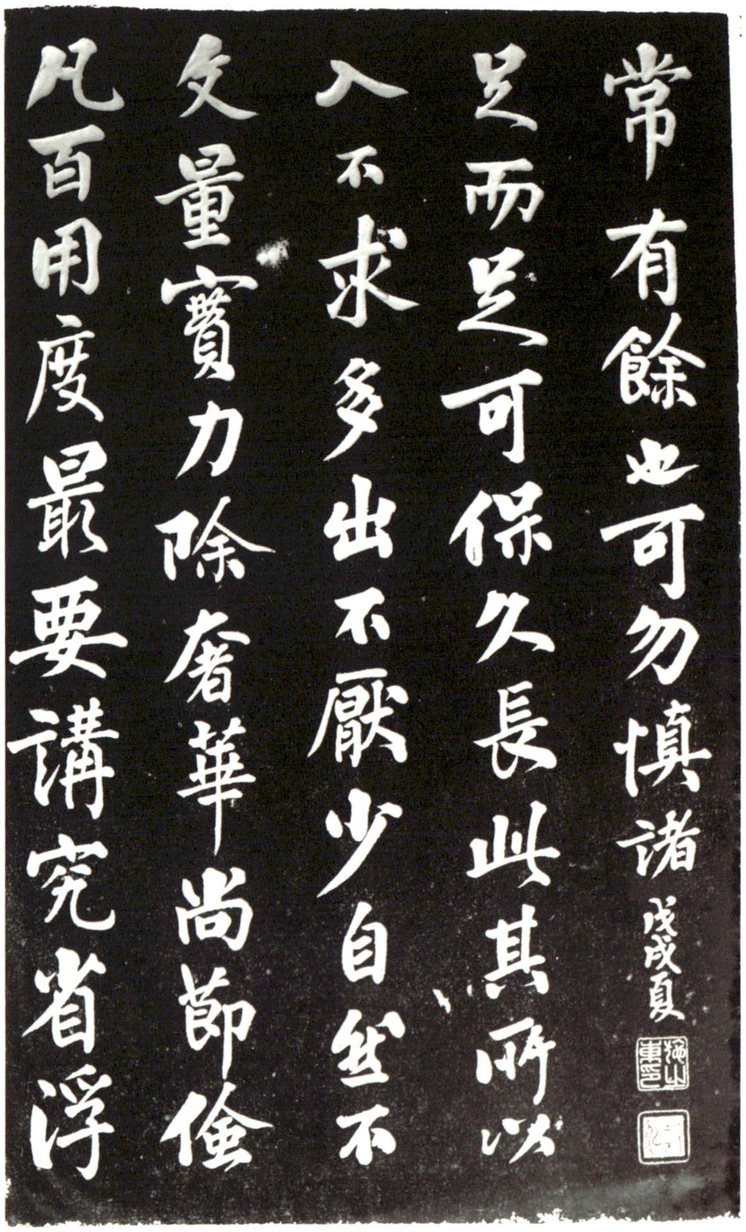
常有餘也可勿慎諸
足而足可保久長此其所以
入不求多出不厭少自然不
文量實力除奢華尚節儉
凡百用度最要講究省浮
戊戌夏

▲ “傍斋小筑”内的施之东家训手迹和施之东的遗物瓷鼓凳（现藏石狮博物馆）

▲ 施之东擅诗文，兼精书法，文名冠于一时。闽台两地至今仍保留其不少诗文、书法遗迹。图为施之东的题壁石刻《檗谷山庄记》。

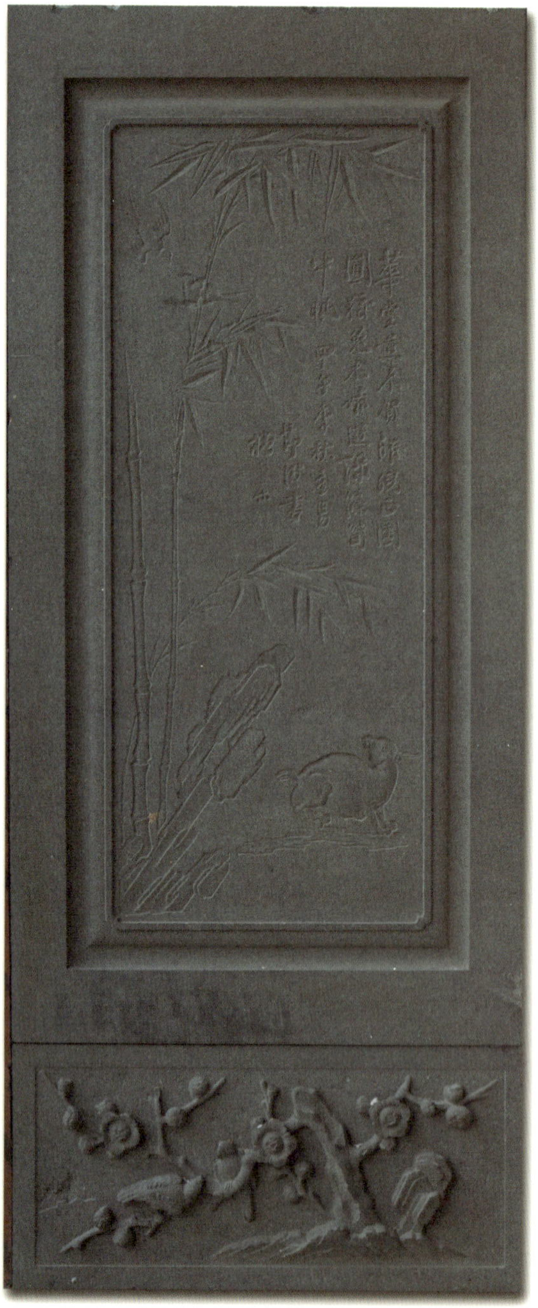

▲　施之东的石碑诗歌《题贻谋堂壁画》（现存于福建省石狮市永宁镇子英村贻谋堂内）

汪春源（1868？—1923）

汪春源，字杏泉，号少羲，安平县人，台湾最后一名进士。光绪十二年（1886）由曾任台湾兵备道的唐景崧选入海东书院，和丘逢甲、许南英等人同窗攻读，一同加入海东吟社。光绪十四年（1888），他和丘逢甲赴福州乡试，同榜高中。

▲ 汪春源像

▲　光绪二十一年（1895），清政府签署《马关条约》割台议和，正在京城准备考进士的汪春源执笔“五人上书”，反对割台，而后又参加了“公车上书”。在清政府割让台湾后，举家内渡。图为汪春源和孙儿孙女。

◀ 光绪二十九年（1903）汪春源中进士，亲供中填写籍贯为“安平县人”。图为位于福建省漳州市振成巷的汪春源旧居（油画）。

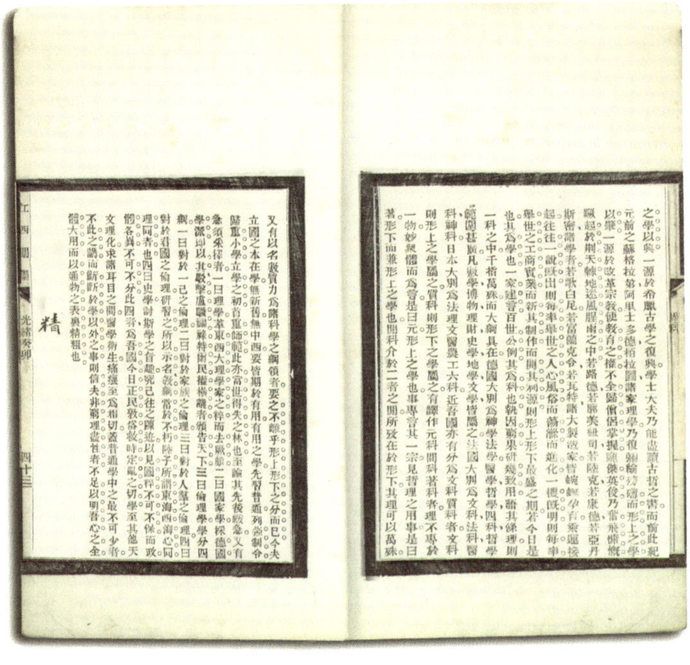

光绪癸卯江西闱墨

◀ 光绪二十九年（1903）癸卯科，汪春源任同考官时的江西乡试试卷。

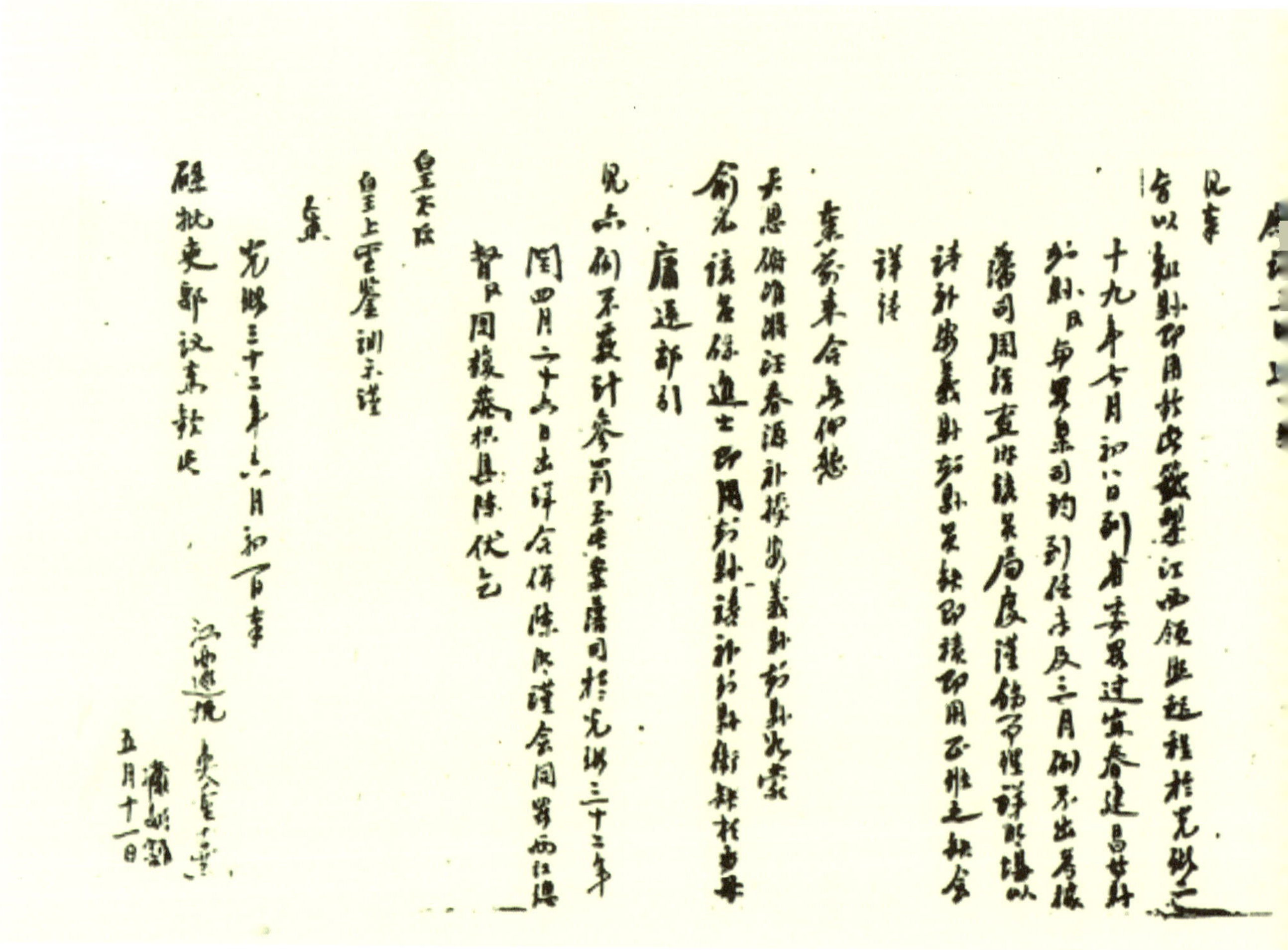

▲ 汪春源曾历任江西宜春、建昌、安仁、安义等地知县。图为江西巡抚向朝廷举荐汪春源为官的奏折。

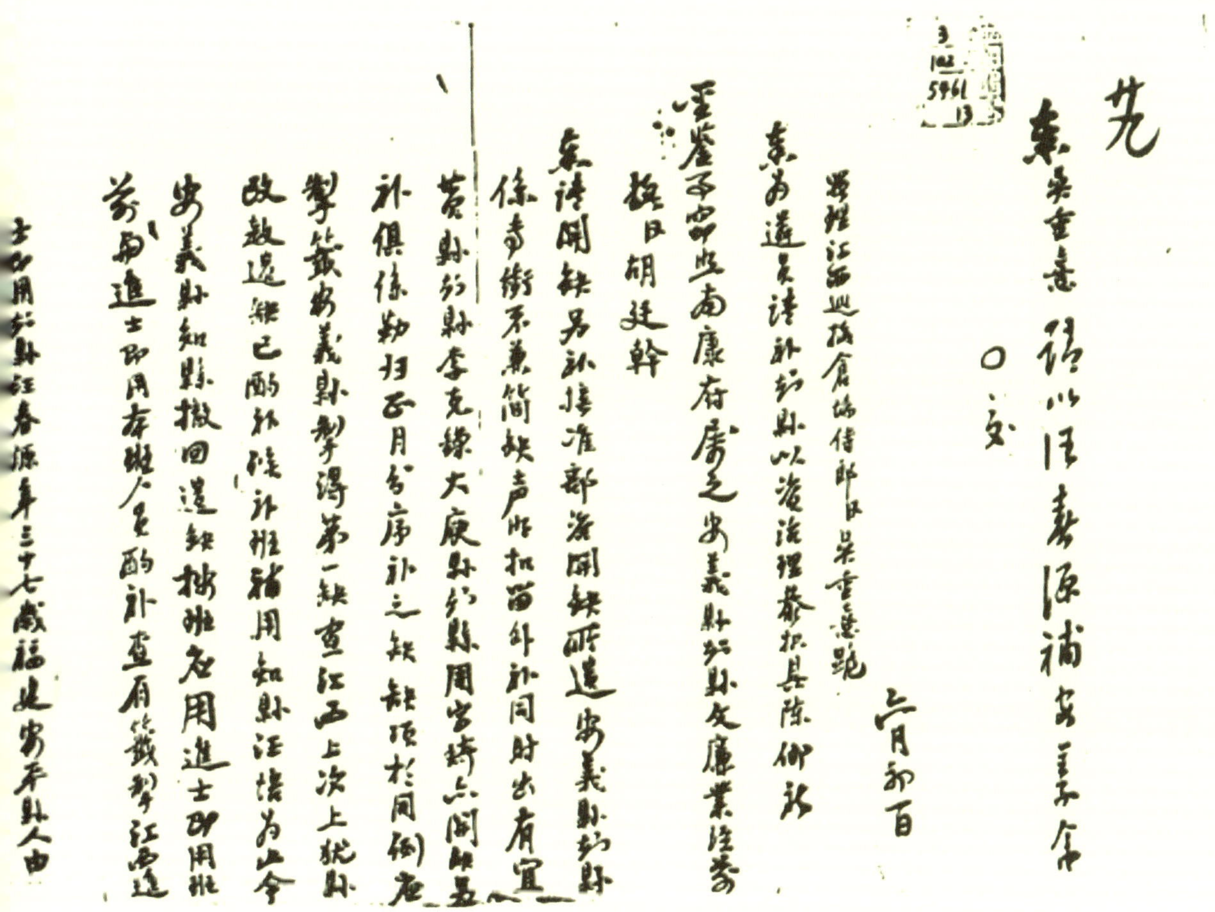

先
奏吳重熹 請以汪春源補安義令
口文
六月初四日
署理江西巡撫倉場侍郎臣吳重熹跪
奏為遴員請補知縣以資治理恭摺具陳仰祈
聖鑒事竊照南康府屬之安義縣知縣文廉業經前
撫臣胡廷幹
奏請開缺另補接准部咨開缺所遺安義縣知縣
係專衙不兼簡缺聲明扣留外補同時出有宜
黃縣知縣李克璟大庾縣知縣周家琦亦開缺呈
補俱係勒扣五月分應補之缺缺項於同例應
掣籤安義縣掣得第一缺查江西上次上猶縣
改數遠缺已酌补饒补班補用知縣汪懷為此今
安義縣知縣撤回遺缺擬班名用進士即用班
前用進士即用本班人員酌补查有候補江西進
士即用知縣汪春源年三十七歲福建安平縣人由

▲ 汪春源五品官服

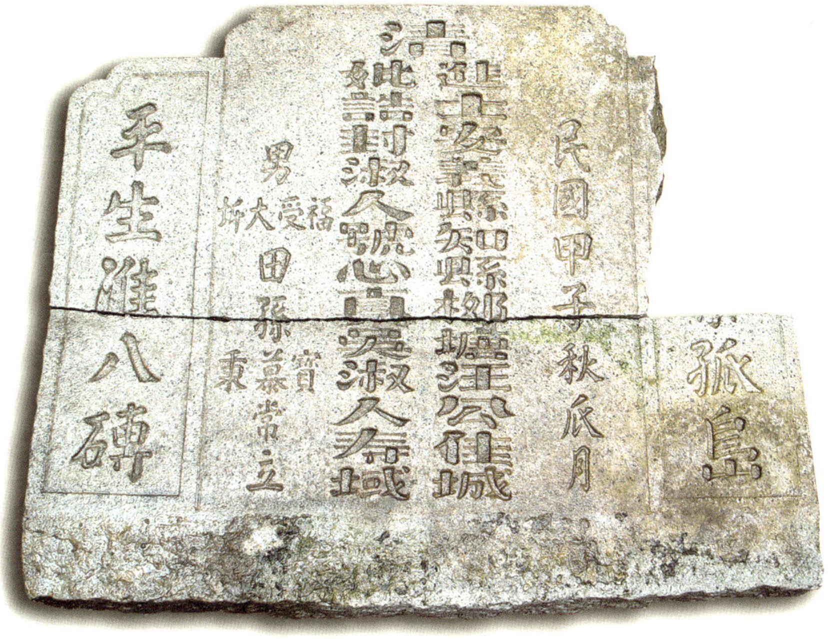

▲ 辛亥革命后，汪春源定居厦门鼓浪屿，著有《柳塘诗文集》。图为在龙海市九湖林前村发现的汪春源夫妇合葬墓碑。

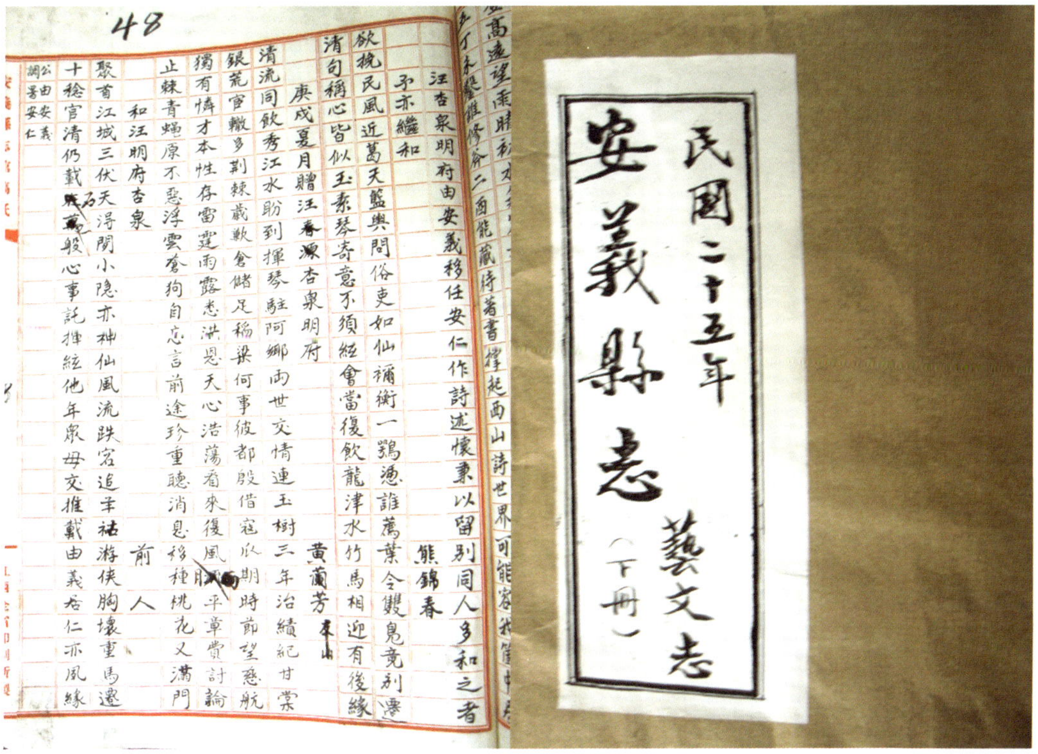

▲ 《安义县志》记录了汪春源在江西安义为官时的情况。

第　三　节
科举佳话流传

随着科举制度在台湾的推行，台湾社会普遍形成重视教育和崇尚科名的社会风气，许多台湾望族逐渐从早期移民家庭转型为士绅家庭。他们在两百多年台湾科举史上，留下许多佳话，并成为推动台湾政治、文教事业进步的倡导者和推动者，促进了台湾社会的安定和进步。

父子进士（施琼芳与施士洁）

台湾进士中，施琼芳与施士洁为台湾唯一的父子双进士。这一对父子进士曾先后主持台湾海东书院，对台湾教育、文化的发展多有贡献。

▲ 施琼芳（1815 – 1867），原名龙文，中举后更名，字见田，号朱垣，原籍晋江西岑。施琼芳一家在其父亲施菁华时迁至台湾府城大西门外南河（今台南市中西区和平街一带）。图为海东书院旧址，位于台南市忠义国小内，现仅存成功泉遗址。

▲ 施琼芳（人称“老进士”）、施士洁（人称“小进士”）在台时居台南米街（今新美街）石兰山馆。地方上出了“父子进士”是一件很荣耀的事，所以米街一带的“土地公”破例戴有官帽。

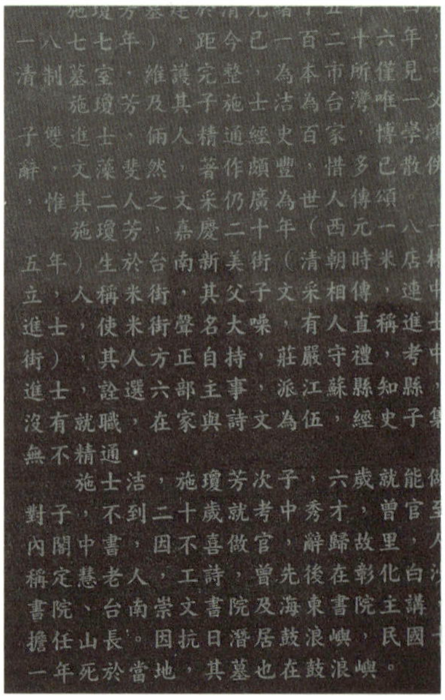

▲ 施琼芳三次进京赴考，连应五科，年届而立，终获金榜题名。其次子施士洁未冠之时便中秀才，光绪元年（1875）乡试中举，翌年上京参加春试即中进士。为纪念施氏父子在台南科举史上的辉煌事迹，每年清明，台南市政府都会在施琼芳墓前举行隆重的祭拜活动。图为位于今台湾台南市南区桶盘浅墓地内的施琼芳墓。

台湾进士四翰林

清代翰林（翰林院修撰、编修、检讨和庶吉士的合称）主要从进士中的前列者选拔充任。朱汝珍（1870—1943）辑录的《词林辑略》收录了历科翰林院庶吉士之姓名、籍贯、科年及散馆授职等情况，其中记有台湾翰林四人：

陈梦球，康熙三十三年（1694）甲戌科进士，散馆授编修。

曾维桢，道光六年（1826）丙戌科进士，散馆改知县。

李清琦，光绪二十年（1894）甲午恩科进士，散馆改刑部主事。

黄彦鸿，光绪二十四年（1898）戊戌科进士，散馆授编修，改军机章京。

▲ 台湾翰林除陈梦球、曾维桢、李清琦、黄彦鸿四进士外，还有同治五年（1866）举人郑廷扬为钦赐翰林。图为翰林院署图。

◀ 李清琦的翰林灯，悬挂于彰化李氏宗祠内。

舅甥进士（黄骧云与张维垣）

张维垣系黄骧云之甥。据《清代乡会试朱卷齿录汇存》记载，张维垣“母黄氏，例封孺人，诰授武义都尉、原任福建长福营参将讳清泰公女，国学生讳奎光、嘉庆己卯科举人道光己丑科会魁工部郎中讳骧云公胞妹”。

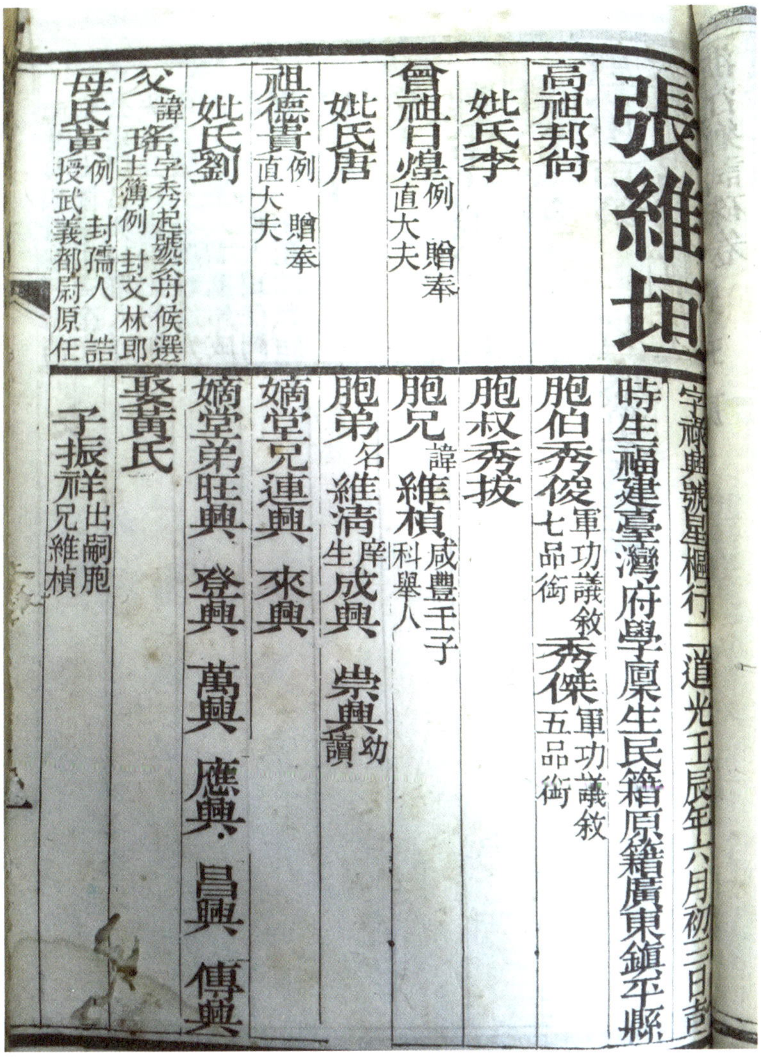

張維垣

高祖邦尚

妣氏李

曾祖日煌 例贈奉直大夫

妣氏唐

祖德貴 例贈奉直大夫

妣氏劉

父 諱瑤 字秀起 號崙舟 候選主簿 例封文林郎

母氏黃 例封孺人 誥授武義都尉原任

字蕭典 號星樞 行一 道光壬辰年六月初三日吉時生 福建臺灣府學廩生 民籍 原籍廣東鎮平縣

胞伯秀俊 軍功議敘七品銜 秀傑 軍功議敘五品銜

胞叔秀拔

胞兄 諱維楨 咸豐壬子科舉人

胞弟 名維清 庠生 成興 崇興 幼讀

嫡堂兄連興 來興

嫡堂弟旺興 登興 萬興 應興 昌興 傳興

娶黃氏

子振祥 出嗣胞兄維楨

▲ 黄骧云一家是台湾典型的科举官宦世家。其父黄清泰为武官，其长子黄延祐、四子黄延祚同为台湾府学生员，均为举人。妹夫张瑶为候选主簿，例赠文林郎。张瑶长子张维桢为举人，次子即进士张维垣。图为张维垣科举齿录。

▲ 张维垣曾任浙江省遂昌县知县，图为其与夫人的合影。

翁婿进士（蔡德芳与林启东）

蔡德芳是清末台湾有名的教育家，同治十三年（1874）甲戌科进士。其女婿林启东，嘉义人，光绪十二年（1886）丙戌科进士。

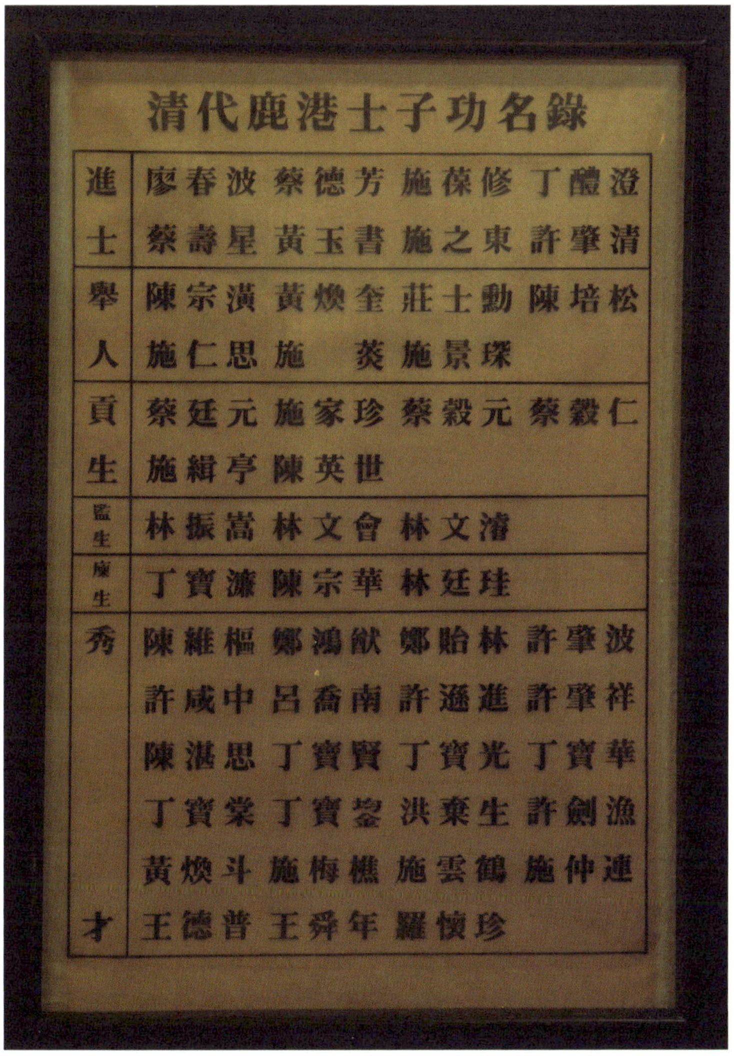

▲ 蔡德芳曾先后执教于鹿港文开书院、彰化白沙、蓝田书院等，门下人才辈出。民间相传其学生中共考中了 6 名进士、9 名举人及百余名秀才，鹿港人引以为傲。当地流传着这样的科举佳话：本身蔡德芳（进士），女婿林启东（进士），学生丁寿泉（进士），后生蔡谷元（拔贡）。图为鹿港考录的士子名单。

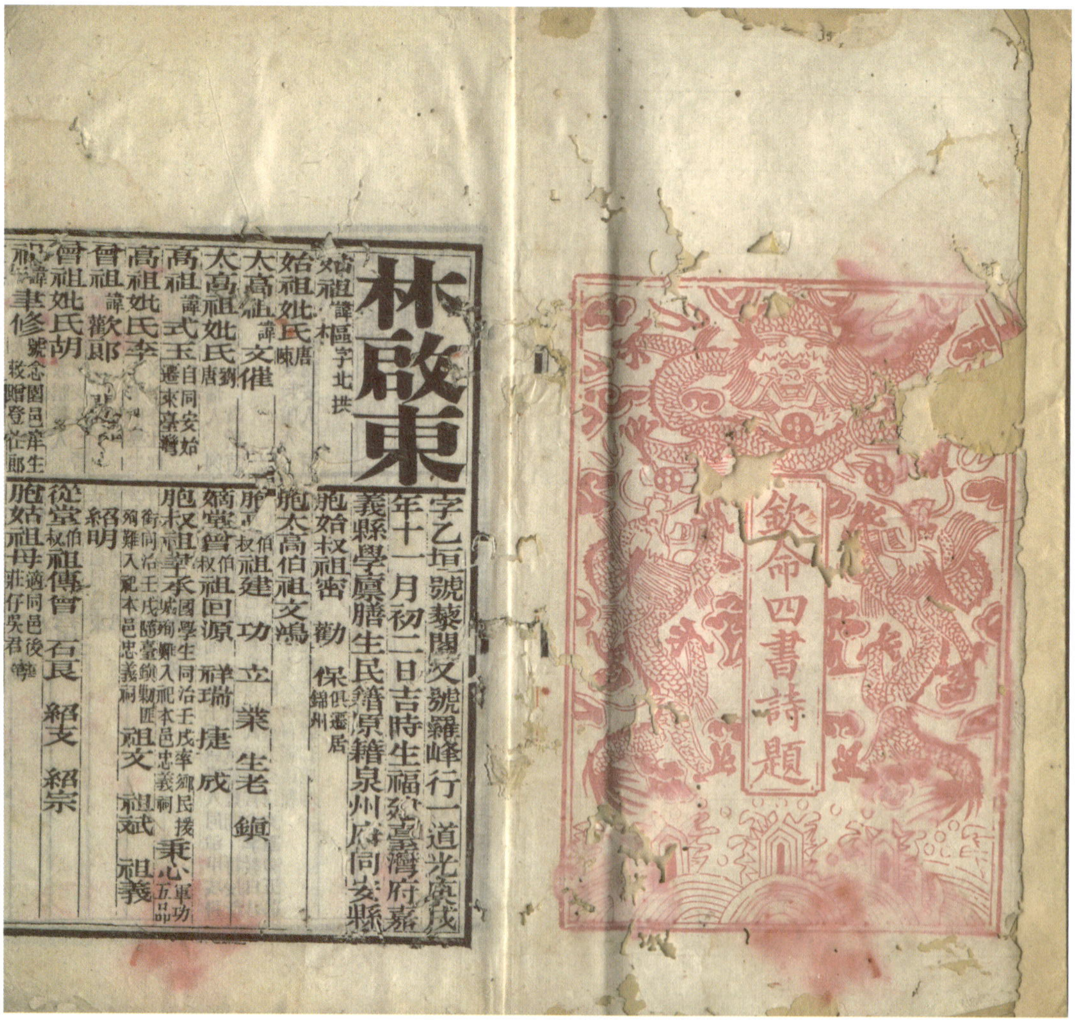

▲ 林启东的朱卷

师生同榜（蔡廷兰与施琼芳）

施琼芳是蔡廷兰在引心书院的学生，两人同为道光二十五年（1845）乙巳恩科进士。蔡廷兰堪称大器晚成，中进士时已45岁。施琼芳在科举之途上亦多挫折，其曾有诗云：“不管人间离别事，生来只识状元袍。”

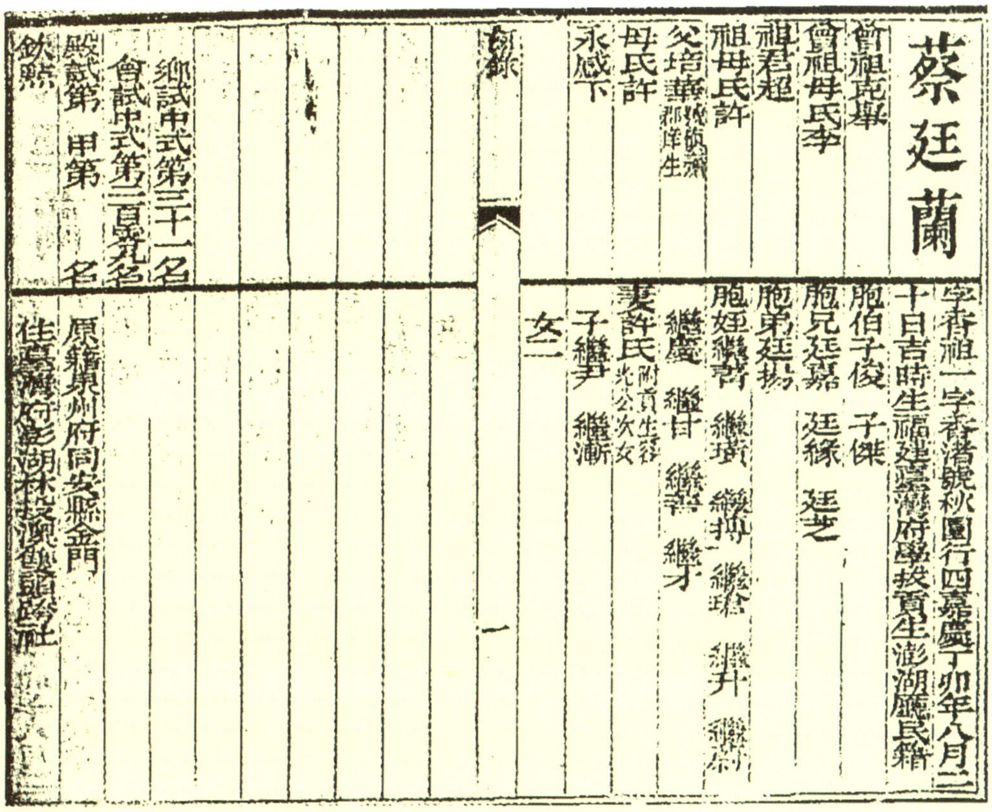
蔡廷蘭
曾祖克舉
曾祖母氏李
祖君超
祖母氏許
父培華 郡庠生
母氏許
永感下
齒錄
鄉試中式第三十一名
會試中式第二百九名
殿試第 甲第 名
欽點
字香祖一字香渚號秋園行四嘉慶丁卯年八月二十日吉時生福建臺灣府學拔貢生澎湖廳民籍
胞伯子俊 子傑
胞兄廷嘉 廷椽 廷芝
胞弟廷揚
胞姪繼膺 繼璜 繼揚 繼瑜 繼昇 繼宗
繼慶 繼甘 繼尊 繼才
妻許氏 附貢生 光公次女
子繼尹 繼漸
女二
原籍泉州府同安縣金門
住臺灣府澎湖林投澳雙頭跨社

蔡廷蘭會試齒錄，載《道光二十四年甲辰科會試同年齒錄》，哈佛大學燕京圖書館藏
資料來源：哈佛大學燕京圖書館

▲ 蔡廷兰会试齿录（高启进先生提供）

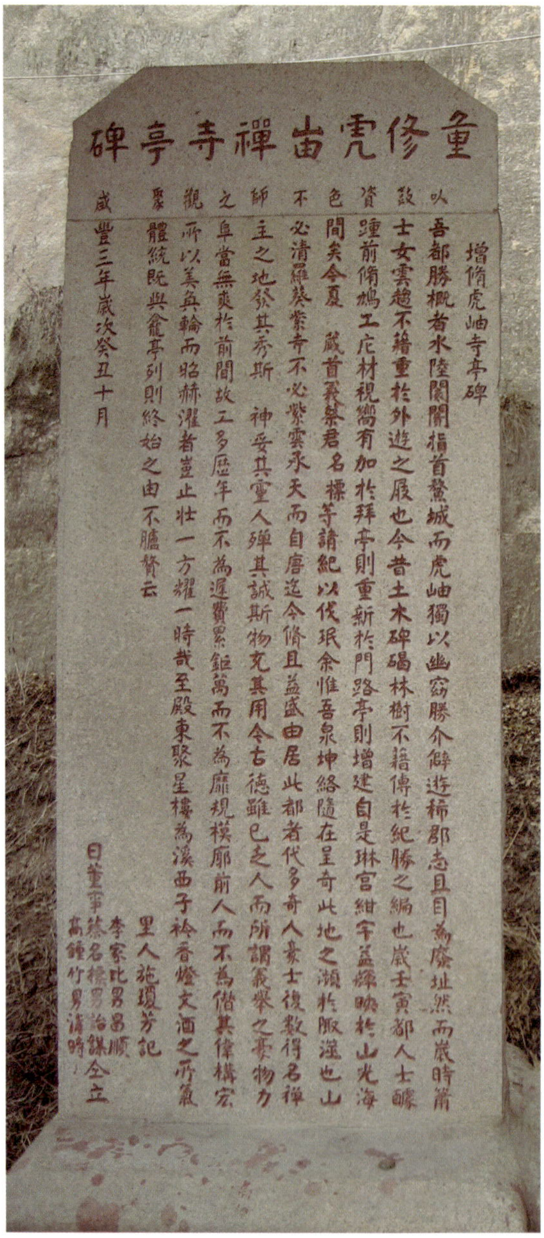

▲ 施琼芳为福建石狮虎岫禅寺题写的重修碑记（福建石狮市博物馆提供）

一门六举人（张士箱家族）

康熙四十一年（1702），晋江人张士箱携子渡台从事垦殖事业。张氏父子做垦首、业户，开渠灌溉，大兴水利，成就良田万顷，被誉为“素封之家”。

▲ 张士箱像

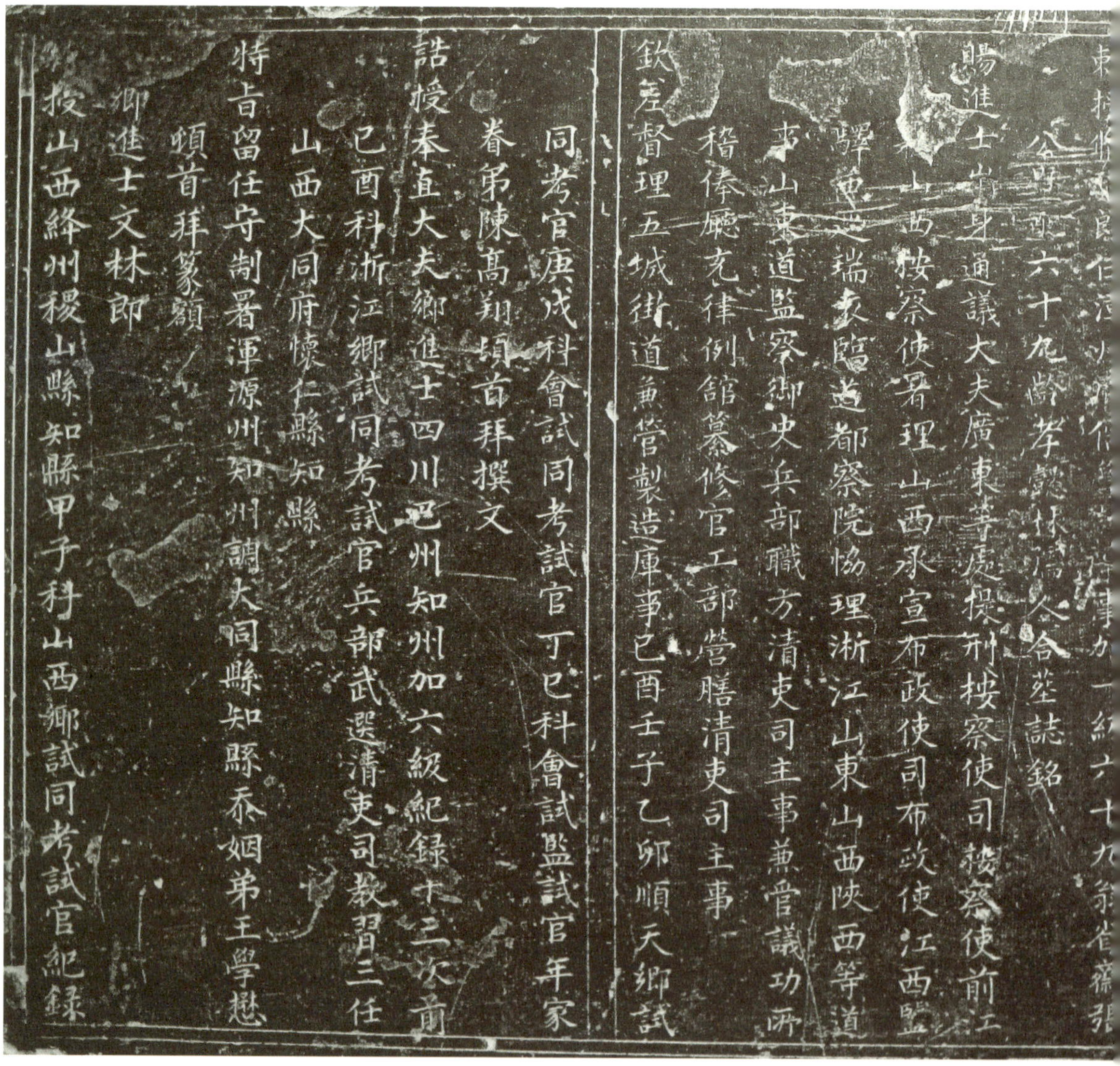
公享年六十九齡孝[illegible]合塟誌銘
賜進士出身通議大夫廣東等處提刑按察使司按察使前江
西山西按察使署理山西承宣布政使司布政使江西監
驛鹽道瑞袁臨道都察院協理浙江山東山西陝西等道
事山東道監察御史兵部職方清吏司主事兼管議功所
稽俸廳充律例館纂修官工部營膳清吏司主事
欽差督理五城街道兼管製造庫事己酉壬子乙卯順天鄉試
同考官庚戌科會試同考試官丁巳科會試監試官年家
眷弟陳高翔頓首拜撰文
誥授奉直大夫鄉進士四川巴州知州加六級紀錄十二次前
己酉科浙江鄉試同考試官兵部武選清吏司教習三任
山西大同府懷仁縣知縣
特旨留任守制署渾源州知州調大同縣知縣泰姻弟王學懋
頓首拜篆額
鄉進士文林郎
授山西絳州稷山縣知縣甲子科山西鄉試同考試官紀錄

▲ 乾隆二十五年（1760）至三十五年（1770）是张家荣盛时期。这十年中，张士箱的孙子和曾孙辈考中了 6 名举人，依序是源仁（1760）、源德（1762）、植发（1765）、源俊、植华（1768）、源义（1770）。一门六举人，科名之盛，冠甲全台。图为张士箱墓志铭。（现藏于福建晋江市博物馆，李国宏先生拍摄）

皇清

《五人上书》

第三章 一脉相承 家国情深

通过科举制度，在台湾培养人才，选拔精英，形成士绅阶层，并对台湾士子产生了积极的向心力作用。有科举功名的台湾士绅阶层普遍接受中华大一统的观念，在中华文化和爱国思想的传承上，扮演了先驱者和宣导者的角色，对台湾社会发展以及两岸关系产生了具体而深远的影响。

第一节
传承中华文化

科举士子从小接受儒家思想的教育，受到中华传统文化的熏陶，他们往往具有较高的文化修养，擅长诗文，致力于编史修志，推动文教事业发展，积极传承中华文化。

敬惜字纸

受儒家思想的熏陶以及科举考试的影响，人们敬惜字纸的观念强烈，无论是通都大邑或穷乡僻壤，都设有圣迹亭（亦称惜字亭、敬字亭、敬圣亭、字纸亭等），以供焚化字纸。

▲ 圣迹亭—桃园龙潭

▲ 惜字亭—南投竹山

▲ 惜字亭—屏东佳冬

▲ 惜字亭—和美道东书院

▲ 敬字亭—屏东六堆

书法碑刻

台湾进士中有不少人精于书法，独树一帜，如庄文进、蔡德芳等，在海峡两岸均留有碑刻书法遗迹，保存至今。

▲ 庄文进题写的“凌霄塔”摩崖石刻，在今福建泉州紫帽山凌霄塔下的石壁上。

▲　金门琼林钦旌节孝坊，上有蔡廷兰题写的对联。

功庇斯文

▲ 蔡廷兰题写的“功庇斯文”匾额，现存于澎湖天后宫。

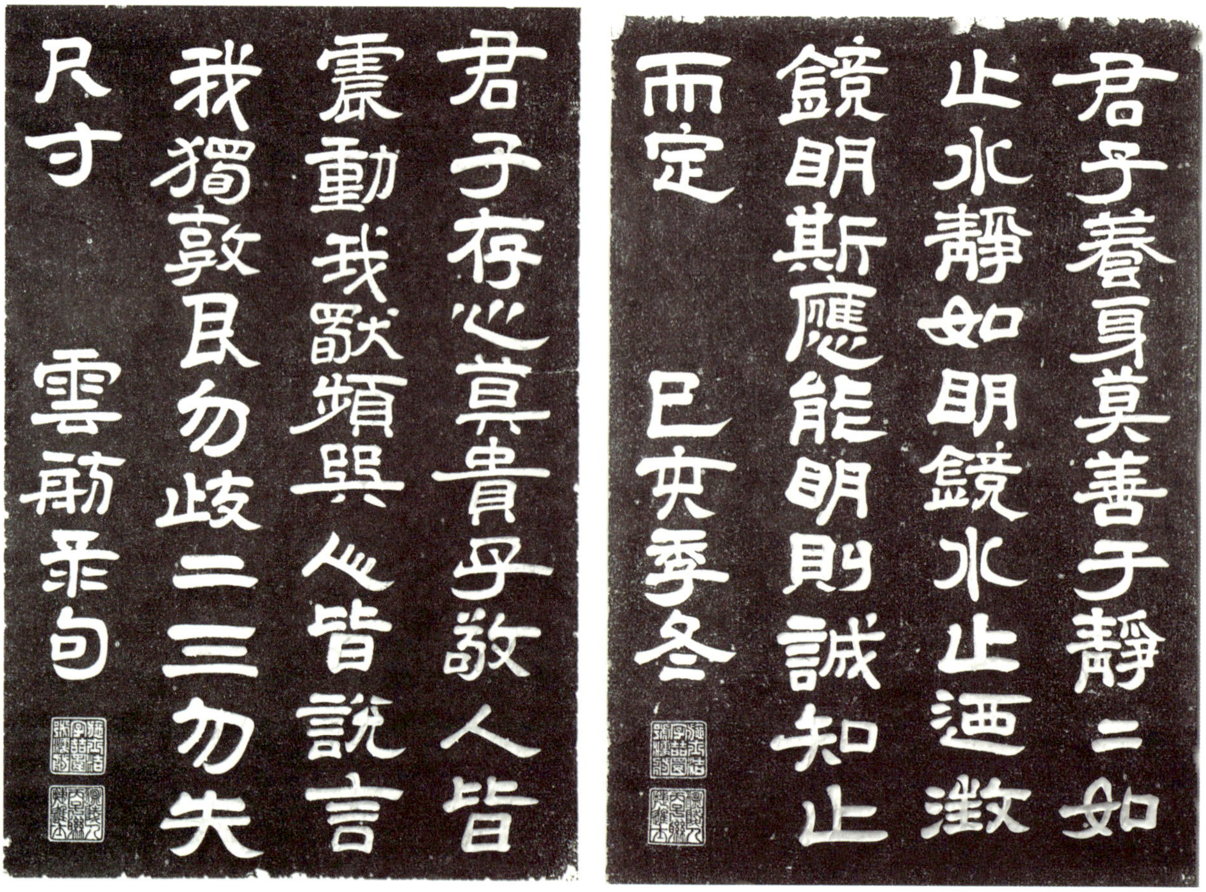
君子存心莫貴乎敬人皆
我獨敦艮勿歧二三勿失
尺寸
君子養身莫善于靜二如
止水靜如明鏡水止洒澂
鏡明斯應能明則誠知止
而定
已亥季冬

▲ 施士洁书法

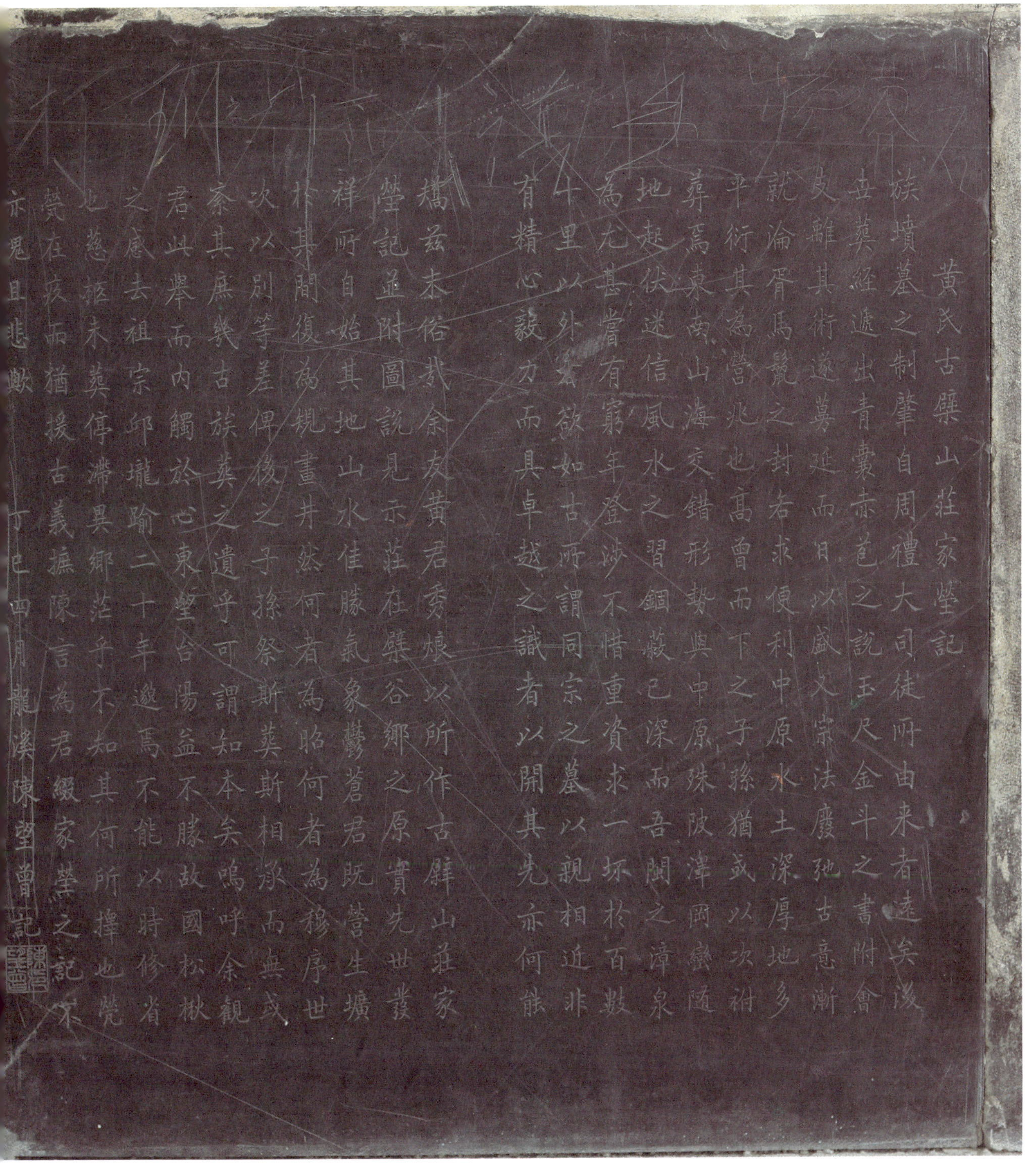

▲ 陈望曾的题壁石刻《古檗山庄记》

◀ 蔡德芳题写的对联（现存于晋江西资岩大石佛寺）

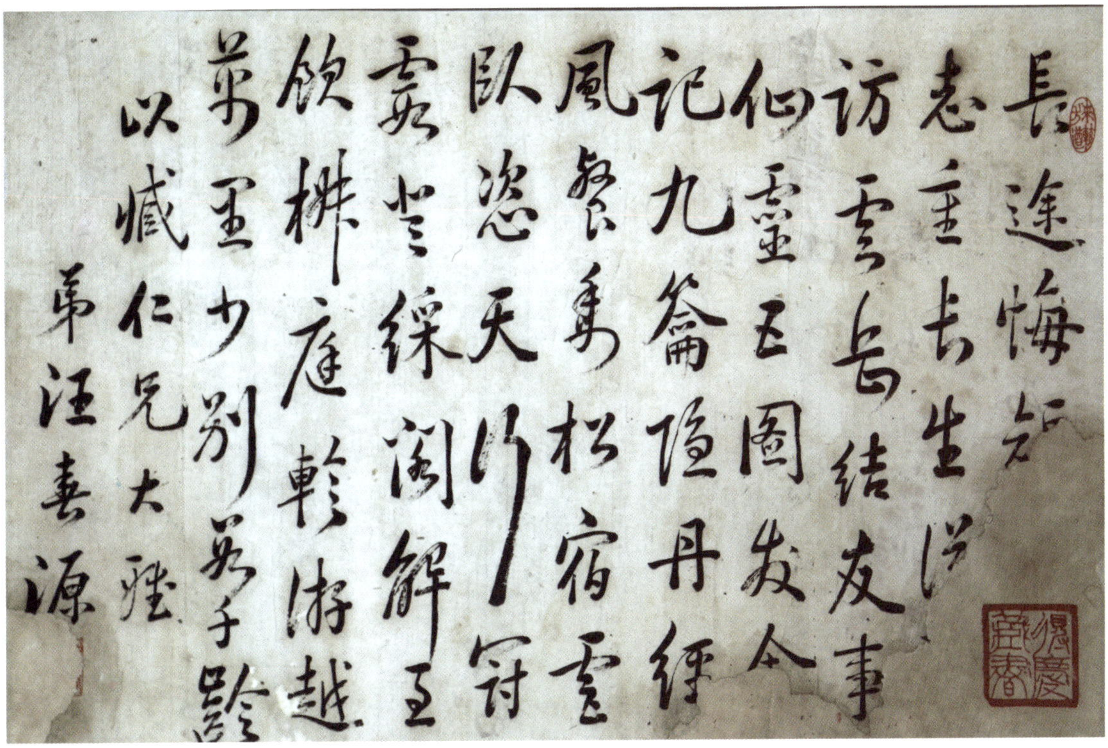

▲ 汪春源致友人的信（现存于汪春源后人手中）

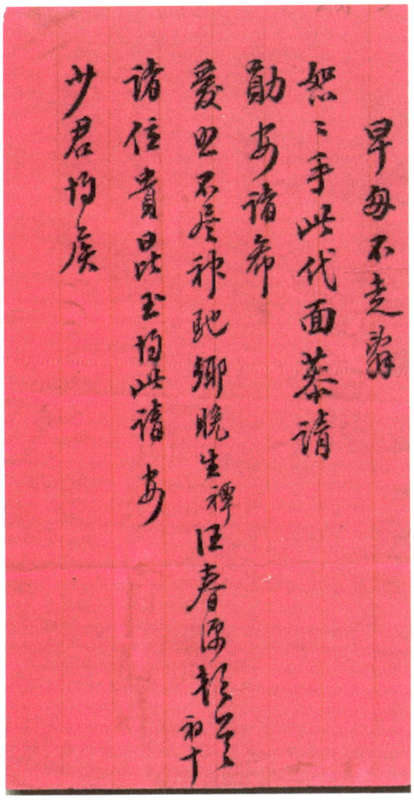

▲ 汪春源致雾峰林家的信

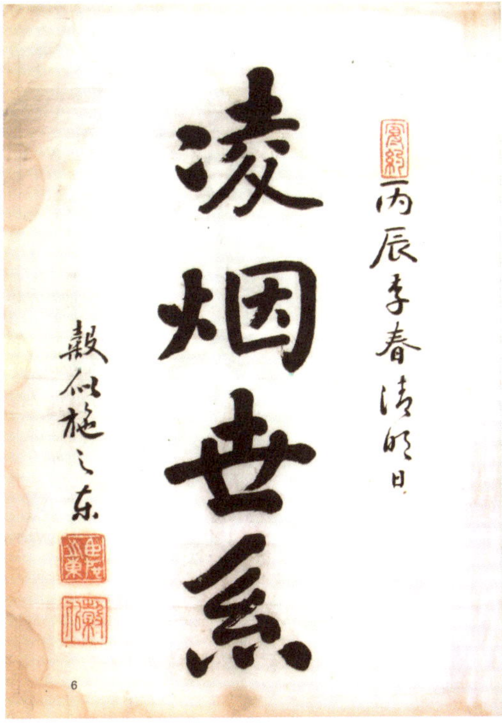

▲ 施之东为福建永宁银江李氏家谱题词（福建石狮市博物馆提供）

书院兴盛

▲ 登瀛书院，位于彰化北投堡（今南投县草屯乡史馆路文昌巷）。道光二十七年（1847），庄文蔚、洪济纯倡建，俗称文昌祠，又因出了不少秀才，被当地人称为“秀才窟”。该书院至今已有 160 余年历史，为岛内保存较完整的一座古老书院。

▲ 奎楼书院，建于雍正四年（1726），位于台南市中西区，旧址位于巡道署东边（今中正路与忠义路口一带），称作“魁星堂”。该书院为地方士绅鸿儒交流诗文、议论时事所在，有别于一般书院。

▲ 蓬壶书院，前身为引心书院，光绪十二年（1886）迁建于台南赤嵌楼后（正门在今台南市中区赤嵌街），并兴建文昌阁、五子祠，其规模与海东、崇文两书院鼎足而三。

▼ 道东书院，位于彰化和美镇。咸丰七年（1857）地方儒士阮鹏程、士绅陈嘉章、贡生王祖培和廪生黄际清等人所建。书院取名“道东”，乃王道东来之意。图为道东书院及旧址。

部分台湾进士任教于书院情况表

姓 名	书院名称
郑用锡	新竹明志书院
蔡廷兰	台南引心书院、崇文书院，澎湖文石书院
施琼芳	台南海东书院
杨士芳	宜兰仰山书院
蔡德芳	鹿港文开书院，彰化白沙书院、蓝田书院、鳌山书院，宜兰仰山书院
丁寿泉	彰化白沙书院
林启东	台南崇文书院，嘉义罗山书院
徐德钦	嘉义玉峰书院
施士洁	彰化白沙书院，台南崇文书院、海东书院
丘逢甲	台南崇文书院、衡文书院，嘉义罗山书院

诗风昌盛

清代台湾诗文社

台湾最初的诗文社出现于康熙二十四年（1685），是以沈光文为首的“东吟社”。此后数百年间，岛内诗风昌盛，从早期的东吟社、斯盛社等到后来的斐亭吟社、牡丹诗社，文学社团层出迭现，名家云集，佳作纷呈，在文化传承上发挥了积极的作用。

名称	位置	设立年代	成员
东吟社	诸罗县（今嘉义）	清康熙廿四年（一六八五年）	沈光文等十四人
振南社	台湾县小南门城楼上（今台南市）	清乾隆五年（一七四零年）	杨二酉等人
文彦社	嘉义县	清乾隆年间	苏琼英等十人
拔社	彰化县鹿港	清嘉庆年间	未详
腾起社	彰化犁头店街文祠内		
振文社	彰化县西螺街文祠内		
引心文社	台南引心书院内	清嘉庆十五年（一八一零年）	陈震曜等十数人
文蔚社	彰化县四张犁（时属彰化）	清道光年间或以前	
登瀛社	未详		
萃升社			
达社	彰化县白沙坑		
景徽社	彰化县线西保（时属彰化）		
昆山社	彰化县治内		
西雍社	彰化县大肚庄内		
玉山社	彰化北门外		
超然社	彰化县大墩街（今台中）		
仰山社	宜兰仰山书院内	清道光初年（一八二一年）	宜兰士子
钟毓社	彰化县大仑脚（即今云林县虎尾镇）	清道光六年（一八二六年）	林高全等人
螺青社	北斗街文昌祠内	清道光年间	未详
兴贤社	员林街文昌祠		
潜园吟社	竹堑（即今新竹）	清道光二十九年（一八四九年）	林占梅等人
斯盛社		清咸丰七年（一八五七年）	郑景兰、郑用锡、郑用鉴等

名称	位置	设立年代	成员
郁郁社	彰化县林圯埔（今南投县竹山镇）	清咸丰年间	张焕文等人
谦谦社		清同治年间	未详
济济社	彰化县沙连保社寮街	清同治年间	未详
培兰社	彰化县南北投保		
崇文社			
应天社			
青云社			
一峰社			
光文社			
修文社			
玉峰社	彰化县南北投保文昌祠内	清同治年间	庄文蔚等八十四名成员
碧峰社			简化成等四十六名成员
萃真社			洪钟真等六名成员
梯瀛社	林圯埔文昌祠内	清同治年间	未详
三益社			
彬彬社	彰化大坪顶新寮街	未详	未详
崇正社	台南市竹溪寺内	清光绪四年（一八七八年）	许南英等人
培英社	竹堑城内	清光绪七、八年（一八八一、二年）	新竹士绅
竹梅吟社		清光绪十二年（一八八六年）	林亦图等人
斐亭吟社	台南道署内	清光绪十五年（一八八九年）	唐景崧等人
荔谱吟社	彰化	清光绪十六年（一八九零年）	蔡德耀等人
浪吟诗社	台南	清光绪十七年（一八九一年）	许南英等人
牡丹诗社	台北		唐景崧等人
海东吟社	台北	清光绪二十年（一八九四年）	林辂存等人

▲ 清代台湾诗文社一览表

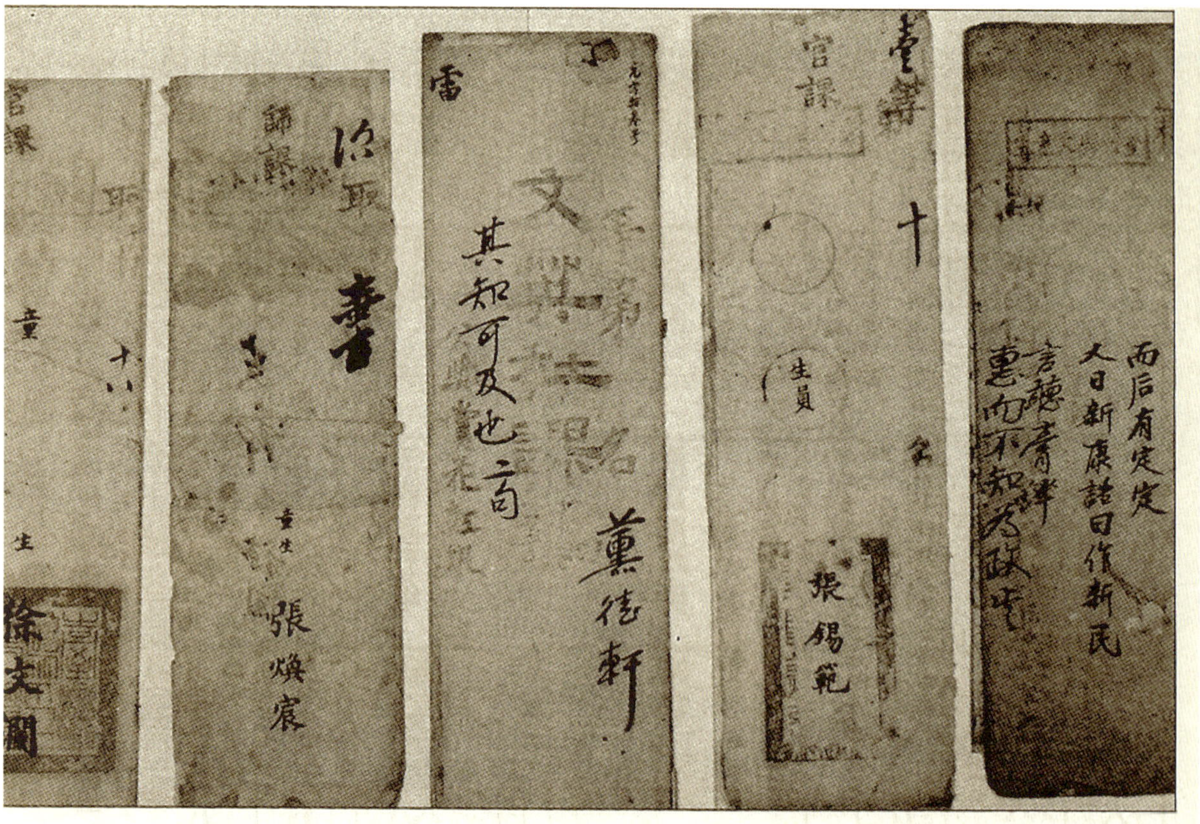

▲ 诗文社的课卷封面

日据时期的诗社

日据时期，台湾有识之士仍然组织诗社活动，以抒写亡国之痛、故园之思和对日本统治之恨，并通过此举传承中华文化。日据50年间，台湾的诗社逾200个。

▲ 南投诗文社社员留影

▲ 栎社，成立于光绪二十八年（1902），由台中雾峰名绅林献堂之堂兄林痴仙、堂侄林幼春创办，汇集了台湾各地汉学遗老和“弃地遗民”，以“保持祖国文化于不坠”为宗旨。栎社创作出数以万计的爱国诗篇，在台湾文学史上占有重要地位。图为台湾栎社成员欢迎梁启超赴台的合影。

▲ 栎社二十年题名碑

菽庄吟社

菽庄吟社，由台湾富商林尔嘉赞助成立。板桥林家是台湾望族，乙未割台后，林尔嘉随父内渡，在厦门经常邀约游宦、通儒、骚人墨客吟对。1913年他在鼓浪屿仿照台北板桥别墅建造了菽庄花园，成立菽庄吟社。台湾进士施士洁、许南英、汪春源、陈望曾、蔡寿星及诸多举人、秀才均为菽庄吟社成员。

▲ 位于福建省厦门市鼓浪屿的菽庄花园

▲ 蕺庄吟社成立后，常在蕺庄花园组织各种节事、游览、唱和活动，如赏菊、观潮、泛月、访古、定题、诗钟等。图为蕺庄吟社赏菊吟诗的集社活动。

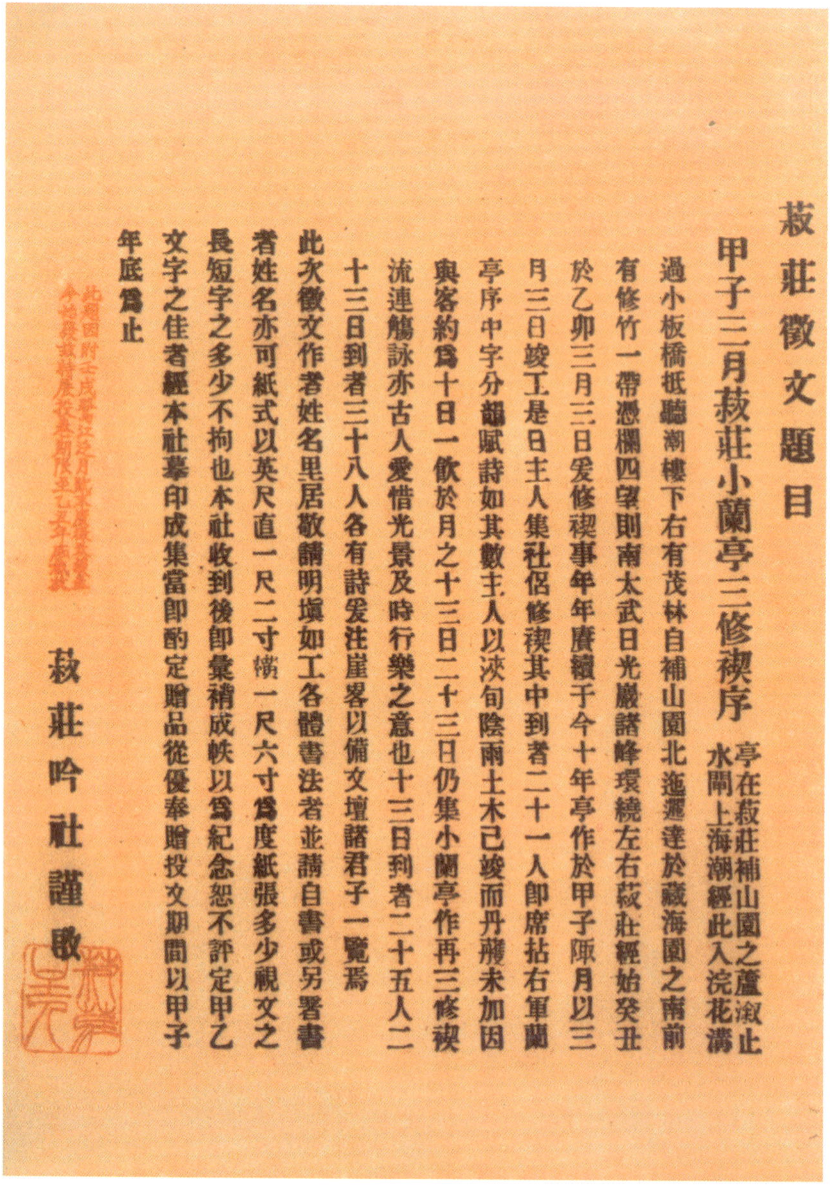

菽莊徵文題目

甲子三月菽莊小蘭亭三修禊序 亭在菽莊補山園之蘆溆止水閘上海潮經此入浣花溝

過小板橋抵聽潮樓下右有茂林自補山園北迤邐達於藏海園之南前有修竹一帶憑欄四望則南太武日光巖諸峰環繞左右菽莊經始癸丑於乙卯三月三日爰修禊事年年賡續于今十年亭作於甲子陬月以三月三日竣工是日主人集社侶修禊其中到者二十一人即席拈右軍蘭亭序中字分韻賦詩如其數主人以浹旬陰雨土木已竣而丹雘未加因與客約爲十日一飲於月之十三日二十三日仍集小蘭亭作再三修禊流連觴詠亦古人愛惜光景及時行樂之意也十三日到者二十五人二十三日到者三十八人各有詩爰注崖畧以備文壇諸君子一覽焉

此次徵文作者姓名里居敬請明塡如工各體書法者並請自書或另署書者姓名亦可紙式以英尺直一尺二寸橫一尺六寸爲度紙張多少視文之長短字之多少不拘也本社收到後即彙裱成帙以爲紀念恕不評定甲乙文字之佳者經本社摹印成集當即酌定贈品從優奉贈投文期間以甲子年底爲止

此題因附壬戌暮[illegible]月[illegible]
今始發表特展投稿期限至乙丑年底[illegible]

菽莊吟社謹啟

▲ 菽庄吟社的征稿启事

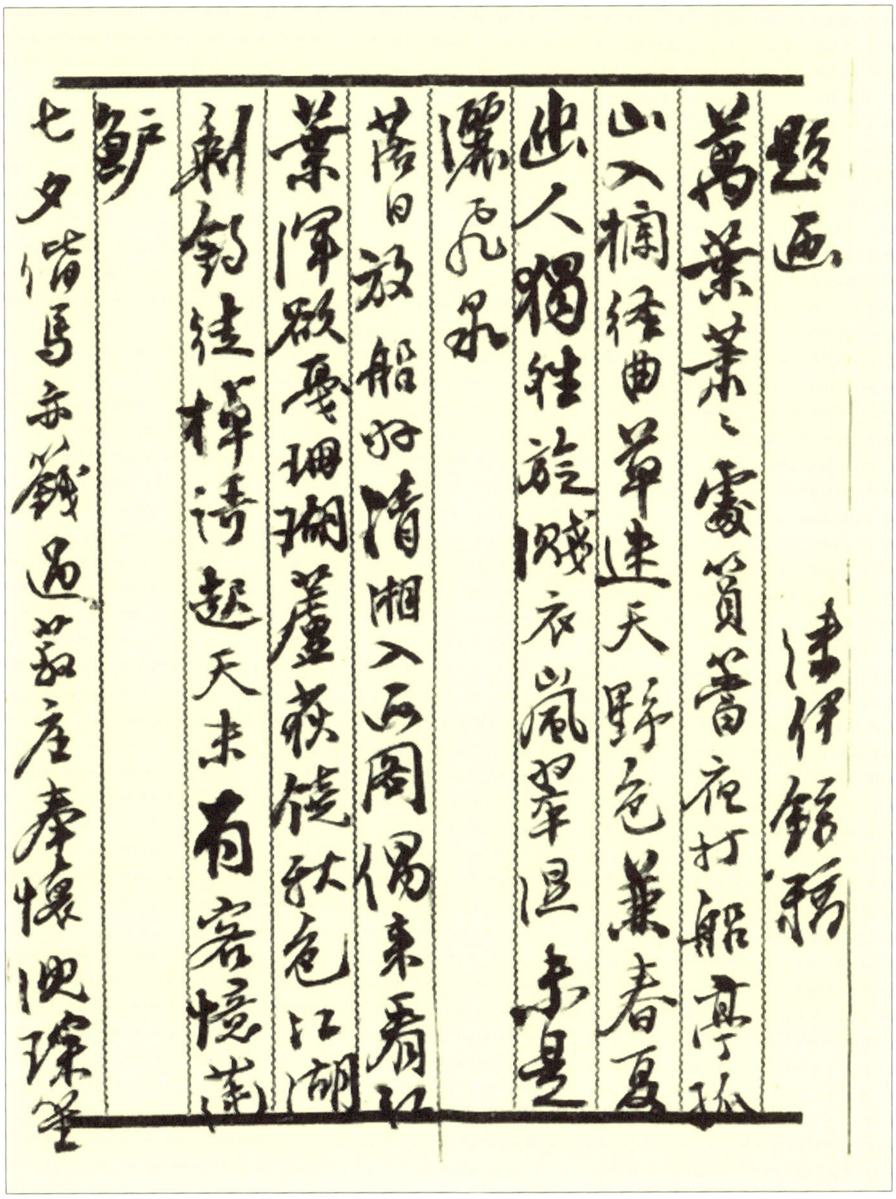

▲　菽庄吟社的诗稿

▲ 日据时期，大批台湾志士仁人相继内渡，旅厦台湾诗人和到过台湾的闽南诗人云集鼓浪屿。这些“海东遗民”（丘逢甲语）忧国忧民，个个拔剑斫地，慷慨悲歌。菽庄吟社使他们有了发泄悲愤之机，成为他们慰藉心灵之所。图为鼓浪屿菽庄花园。

▲ 1918 年，厦门旅越华侨黄仲训在鼓浪屿邀诸名士酬唱，施士洁借题发挥，赋诗题壁，诗文中饱含故园情结。图为施士洁题壁诗，在今厦门鼓浪屿“远尔亭”下石壁上。

第二节 难忘家国情怀

台湾士子普遍具有强烈的爱国思想，在外敌入侵之时，他们挺身而出，奋勇抗击敌人，维护祖国领土完整。他们的民族大义和爱国精神，深深地影响了台湾社会。

抗击英军

◀ 鸦片战争期间，英国军舰多次侵犯台湾。道光二十二年（1842）一月三十日，台湾进士郑用锡在“大安破舟擒敌之役”中，亲率家丁“擒白夷一名，黑夷三名”，因功受到赏戴花翎的奖赏，不久又以剿敌之功加四品衔。图为基隆港船舰。

▲ 咸丰二年（1852），郑用锡奉旨与另一台湾进士施琼芳等协办团练，并助捐米粮，获二品封赏。图为郑氏家庙。

反割台斗争

光绪二十一年（1895）4月，战败的清廷与日本签订《马关条约》，将台湾与澎湖割让日本。消息传出，举国震惊。正在京城准备考进士的汪春源，闻讯大恸，他与罗秀惠、黄宗鼎、叶题雁、李清琦等在京台籍人士，联名向都察院上书，强调“无台地则不特沿海七省岌岌可危，即京畿亦不能高枕”；痛陈割让宝岛，台民“如赤子之失慈母，悲惨曷及”；表达将誓死抗日，“与其生为降虏，不如死为义民”。这就是写入史册的“五人上书”。不久，汪春源又参与了近代史上著名的“公车上书”。

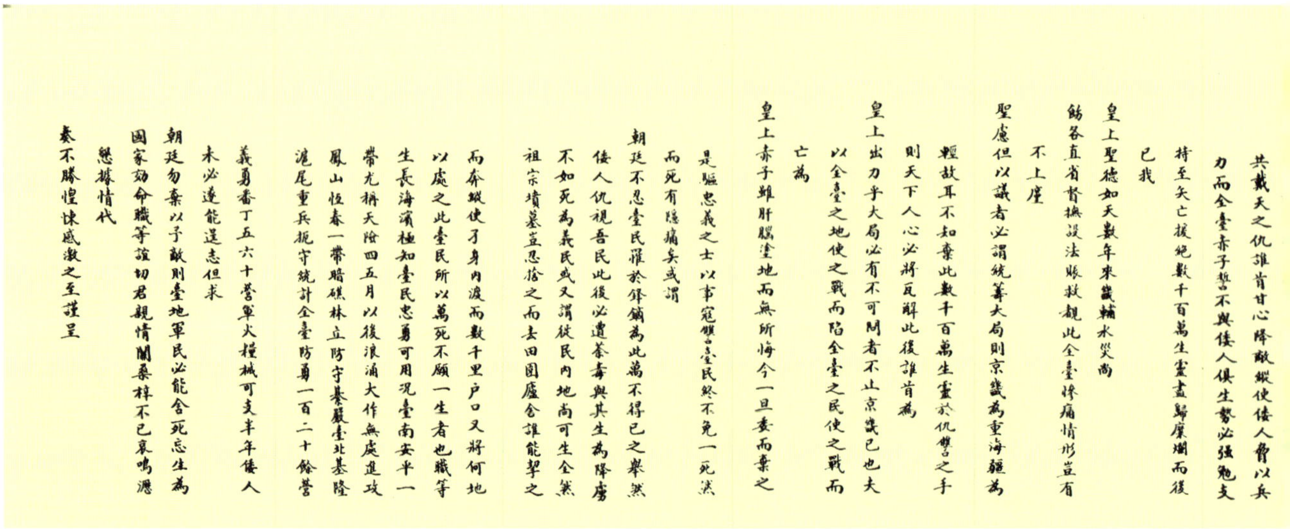
共戴天之仇誰肯甘心降敵縱使倭人脅以兵
力而全臺赤子誓不與倭人俱生勢必強死支
持至矢亡援絕數千百萬生靈盡歸糜爛而後
已我
皇上聖德如天數年來畿輔水災尚
飭各直省督撫設法賑救覩此全臺慘痛情形豈有
不上廑
聖慮但以議者必謂統籌大局則京畿為重海疆為
輕故耳不知棄此數千百萬生靈於仇讎之手
則天下人心必將瓦解此後誰肯為
皇上出力乎大局必有不可問者不止京畿已也夫
以全臺之地使之戰而陷全臺之民使之戰而
亡為
皇上赤子雖肝腦塗地而無所悔今一旦委而棄之
是驅忠義之士以事寇讎臺民終不免一死然
而死有隱痛矣或謂
朝廷不忍臺民罹於鋒鏑為此萬不得已之舉然
倭人仇視吾民此後必遺荼毒與其生為降虜
不如死為義民或又謂徙民內地尚可生全然
祖宗墳墓豈忍捨之而去田園廬舍誰能挈之
而奔縱使孑身內渡而數千里戶口又將何地
以處之此臺民所以萬死不顧一生者也職等
生長海濱極知臺民忠勇可用況臺南安平一
帶尤稱天險四五月以後浪涌大作無處進攻
鳳山恆春一帶暗礁林立防守綦嚴臺北基隆
滬尾重兵扼守統計全臺防勇一百二十餘營
義勇番丁五六十營軍火糧械可支半年倭人
未必遂能逞志但求
朝廷勿棄以予敵則臺地軍民必能舍死忘生為
國家効命職等誼切君親情關桑梓不已哀鳴瀝
懇據情代
奏不勝惶悚感激之至謹呈

▲ “五人上书”及光绪二十一年（1895）四月初四都察院代奏“五人上书”呈文。（中国第一历史档案馆提供）

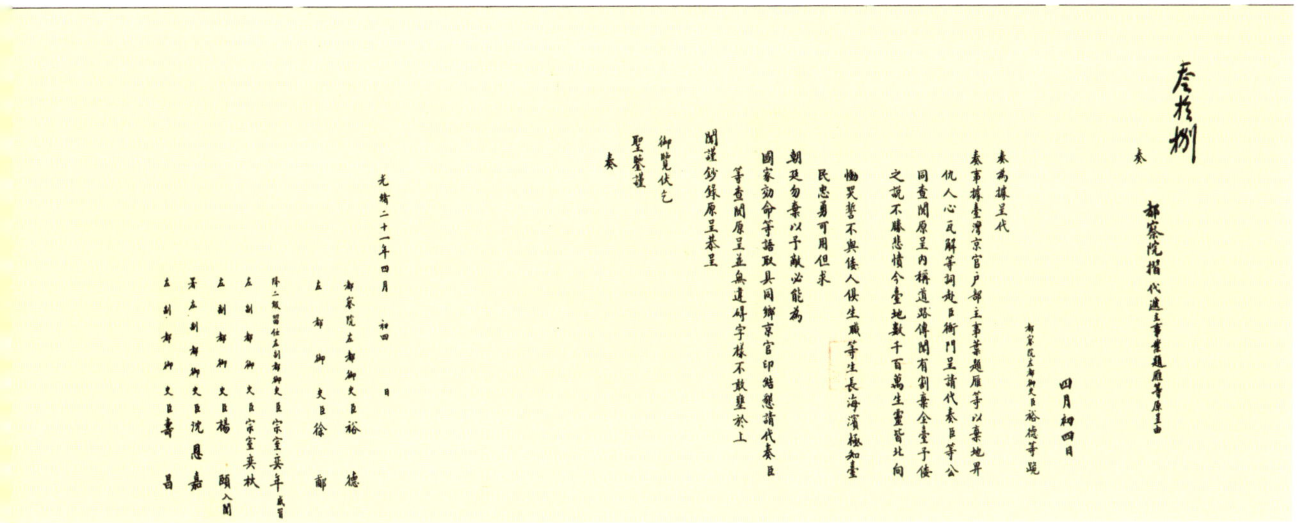

叁拾捌

奏

都察院摺 代遞主事葉題雁等原呈由

都察院左都御史臣裕德等跪

四月初四日

奏為據呈代
奏事據臺灣京官戶部主事葉題雁等以棄地畀
仇人心瓦解等詞赴臣衙門呈請代奏臣等公
同查閱原呈內稱道路傳聞有割棄全臺予倭
之說不勝悲憤今臺地數千百萬生靈皆北向
慟哭誓不與倭人俱生職等生長海濱極知臺
民忠勇可用但求
朝廷勿棄以予敵必能為
國家効命等語取具同鄉京官印結懇請代奏臣
等查閱原呈並無違礙字樣不敢壅於上
聞謹鈔錄原呈恭呈
御覽伏乞
聖鑒謹
奏

光緒二十一年四月 初四 日

都察院左都御史臣裕 德
左都御史臣徐 郙
降二級留任左副都御史臣宗室奕年 感冒
左副都御史臣宗室奕杕
左副都御史臣楊 頤 入闈
署左副都御史臣沈恩嘉
左副都御史臣壽 昌

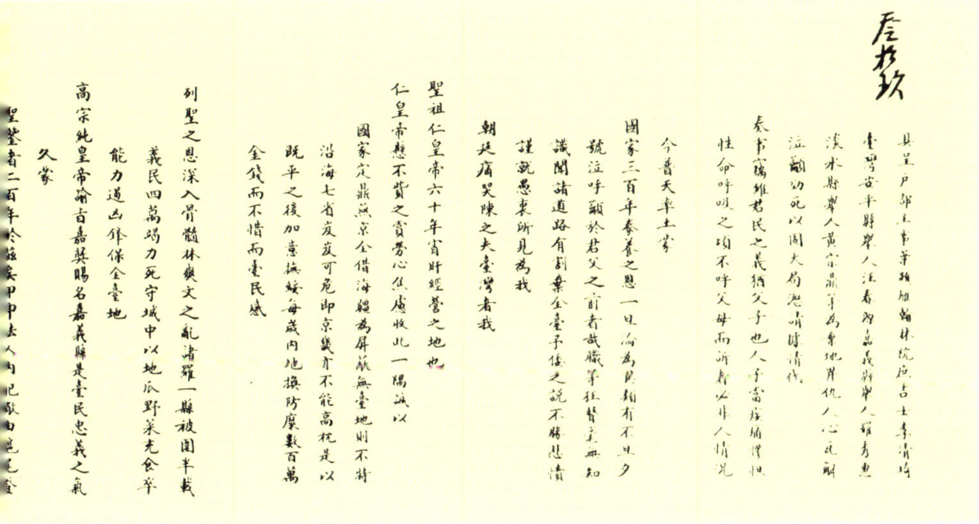

叁拾玖

具呈戶部主事葉題雁翰林院庶吉士李清琦
臺灣安平縣舉人汪春源嘉義縣舉人羅秀惠
淡水縣舉人黃宗鼎等為棄地畀仇人心瓦解
泣籲以死以固大局懇請據情代
奏事竊維君民之義猶父子也人子當疾痛慘怛
性命呼吸之頃不呼父母而訴者以非人情況
今普天率土之
國家三百年豢養之恩一旦淪為異類有不旦夕
號泣呼籲於君父之前者哉職等狂瞽無知
識聞諸道路有割棄全臺予倭之說不勝悲憤
謹就愚衷所見為我
朝廷痛哭陳之夫臺灣者我
聖祖仁皇帝六十年宵旰經營之地也
仁皇帝憲不貲之費勞心焦慮收此一隅誠以
國家定鼎燕京全借海疆為屏蔽無臺地則不特
沿海七省岌岌可危即京畿亦不能高枕是以
既平之後加意撫綏每歲內地換防糜數百萬
金錢而不惜而臺民感
列聖之恩深入骨髓林爽文之亂諸羅一縣被圍半載
義民四萬竭力死守城中以地瓜野菜充食卒
能力遏凶鋒保全臺地
高宗純皇帝諭旨嘉獎賜名嘉義縣是臺民忠義之氣
久蒙
聖鑒者二百年於茲矣甲申 [illegible]

清光緒朝中日交涉史料選輯　二三一

萬死不願一生者也。

職等生長海濱，極知臺民忠勇可用。況臺南安平一帶，猶稱天險；四、五月以後，浪涌大作，無處進攻。鳳山、恒春一帶，暗礁林立，防守綦嚴。臺北、基隆、滬尾，重兵扼守。統計全臺防勇一百二十餘營，義勇番丁五、六十營，軍火、糧械可支半年；倭人未必遂能逞志。但求朝廷勿棄以予敵，則臺地軍民必能舍死忘生，爲國家効命。職等誼切君親、情關桑梓，不已哀鳴；瀝懇據情代奏，不勝惶悚感激之至！謹呈。

臺灣文獻叢刊　二三二

署臺灣巡撫唐景崧來電（四月初四日到）

臺民不願歸倭，尤慮亂起。朝廷一棄此地，即無王法；不能以尚未交接解之。文武各官，不能俟倭人至而後離任。官既離任，民得自逞；不獨良民塗炭，各官亦斷難自全。鹽爲養命之源，無法管理，萬民立困；此一事，即萬難處。現在各署局幕友、書吏、僕役，離散一空；電報、驛站亦將無人，勢必不通，無從辦事。去撤勇營，猶爲難事。愚民惟知留臣與劉永福在此，即可爲民作主，不至亂生；劉永福亦慷慨自任。臣雖知不可爲，而屆時爲民挽留，不能自主，有死而已。伏泣瀝陳，跪求聖訓。請代奏！景崧。江。

署臺灣巡撫唐景崧來電（四月初四日到）

頃聞俄、德、法阻止日本佔華地，臺不在列；三國保遼，臺益觖望。臺民曾挽滬尾英領事金璋達駐京英公使，稱全臺願歸英保護，懇速派兵輪來臺；土地、政令仍歸中國

▲　1932年出版的《清光绪朝中日交涉史料选辑》中记载了都察院代奏光绪帝的“五人上书”内容。

左副都御史臣宗室奕年（感冒）、左副都御史臣楊頤（入闈）、署左副都御史臣沈恩嘉、左副都御史臣壽昌。

戶部主事葉題雁等呈文

具呈戶部主事葉題雁、翰林院庶吉士李清琦、臺灣安平縣舉人汪春源、嘉義縣舉人羅秀蕙、淡水縣舉人黃宗鼎等，爲棄地畀仇、人心瓦解，泣籲効死，以固大局；懇請據情代奏事。

竊維君民之義，猶父子也。人子當疾痛慘怛、性命呼吸之頃，不呼父母而訴者，必非人情；況今普天、率土衆圖家三百年豢養之恩，一旦淪爲異類，有不旦夕號泣呼籲於君父之前者哉！職等狂瞽，毫無知識；聞諸道路有割棄全臺予倭之說，不勝悲憤！謹就愚衷所見，爲我朝廷痛哭陳之。

夫臺灣者，我聖祖仁皇帝六十年宵旰經營之地也。仁皇帝豈不貲之費，勞心焦慮，收此一隅。誠以國家定鼎燕京，全倚海疆爲屏蔽；無臺地，則不特沿海七省岌岌可危，即京畿亦不能高枕。是以既平之後加意撫綏，每歲內地換防，糜數百萬金錢而不惜；而臺民感列聖之恩，深入骨髓。林爽文之亂，諸羅一縣被圍半載，義民四萬竭力死守，城中以地瓜、野菜充食，卒能力遏兇鋒，保全臺地；高宗純皇帝諭旨嘉獎，賜名「嘉義」縣。是臺民忠義之氣久蒙聖鑒者，二百年於玆矣。甲申法人內犯，敵由滬尾登岸，臺民奮力死戰，殲斃法酋；此尤明效大驗者也。今者聞朝廷割棄臺地以與倭人，數千百萬生靈皆北向慟哭，閭巷婦孺莫不欲食倭人之肉，各懷一不共戴天之仇；誰肯甘心降敵！縱使倭人脅以兵力，而全臺赤子誓不與倭人俱生，勢必勉强支持，至矢亡援絕、數千百萬生靈盡歸糜爛而後已。我皇上聖德如天，數年來畿輔水災，尙飭各直省督、撫設法賑救；覩此全臺慘痛情形，豈有不上廑聖慮！但以議者必謂統籌大局，則京畿爲重、海疆爲輕故耳。不知棄此數千百萬生靈於仇讎之手，則天下人心必將瓦解；此後誰肯爲皇上出力乎？大局必有不可問者，不止京畿已也。

◇汪春源（1868？—1923），台湾安平人，祖籍福建龙溪，台湾最后一位进士。曾任江西宜春、建昌等地知县。

◇罗秀惠（1865—1943），台湾嘉义人，清末举人，乙未割台后，一度避居北京。台湾知名书法家。

◇叶题雁（1849—1905），台湾县人，祖籍福建泉州，光绪六年（1880）进士，时任户部主事，后继续留做京官，曾寓居晋江邑馆。

◇李清琦（1856—？），台湾彰化人，明代思想家李贽的族裔，祖籍福建晋江。光绪二十年（1894）进士，时为翰林院庶吉士，后被授刑部主事，旋改任知县，因故未按期到任所报到。

◇黄宗鼎（1862—1956），台湾淡水人，清末举人，日据台湾初期归籍福建闽侯。曾任山西朔州知州等职。其弟黄彦鸿亦随康有为参与“公车上书”，反对清政府签订丧权辱国的《马关条约》，光绪二十四年（1898）中进士。

▲ “五人上书”雕塑

反侵占斗争

《马关条约》签订后，日军登陆台湾，光绪二十一年（1895）五月二十三日，丘逢甲等爱国士绅以全体台民的名义发布了《台湾民主国自主宣言》，成立台湾民主国，推台湾巡抚唐景崧为总统，领导军民抵抗日军入侵。

▲ 左一为唐景崧

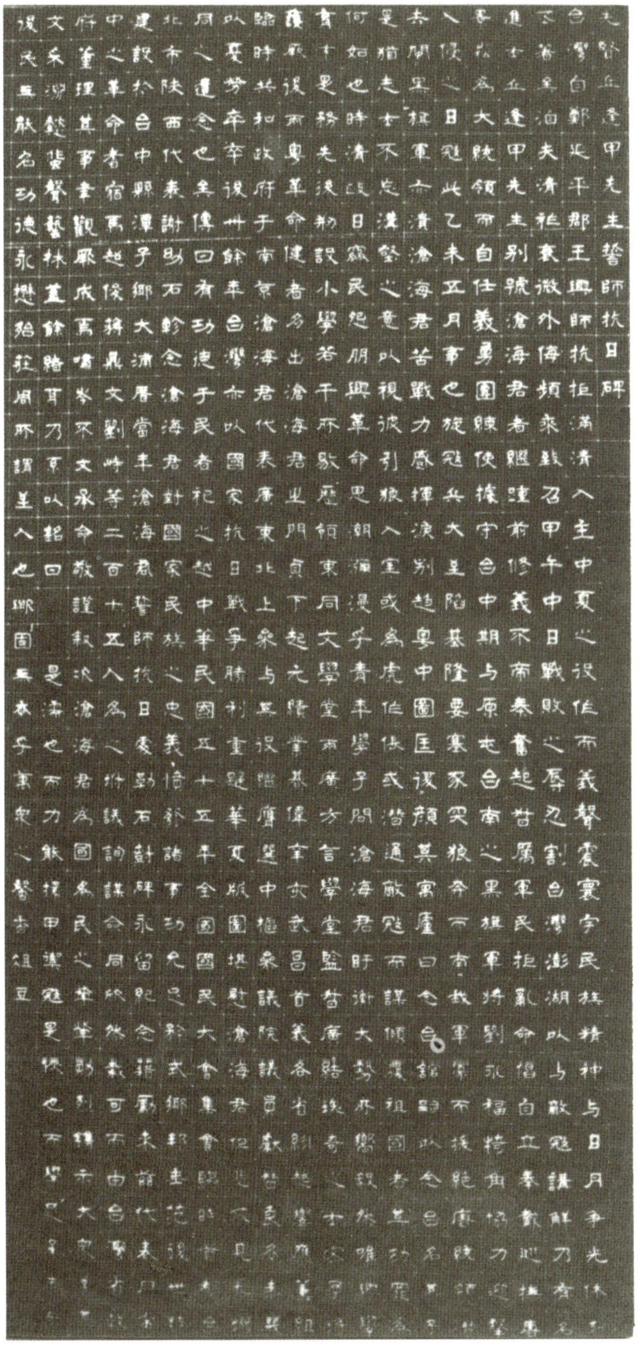

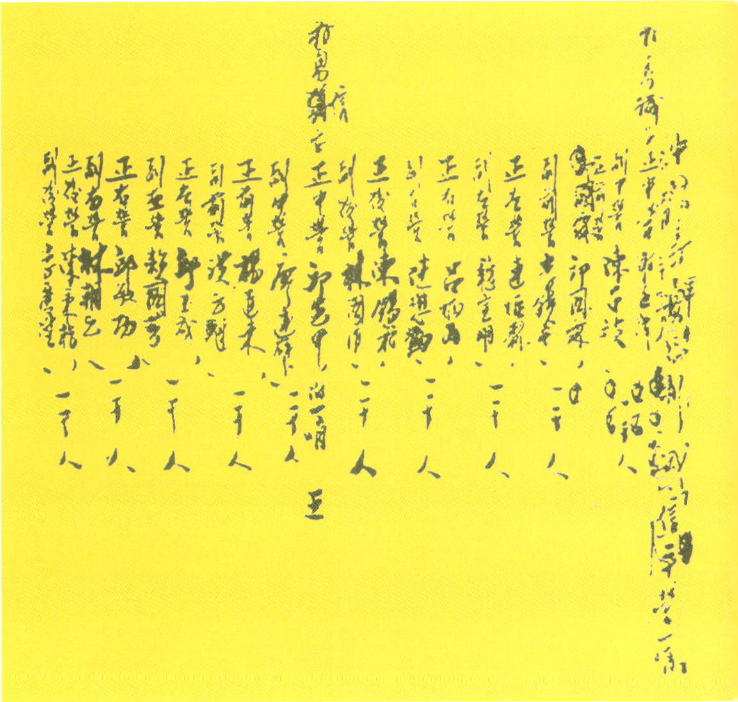

▲ 《马关条约》签订后，丘逢甲三次刺血上书，要求“拒倭守土”，并亲率义军与日军抗争，其兄先甲、弟树甲均为义军。图为丘逢甲手书的誓师抗日碑和“义军统领名单”。

▲ 护台失败后，丘逢甲内渡大陆，广兴新学，以图强国。他身居大陆，念念不忘收复台湾，将家中厢房取名为“念台精舍”。

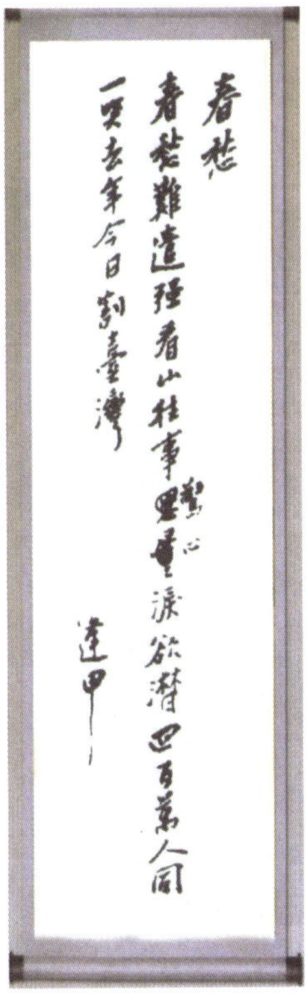

▲ 丘逢甲所作“春愁”诗

▲ 为复台雪耻，丘逢甲倡办新式学校，主张教育救国强国。1905 年他联络举人丘复等在丘氏宗祠创办了福建省第一个民立师范传习所——上杭丘祠师范传习所，启文化教育之先声。

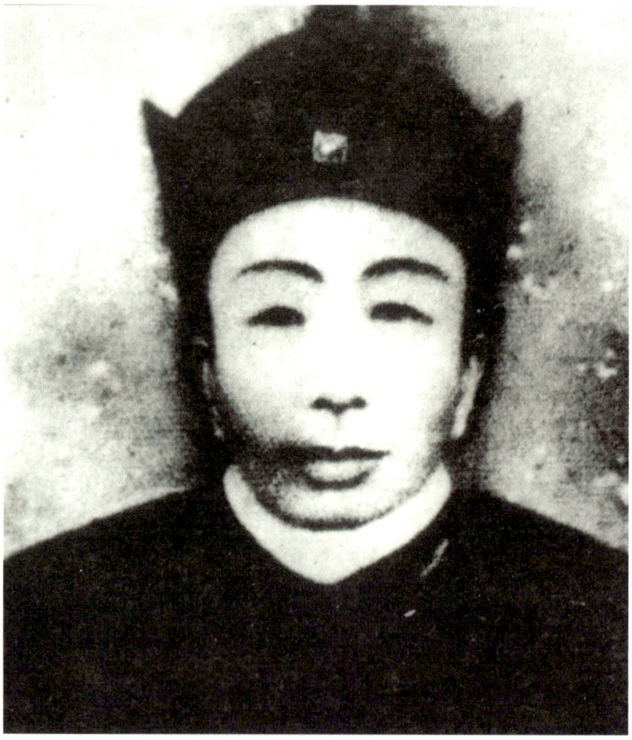

▲ 台湾被日本强占后，苗栗县生员吴汤兴在家乡招募乡民，组成义勇，抗击日军，最终为国捐躯。图为吴汤兴像。

▲ 李应辰，台湾台北淡水人，光绪十七年（1891）中举人，率领家乡壮丁五百人抗击日军达两月之久，炮战中受伤后迁居厦门。

▲ 嘉义生员杨锡久、武举人刘步升、营官马练芳在抵抗日军登陆的战斗中英勇牺牲。日军将其家人逮捕，铐枷示众后杀害。

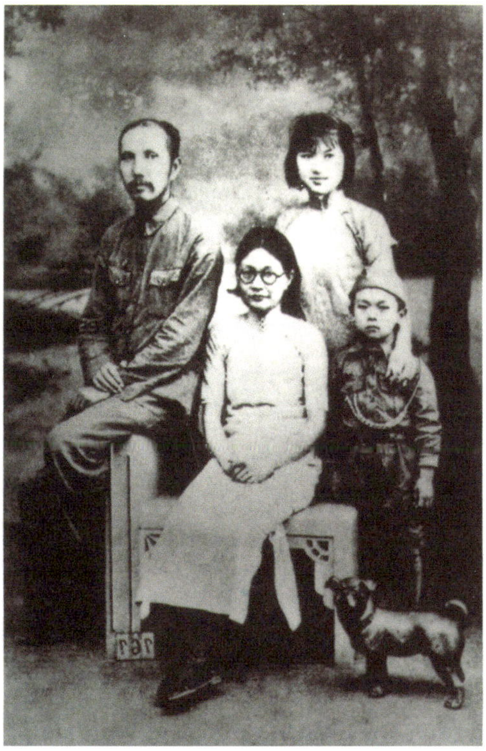

▲ 丘念台，台湾台中人，丘逢甲之子，继承其父抗日之志。1938 年组建东区服务队在大陆开展抗日活动，1943 年任台湾党部执行委员。图为丘念台（左一）与家人合影以及台湾党部旧址复兴堡。

辛亥英杰

◀ “青年人爱国不能光停留在嘴，要有实际行动。不然，白活一生。”爱国进士许南英的言行对许家后人影响甚深。1911 年黄花岗起义，许南英之子许赞元率领敢死队进攻两广总督府，后为清军所捕。广州清军副将黄培松敬佩许南英的为人和诗文，设法将其释放。图为许赞元像。

▶ 许赞元的哥哥许赞书同样继承了父亲的志向，他参加了同盟会，并任厦门同盟会会长，投身于革命事业。图为许赞书像。

▲ 辛亥革命爆发后，丘逢甲力促广东大吏投向革命，而后又在调解广东革命军政府内部矛盾、北上参与筹建南京临时政府等方面，作出了卓有成效的努力。图为丘逢甲雕塑。

◀ 辛亥革命期间，台湾士子卢文启为开通民智，宣传革命思想，在厦门大走马路开设阅书报社，联络林祖密、黄鸿翔等台湾士子，集资购置书刊，提供给民众阅览。图为卢文启像。

第三节 科举印记留存

科举制度在台湾施行了两百多年，其影响深入社会生活的方方面面，科举在祭祀典礼、文化生活、民间信仰、婚育习俗、社交饮食等各领域都打上了烙印，至今仍在台湾各地流传。

祭孔大典

清代台湾设有府治或县治的地方，如台中、新竹、彰化以及高雄、屏东、嘉义等地都有孔庙。自 1952 年起，台湾把祭孔日定在每年的 9 月 28 日，并依古礼举行祭孔大典。鸣炮、奏雅乐、行迎神礼等一系列仪式依序而行，庄严隆重。

▲ 台中孔庙

▲ 台北孔庙

▲ 澎湖孔庙

▲ 台南孔庙的“泮池”，往昔士子若中秀才，到孔庙祭拜后，可在泮池采摘水芹插于帽檐，以示文才。

▲ 人们往往把祭孔大典后的祭品带回去，分给亲友中正在上学的孩子。祭品中三牲上留的毛，据说是“智慧毛”，佩在身上可以增加智慧，所以在典礼结束后年轻人一拥而上争相拔之。图为台湾祭孔大典。

诗钟兴盛

诗钟，是运用传统对偶艺术，限时、限题、限格、限字写作的一种诗歌体裁。诗钟发源于左海（福州），兴起于清代嘉庆、道光年间，最初目的是让士子练习写作科举考试中的“制艺之诗”。后由闽地宦京之士带至京城，再由京城传播到全国各地，并在台湾各地盛行。

▲ 福州志社诗楼

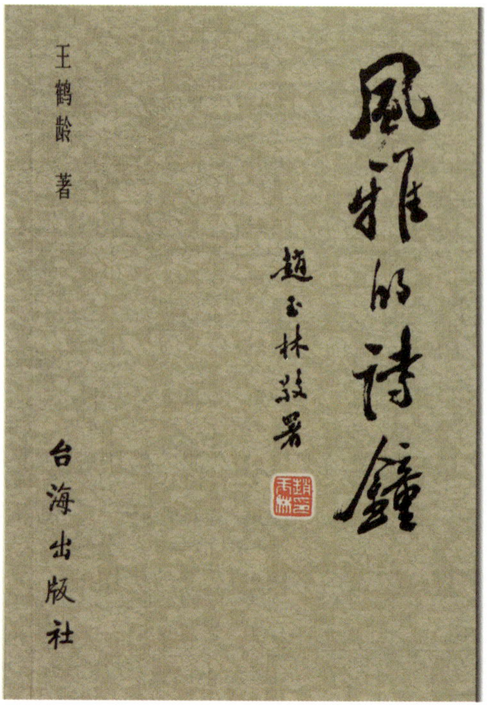

▶ 王鹤龄著《风雅的诗钟》

诗钟活动	科举考试
收卷、誊录、校阅	收卷、誊录、校阅
左、右词宗	正副主考
值坛	监考人员
标取	荐卷
元、殿、眼、花、胪	状元、殿元、榜眼、探花、传胪

▲ 诗钟活动主要有词宗设置、命题、计时、纳资、值坛、收卷、誊录、校阅、标取、唱卷、赏贺、罚纳等环节。其中，许多环节及设置与科举考试完全相同。通过参与诗钟活动，热衷于科考的士子可以熟悉科考程式并从中得到类比演练的机会。

▲ 诗钟一经传入台湾，便成为影响当地社会文化生活的一项重要活动。台湾的名士如施士洁、许南英、丘逢甲、汪春源、陈望曾等，都是写作诗钟的好手，其中又以丘逢甲的诗名最盛。图为清代文人赋诗图。

科举民俗

▲ 闽台两地往往以谐音来求取吉兆，这样的习俗在现代台湾社会依然可见。“包种茶”节，便含有考试“包中”的寓意。

▲ 台南考生考试前会在地上种上一些菊花，取“一举中的”之意。

▲ 闽台不少地方至今依然盛行的中秋“博状元饼”习俗，也来源于科举考试。清代蒋毓英所修《台湾府志》载：中秋节，“是夜，士子递为燕饮赏月，制大面饼一块，中以红朱涂一‘元’字，用骰子掷以夺之，有秋闱夺元之想”。图为“博饼”活动场景。

▲ 在台湾，考生考试前也多喜欢前往当地孔庙、文昌阁，拜孔子、文昌帝，求状元签等，祈求取得好成绩。图为台南孔庙前的及第板，挂满了考生们的许愿条。

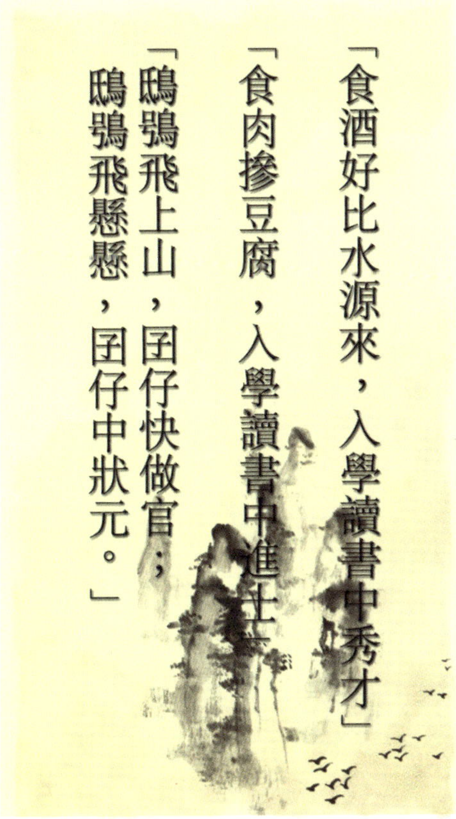
「食酒好比水源來，入學讀書中秀才」
「食肉摻豆腐，入學讀書中進士」
「鴟鴞飛上山，囝仔快做官；鴟鴞飛懸懸，囝仔中狀元。」

◀ 台湾民俗歌谣也反映了时人崇尚读书、倾心科举的心理。

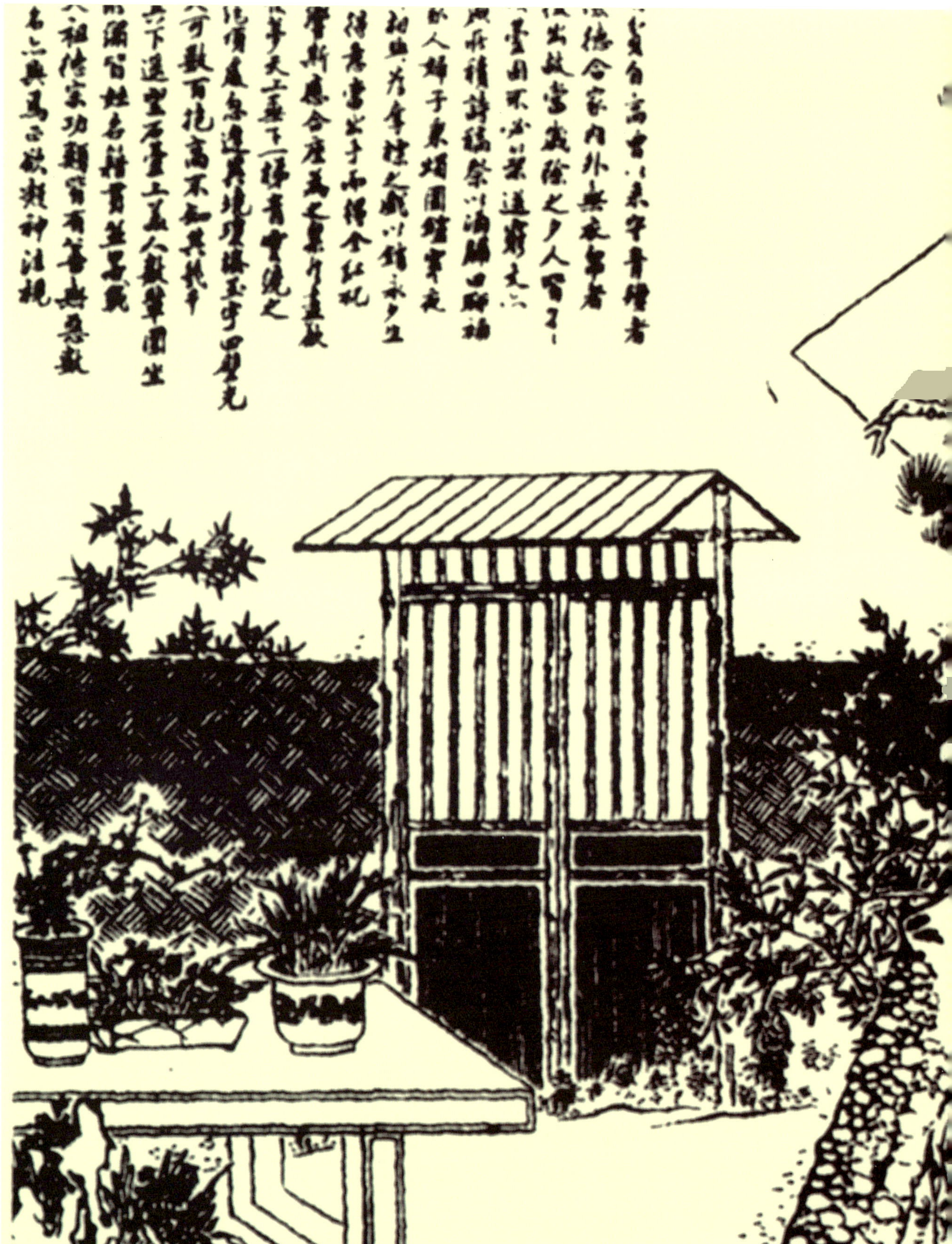

▲ 清末登科预兆图

科举名人烙印

▲ 二十世纪五十年代在台湾中部地区为纪念邱逢甲筹建的一所大学被命名为“逢甲工商学院”，现名“逢甲大学”。

▲ 台中以丘逢甲为名的观光夜市——逢甲夜市，位于台中市西屯区，以文华路、福星路、逢甲路为主，是台湾著名的观光夜市之一。

▲ 宜兰为纪念杨士芳功绩所建的士芳桥

▲ 台湾举人与“冻顶乌龙”。当年，台湾南投举人林凤池从福建参加完乡试回台时，带回了乌龙茶苗，种在南投鹿谷乡的冻顶山上。台湾气候温和，适合茶苗生长，“冻顶乌龙”清香可口，醇和回甘，成为乌龙茶中风韵独特的佼佼者。

后记

科举制度对台湾社会的历史、现在及未来的影响都极为深远，其所选拔出来的人才对台湾的进步以及两岸关系的发展都发挥了重要作用。

2013 年初，台湾最后一位进士汪春源的曾孙、中华全国台湾同胞联谊会会长汪毅夫在应台湾成功大学之邀，回到他的祖家台南讲学之际，与成功大学校长黄煌辉初步达成了由北京台湾会馆与成功大学人文社科中心联合举办“台湾进士展”的意向，以展示科举制度在台湾施行的 200 多年来，为台湾社会培养大批人才，推动台湾教育的发展，提高台湾社会的文化水平，促进全台湾开发的历史过程。同年 9 月以及 2014 年 12 月，展览相继在台南、高雄顺利开展并获得成功。

2017 年，距清康熙二十六年（1687 年）台湾开科取士、产生第一位台湾举人刚好 330 周年。为再现科举制度在台湾施行的历史及其对台湾社会的影响，特别是展示闽台两地渊源流长的历史关系，在汪毅夫会长的指导和帮助，以及北京市台湾同胞联谊会郑大副会长的大力支持下，福建省档案馆在“台湾进士展”的基础上，以中华文化传承为脉络，对展览内容进行必要的调整修改，并补充了大量来自中国第一历史档案馆等馆藏珍贵历史档案和图片，形成了“文脉流长——科举制度在台湾”展览。

6 月 17 日，由福建省档案馆、北京市台湾同胞联谊会、台湾成功大学人文社科中心、福建省台湾同胞联谊会联合举办的“文脉流长——科举制度在台湾”展览在第九届“海峡论坛”主会场——厦门市人民会堂成功举办。全国台联会长汪毅夫出席开幕式并宣布展览开幕，福建省委常委、省委统战部部长雷春美出席开幕式并致辞。台湾进士后裔以及专家学者等两岸人士有 120 多人参加开幕式，参加“海峡论坛”大会的两岸同胞们参观了展览，展览受到社会各界的好评。之后，在成功举办展览的基础上，我们对展览内容作进一步补充、修改，并最终形成了本书。

现今，虽然科举制度已经废除了100多年，但施行科举制度使中华文化在台湾得到绵延不断的传承和发展。希望本书的出版，能进一步增进两岸同胞的相互了解，加深彼此的感情，促进两岸关系的和平发展。

编 者

2017年9月

附录一

进士题名碑拓片

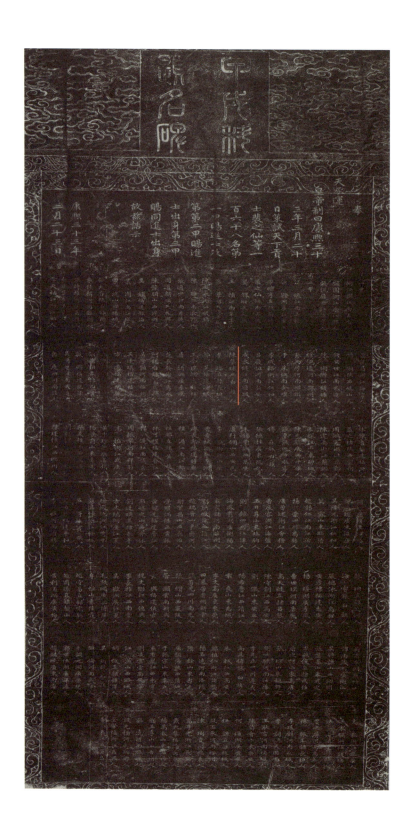

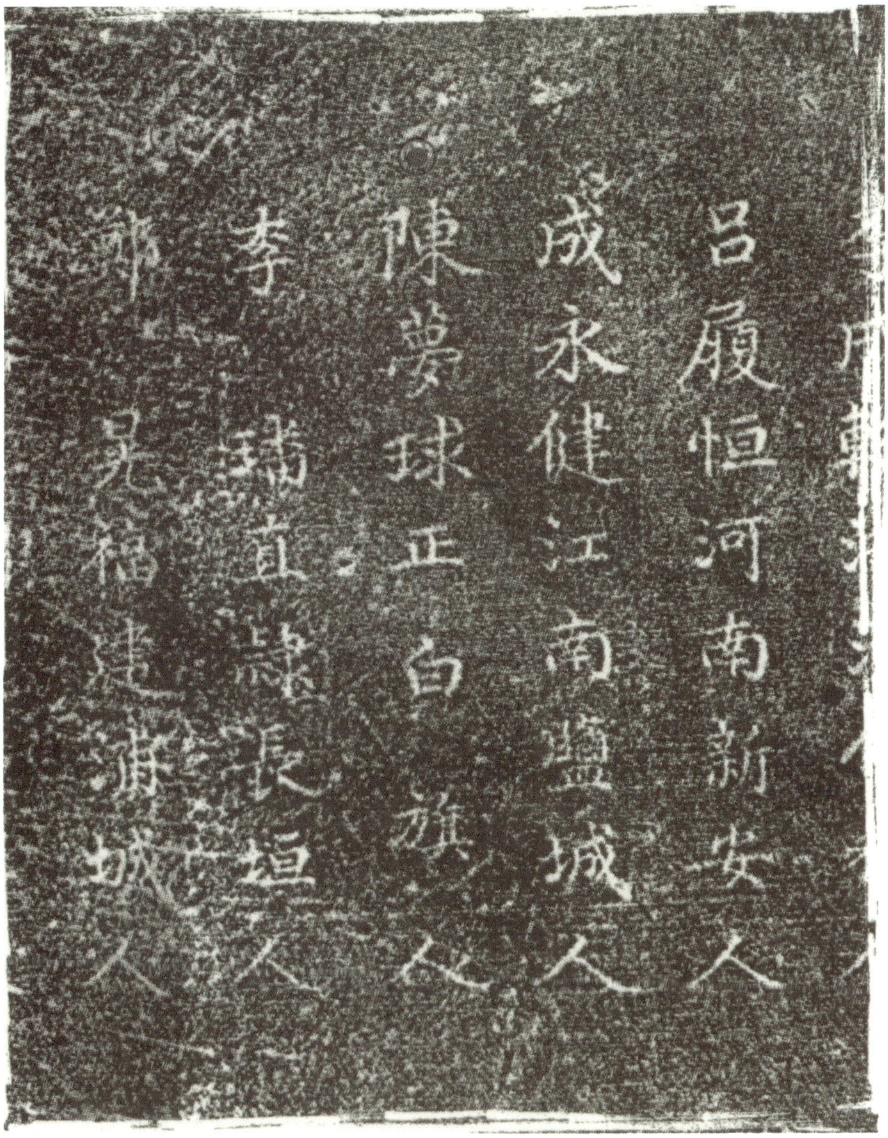

陈梦球（？ –1700）号二受，祖籍福建龙溪石美，正白旗人。康熙三十三年（1694）甲戌科二甲第三十一名。授编修。（第二排右起第十一行）

奉
皇帝制曰乾隆二
十二年五月
初十日策試
天下貢士蔡
以臺等二百
四十二名第
一甲賜進士
及第第二甲
進士出身
第三甲賜同
示
乾隆二十二年
五月 日

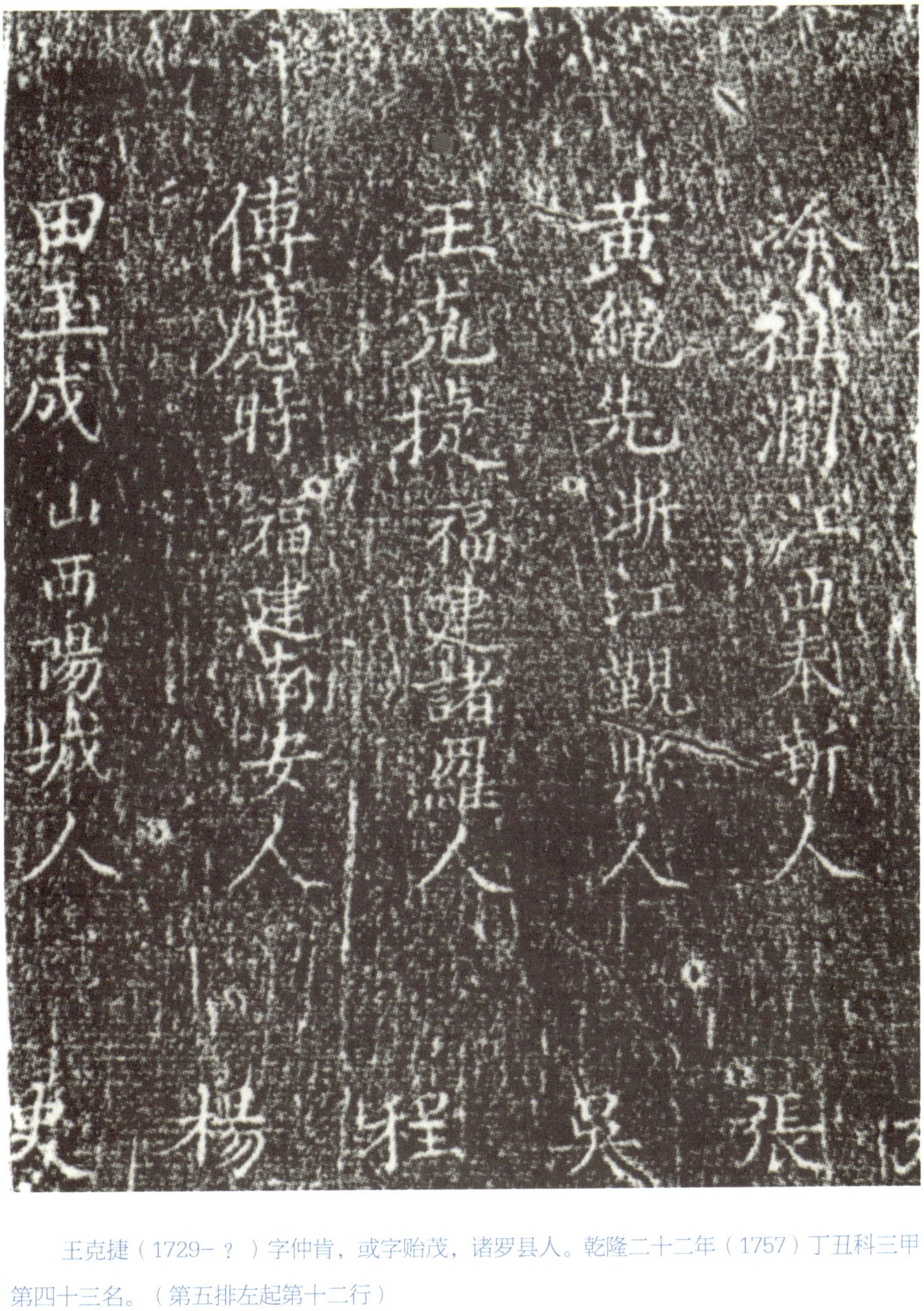

王克捷（1729-？）字仲肯，或字贻茂，诸罗县人。乾隆二十二年（1757）丁丑科三甲第四十三名。（第五排左起第十二行）

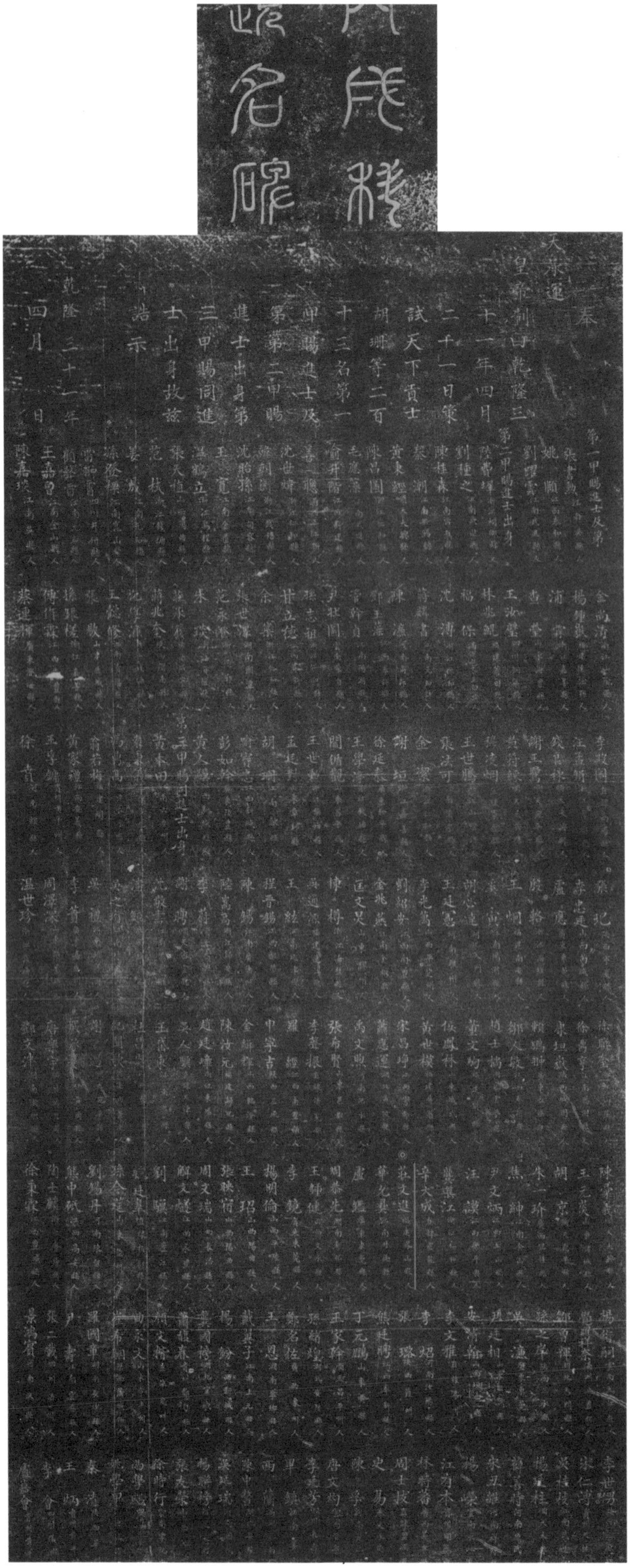

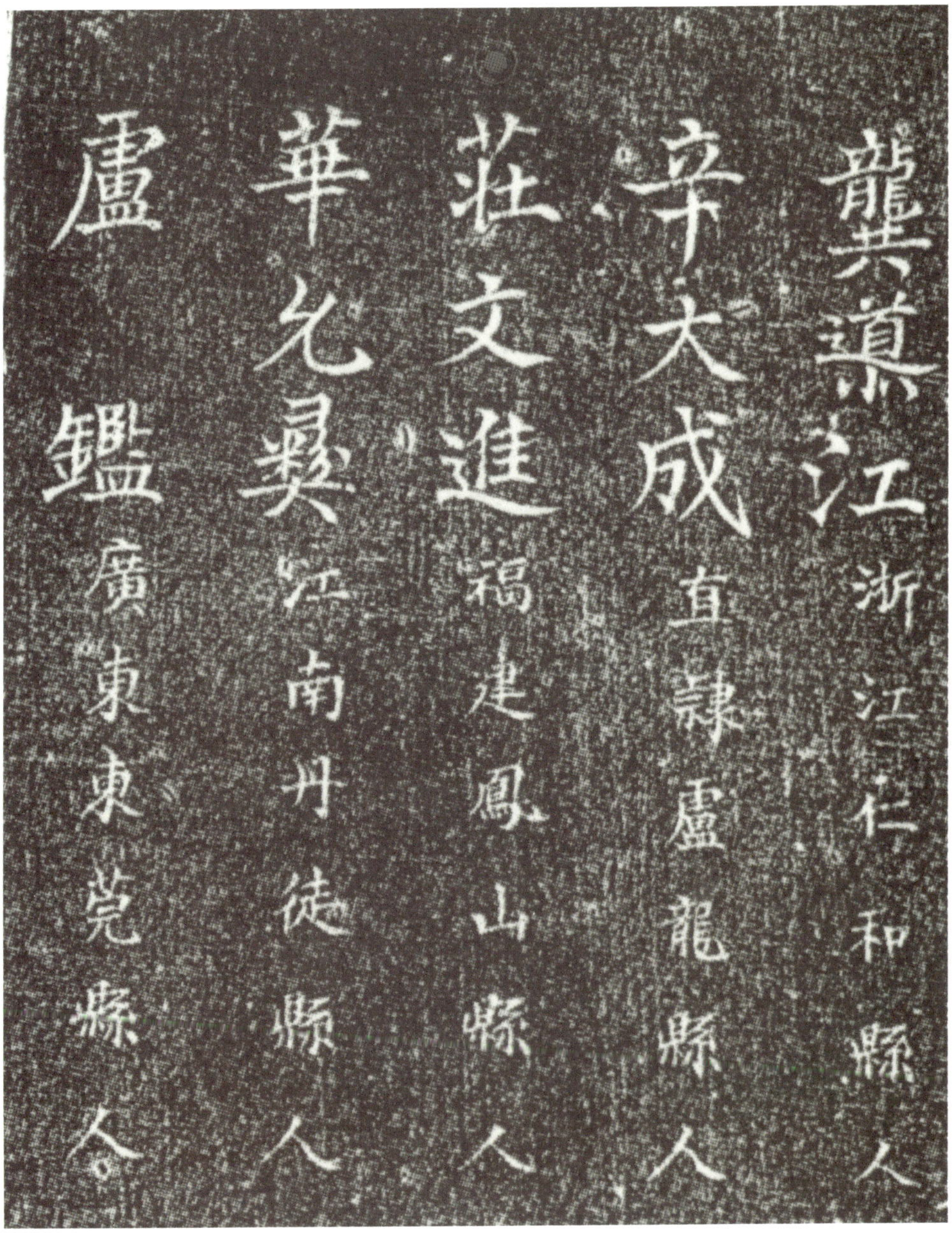

庄文进（1735-？）祖籍晋江，后入籍台湾府凤山县。乾隆三十一年（1766）丙戌科三甲第七十一名。历任泉州府学教授等职。（第六排右起第十行）

皇帝制曰道光
三年癸未
科四月二
十一日策
試天下貢
士杜受田
等二百四
十六名第
一甲賜進
士及第第
二甲賜進
士出身第
三甲賜同
進士出身
故茲誥示

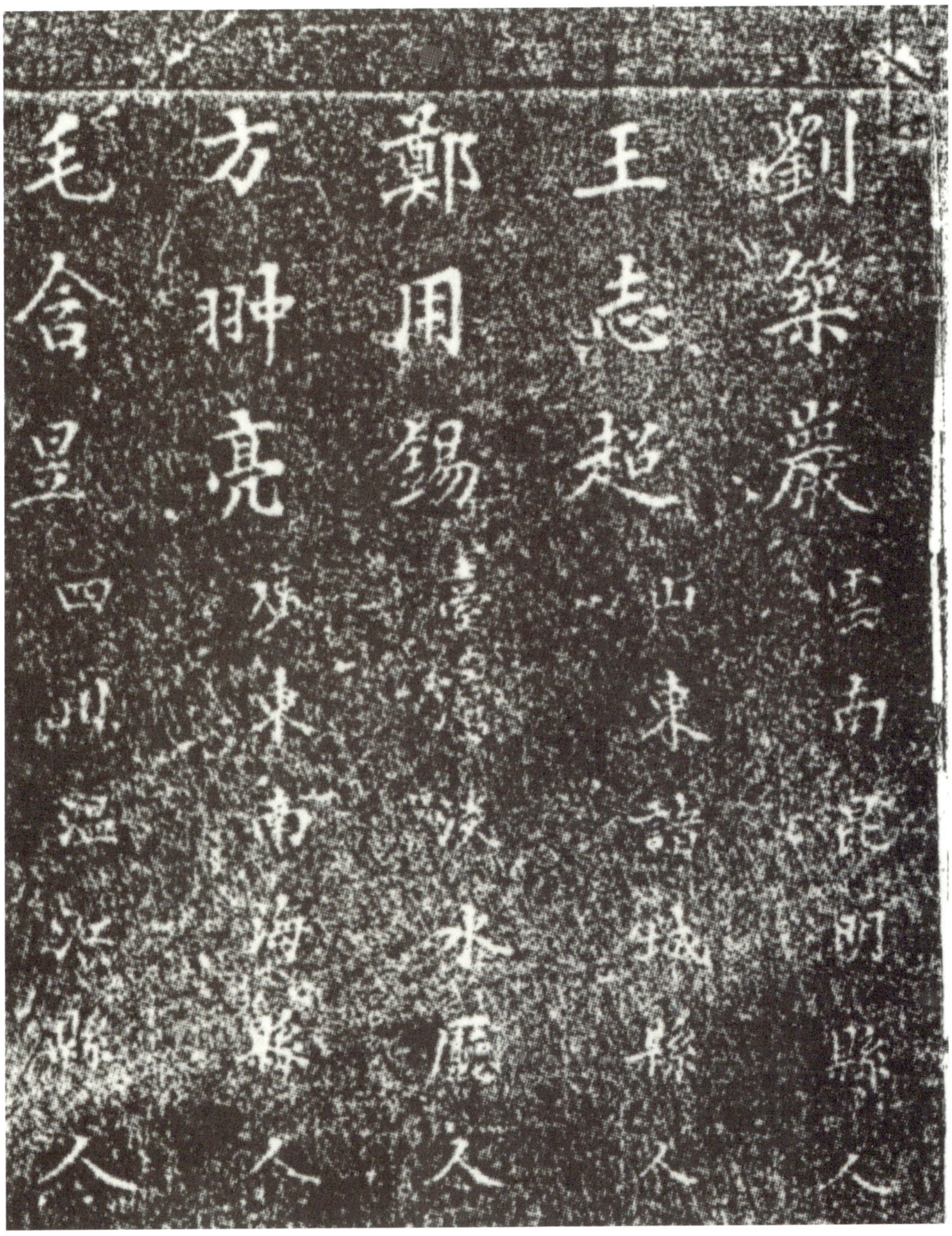

郑用锡（1788–1858）谱名文衍，又名蕃，字在中，号祉亭，淡水厅人。道光三年（1823）癸未科三甲第一百零九名。官至礼部铸印局员外郎，诰授通奉大夫。（第七排左起第二行）

丙戌科題名碑
奉
天承運
皇帝制曰道光六年
丙戌科四月二
十一日策試天
下貢士王慶元
等二百六十五
名第一甲賜進
士及第第二甲
賜進士出身第
三甲賜同進士
出身故茲誥示
道光六年四月二
十一日

曾维桢（？ –1868 以前）号云松，彰化县人。道光六年（1826）丙戌科二甲带六十八名。获选为翰林院庶吉士。（第三排右起第五行）

奉
天承運
皇帝制曰道光九年己丑科
四月二十一日策試天下
貢士劉有慶等二百二十一名
第一甲
賜進士及第
第二甲
賜進士出身
第三甲
賜同進士出身故茲詔示

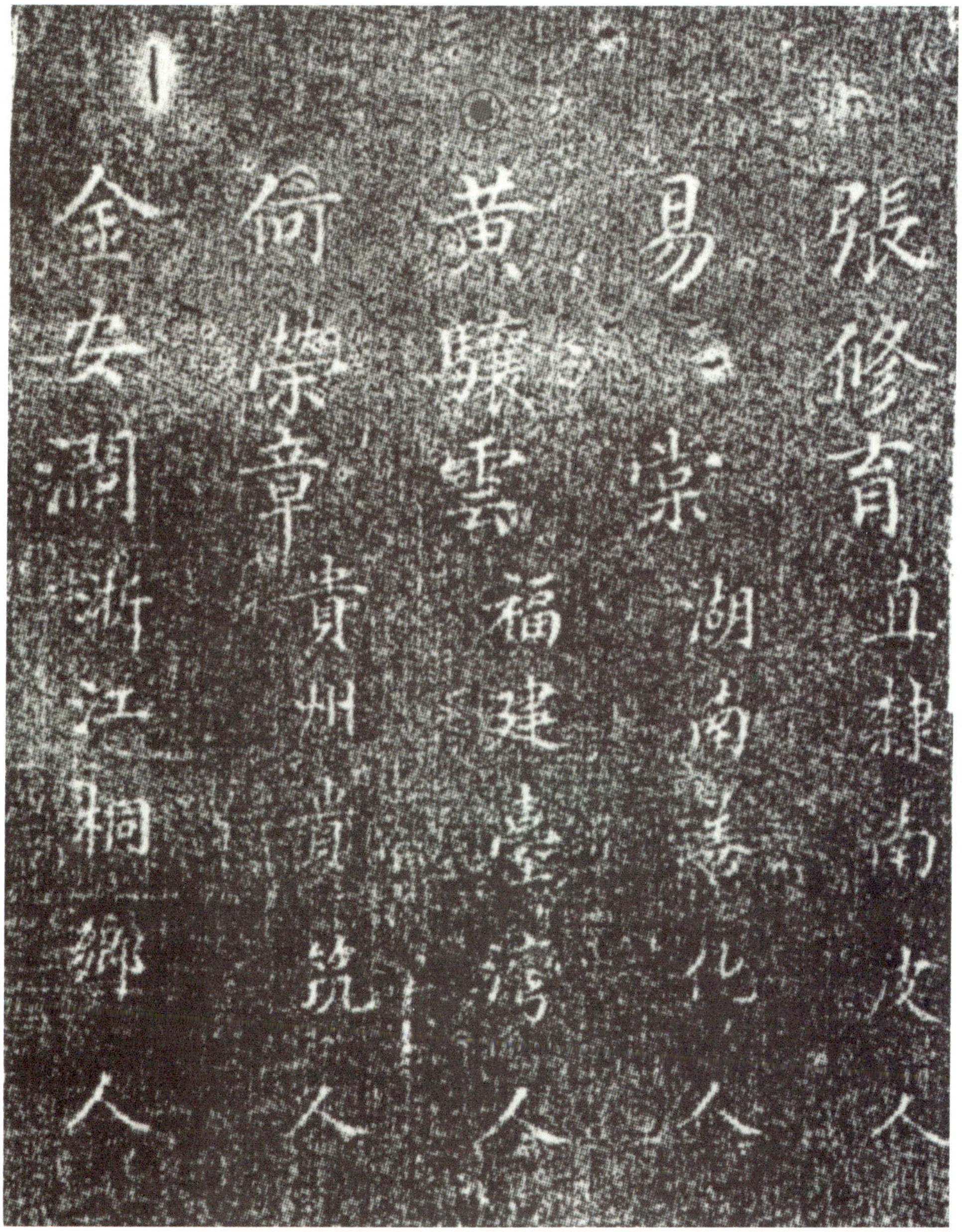

黄骧云（1801—1841）本名定杰，小名今团，字雨生，台湾县人。道光九年（1829）己丑科二甲第七十二名。官至工部营缮司郎中。（第三排右起第十三行）

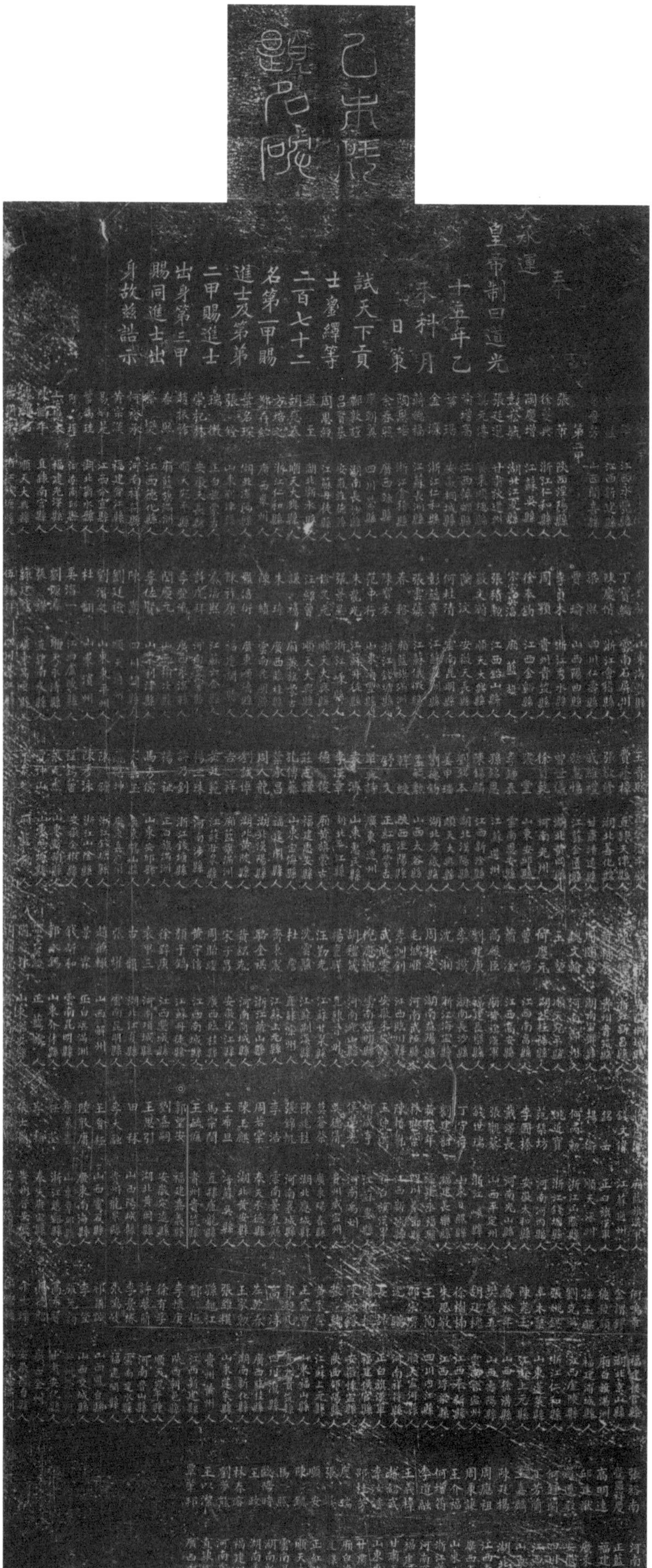
乙未科
題名碑
奉天承運
皇帝制曰道光十五年乙未科　月　日策試天下貢士龔繹等二百七十二名第一甲賜進士及第第二甲賜進士出身第三甲賜同進士出身故茲誥示

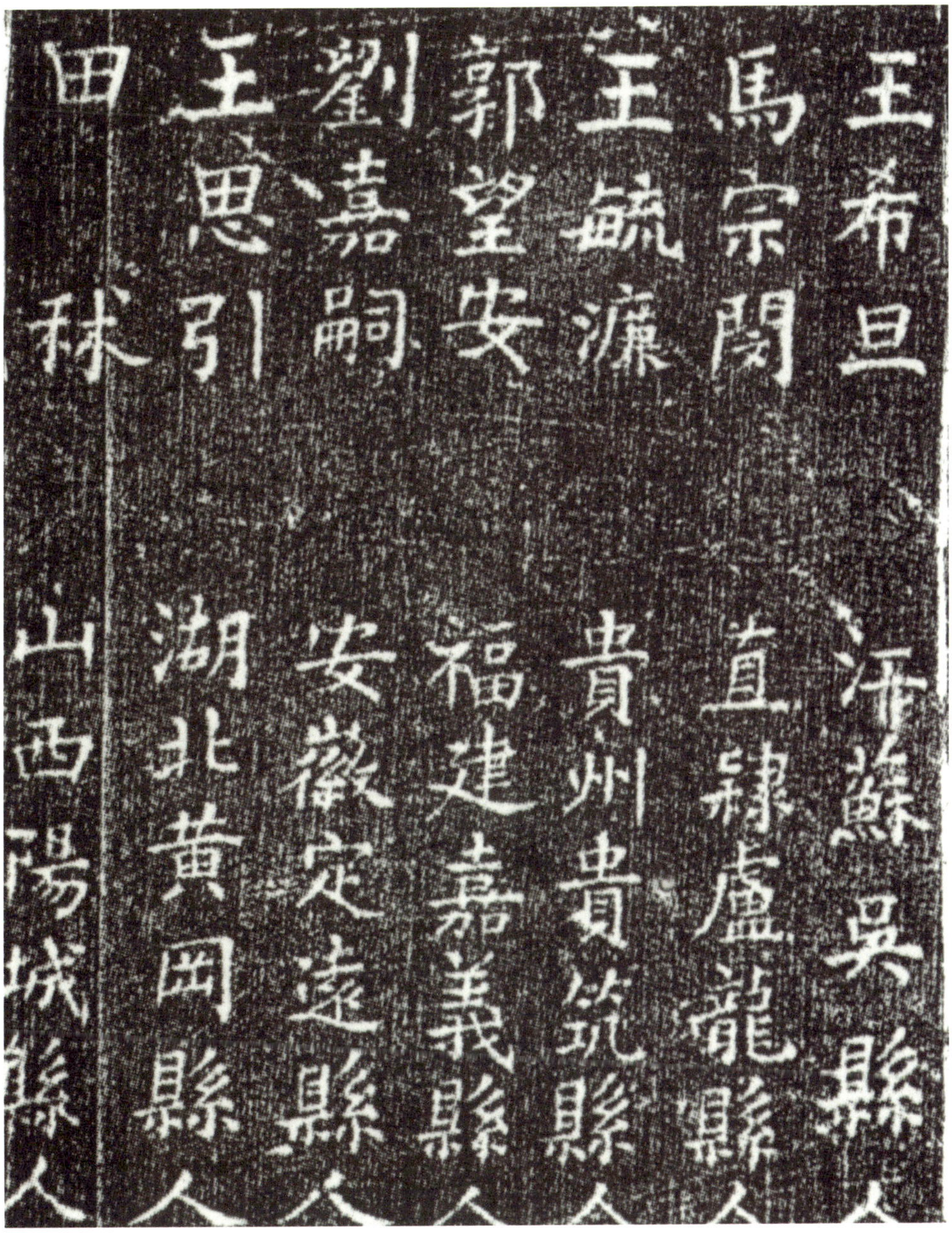

郭望安（1807-？）嘉义县人。道光十五年（1835）乙未科三甲第七十一名。授湖北省知县。（第五排左起第十二行）

奉
天承運
皇帝制曰道光二十
五年乙巳
恩科四月二十一日
策試天下貢士
蔣超伯等二百
十七名第一甲
賜進士及第第
二甲賜進士出
身第三甲賜同
進士出身故茲
誥示

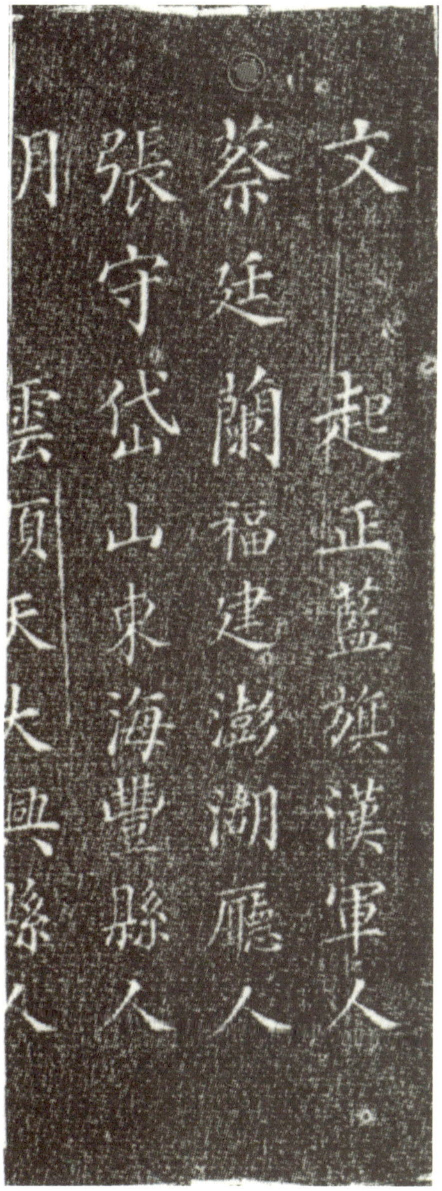

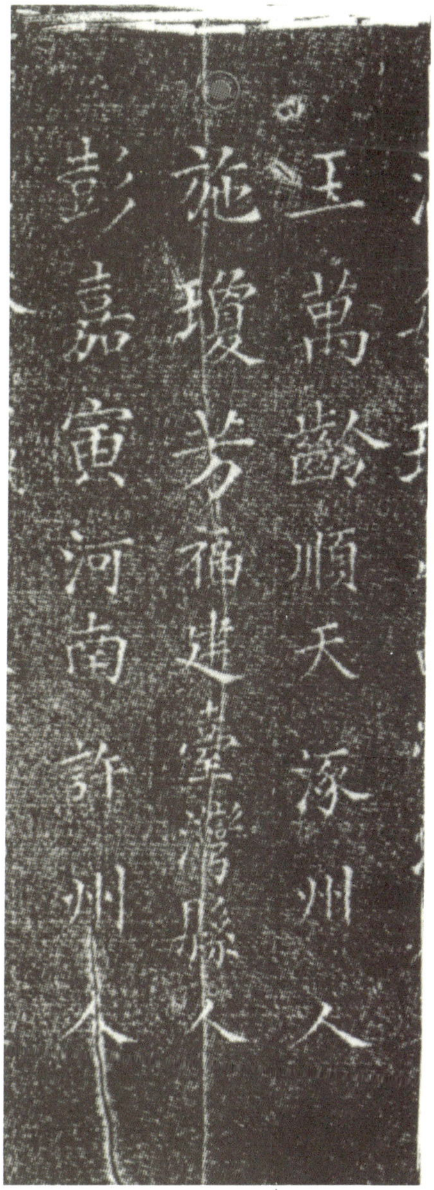

蔡廷兰（1801–1859）字香祖，号秋园，澎湖厅人。道光二十五年（1845）乙巳恩科二甲第六十一名。（第三排右起第二行）

施琼芳（1815–1867）原名龙文，幼名镇圭，中举后更名，字见田，号朱垣，台湾县人。道光二十五年（1845）乙巳恩科三甲第八十四名。（第六排左起第五行）

奉
天承運
皇帝制曰同治
七年戊辰科
四月二十一
日策試天下
貢士蔡以瑺
等二百七十
名第一甲賜
進士及第第
二甲賜進士
出身第三甲
賜同進士出
身故茲誥示

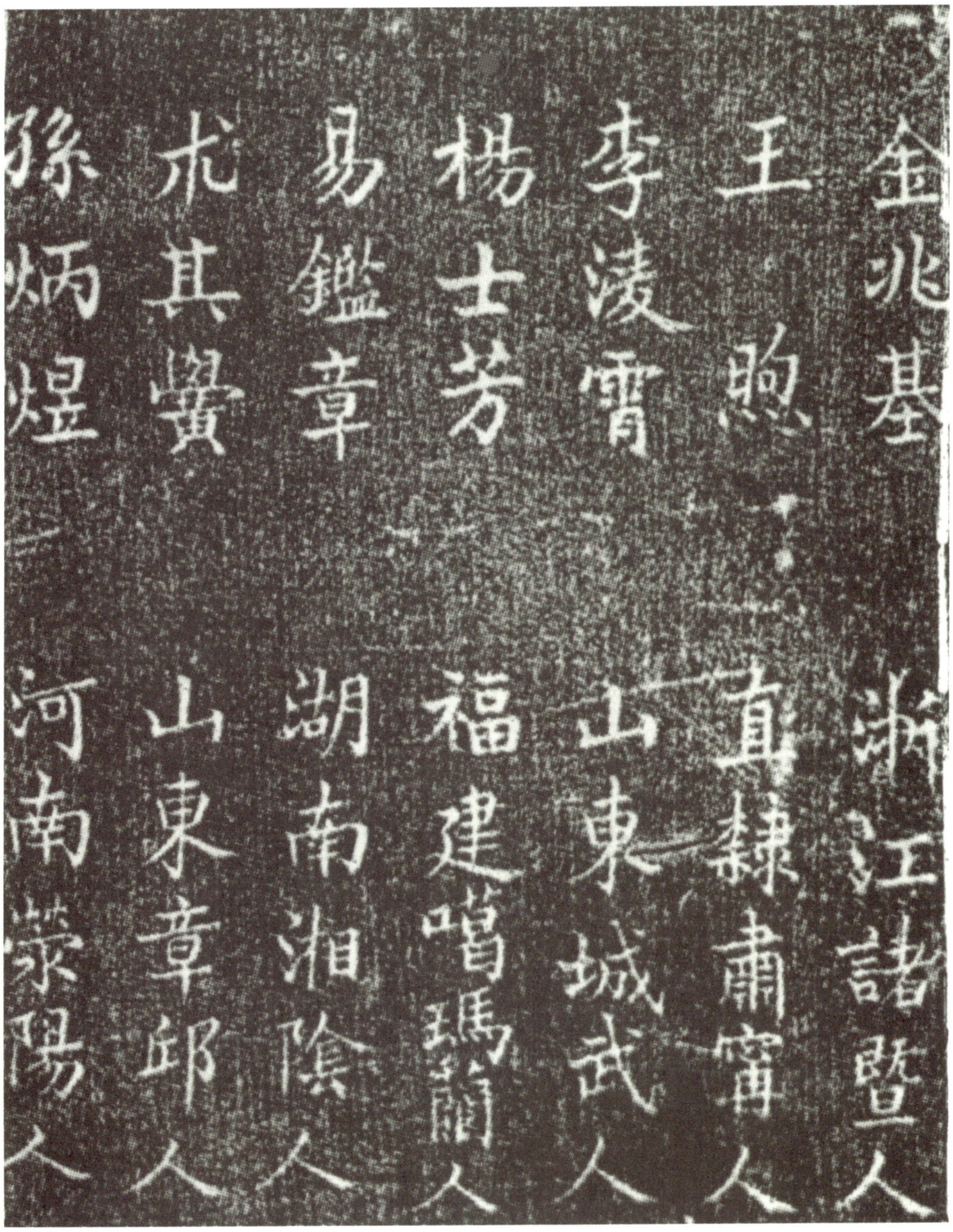

杨士芳（1826–1903）字兰如，噶玛兰厅人，同治七年（1868）戊辰科三甲第一百一十八名。殿试钦点浙江省即用知县，加同知五品官衔。（尾排右起第六行）

辛未科題名碑
奉
天承運
皇帝制曰同治
十年辛未科
四月二十一
日策試天下
貢士李聯珠
三名第一甲
賜進士及第
第二甲賜進
士出身第三
甲賜同進士
出身故茲誥
示

张维垣（1827-1892）字禄兴，号星枢、行二，台湾县人。同治十年（1871）辛未科二甲第一百一十八名。任浙江省遂昌县知县。（第三排左起第一行）

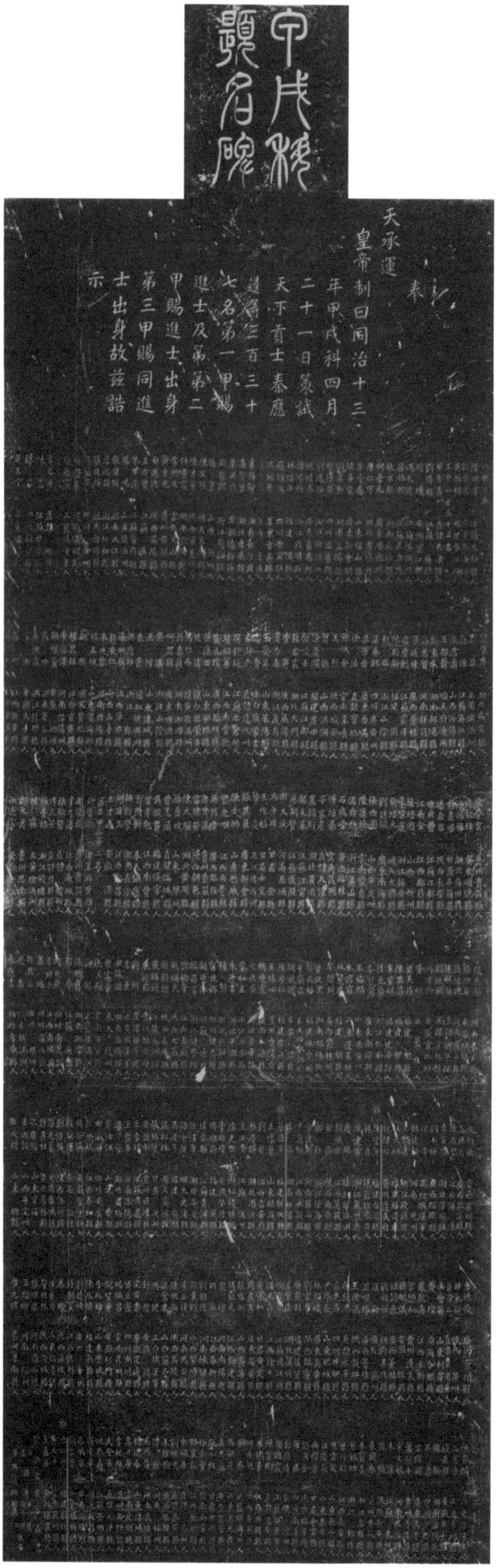
甲戌科題名碑
奉
天承運
皇帝制曰同治十三年甲戌科四月二十一日策試
天下貢士黎應選等三百三十七名第一甲賜進士及第第二甲賜進士出身第三甲賜同進士出身故茲誥示

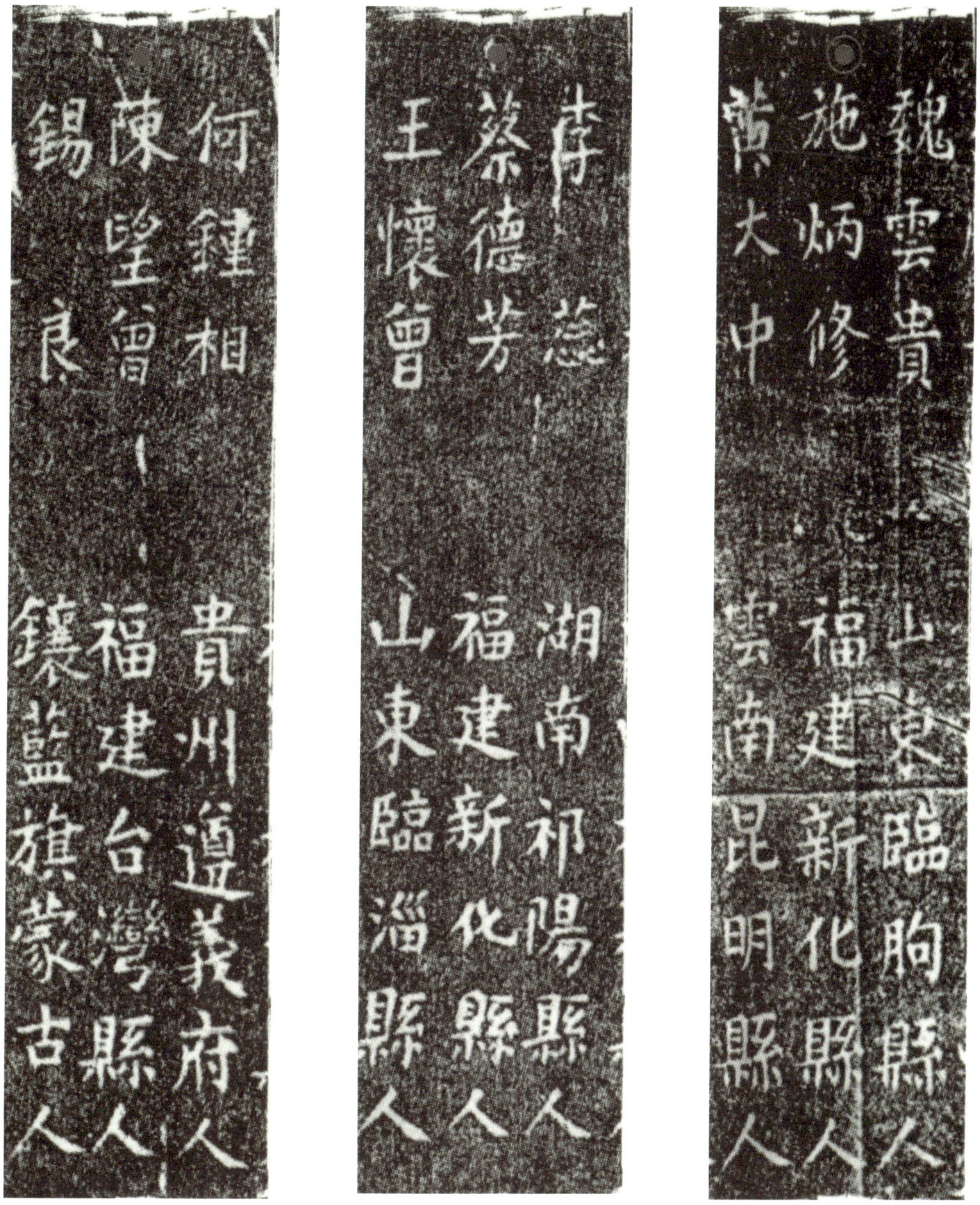

陈望曾（1853-1929）台湾县人，同治十三年（1874）甲戌科三甲第六十九名。及第后即授内阁中书，历任广州知府等职；（第五排右起第十一行）

蔡德芳（1824-1899）字英具，号香邻，彰化县人。同治十三年（1874）甲戌科三甲第七十九名。通《易经》。擅书法。是泉台地区知名教育家；（第五排右起第二十一行）

施炳修（1842-1893）原名葆修，彰化县人。同治十三年（1874）甲戌科三甲第二百名。授兵部员外郎，调宁都州知州。（尾排左起第三行）

注：碑刻中蔡德芳、施炳修应为“福建彰化县人”，错刻为“福建新化县人”。

奉
天承運
皇帝制曰光緒
二年丙子科
四月二十一
日策試天下
貢士曹鴻勛
等三百二十
四名第一甲
賜進士及第
第二甲賜進
士出身第三
甲賜同進士
出身故茲誥
示

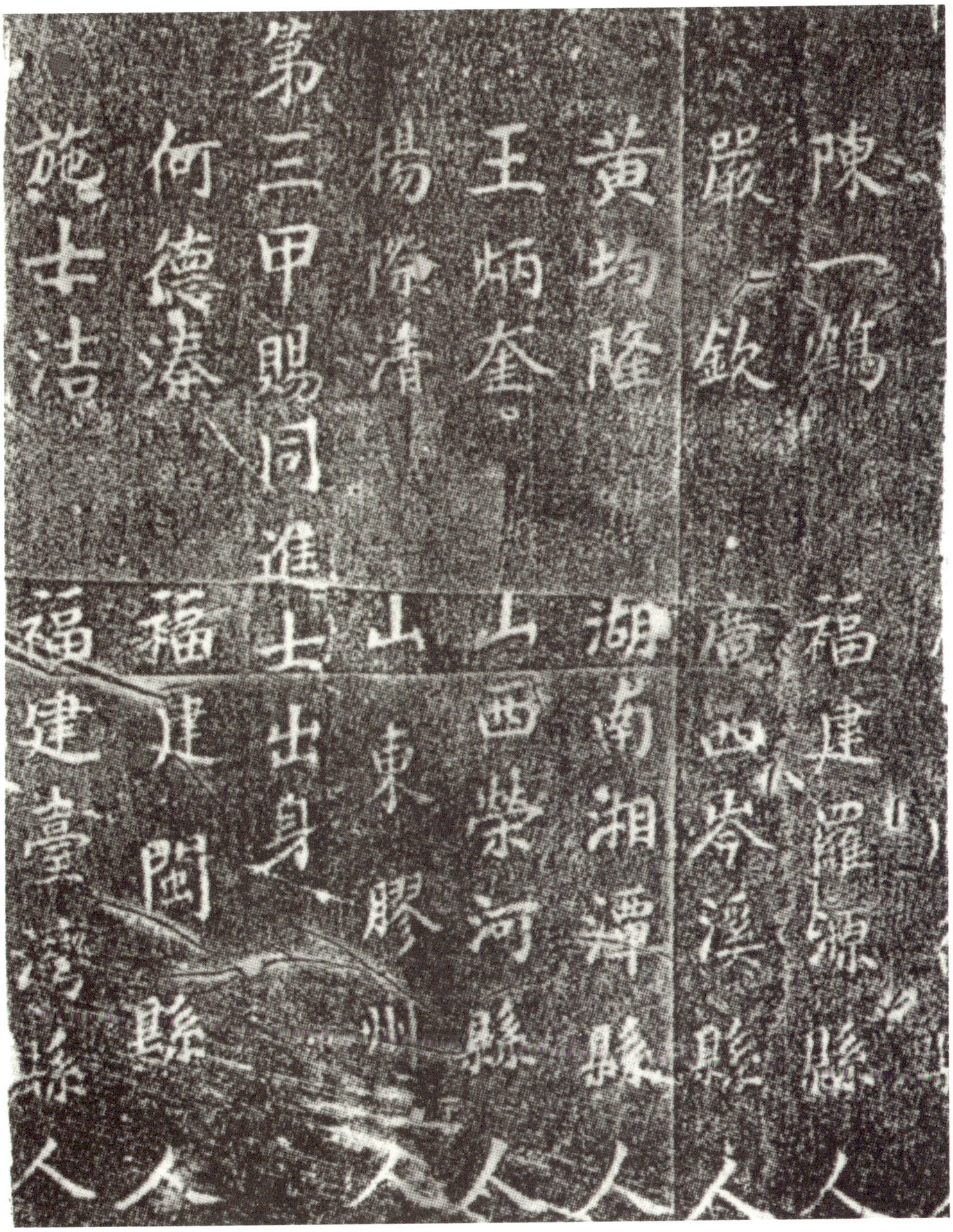

施士洁（1856–1922）原名应嘉，字沄舫，号芸况，又号喆园。台湾县人。光绪二年（1876）丙子恩科三甲第二名。任内阁中书。（第四排左起第一行）

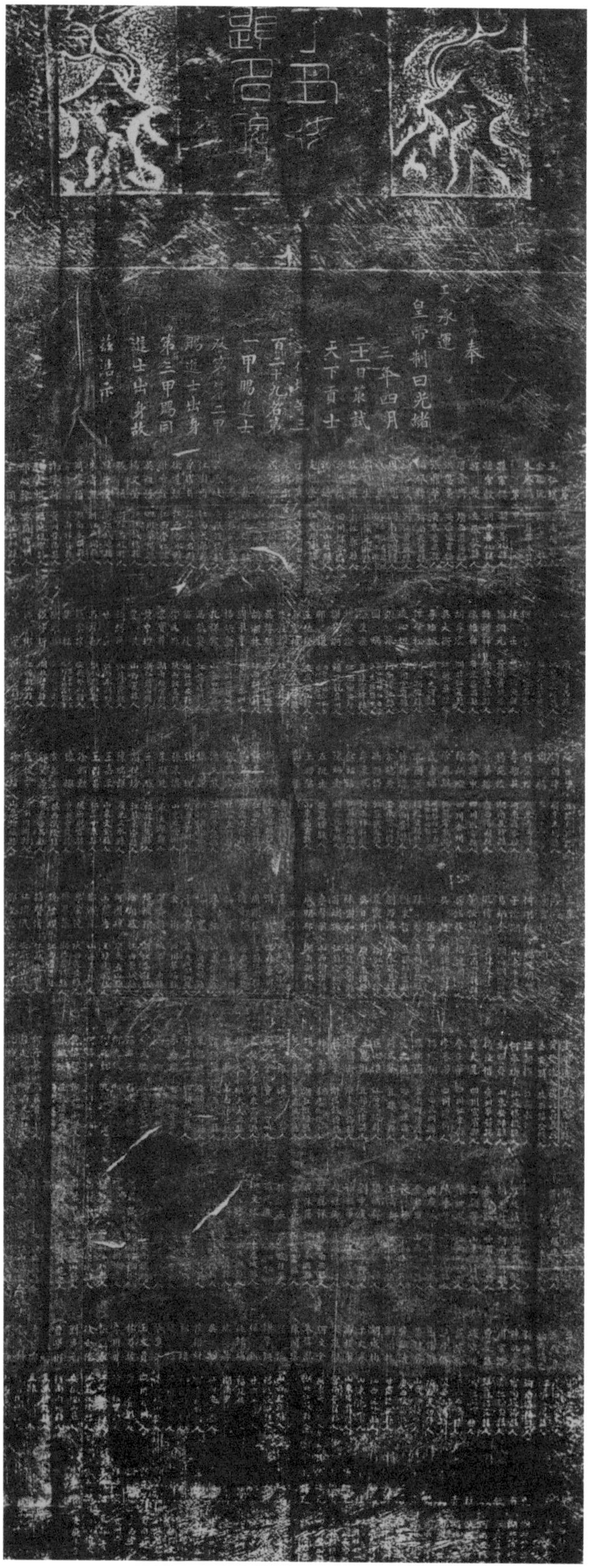

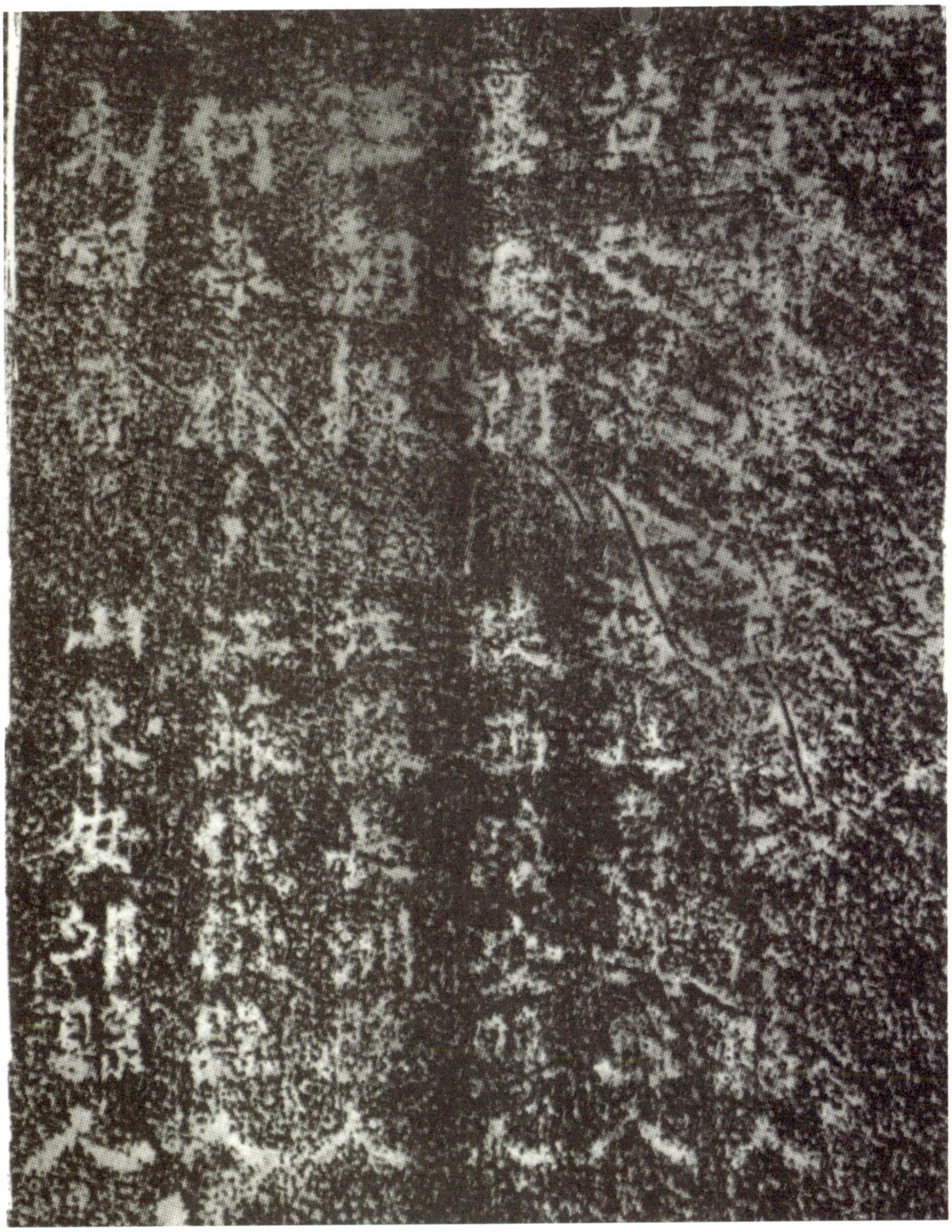

黄登瀛（1844—1883）小名沧州，字秀夫，嘉义县人，光绪三年（ 1877）丁丑科三甲第三十三名。钦点山西即用知县。（第五排右起第二行）

奉
天承運
皇帝制曰光緒
六年庚辰科
四月二十一
日策試天下
貢士吳樹棻
等三百三十
名第一甲賜
進士及第第
二甲賜進士
出身第三甲
賜同進士出
身故茲誥示

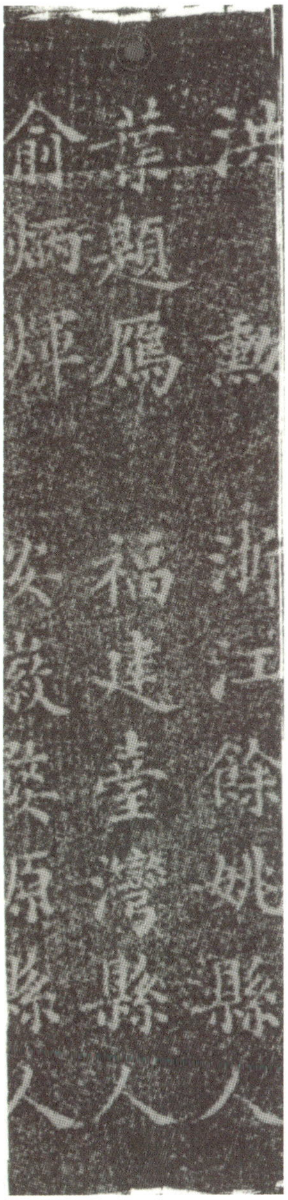

丁寿泉（1846–1886）名生添，字子浚，号醴澄，寿泉为其官印，彰化县人。光绪六年（1880）庚辰科三甲第四十八名（第五排左起第四行）

叶题雁（1849–1905）台湾县人。光绪六年（1880）庚辰科三甲第六十名。（第六排右起第九行）

张觐光（未详）台湾县人。光绪六年（1880）庚辰科三甲第一百零八名。（第七排右起第十九行）

奉
天承運
皇帝制曰光緒九年
癸未科四月二
十一日策天下
三百八名第一
甲賜進士及第
第二甲賜進士
出身第三甲賜
同進士出身用
茲誥示

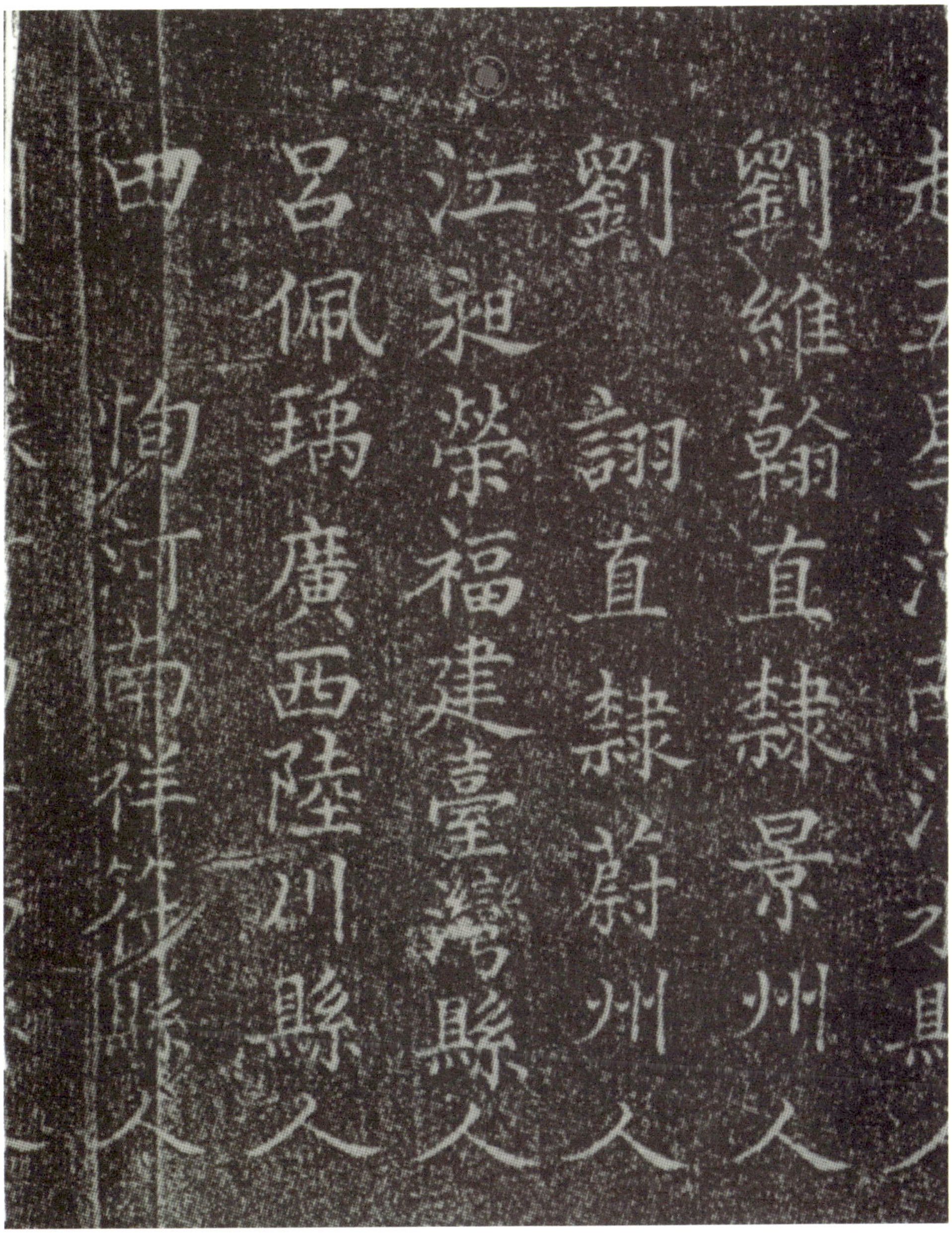

江昶荣（1841-1895）台湾县人。光绪九年（1883）癸未科三甲第一百三十七名，即用知县。（第七排左起第七行）

奉
皇帝制曰光緒十二
年丙戌科四月
二十一日策天
第第二甲賜進
士出身第三甲
賜同進士出身
用茲誥示

林启东（1850–1891）嘉义县人。光绪十二年（1886）丙戌科二甲第一百零一名。归台后掌教台南崇文、嘉义罗山书院。（第三排左起第十八行）

徐德钦（未详）嘉义县人。光绪十二年（1886）丙戌科三甲第二名。工部主事。（第四排右起第十四行）

蔡寿星（1857–1923）字枢南，彰化县人，光绪十二年（1886）丙戌科三甲第六十四名。户部主事。（第五排左起第六行）

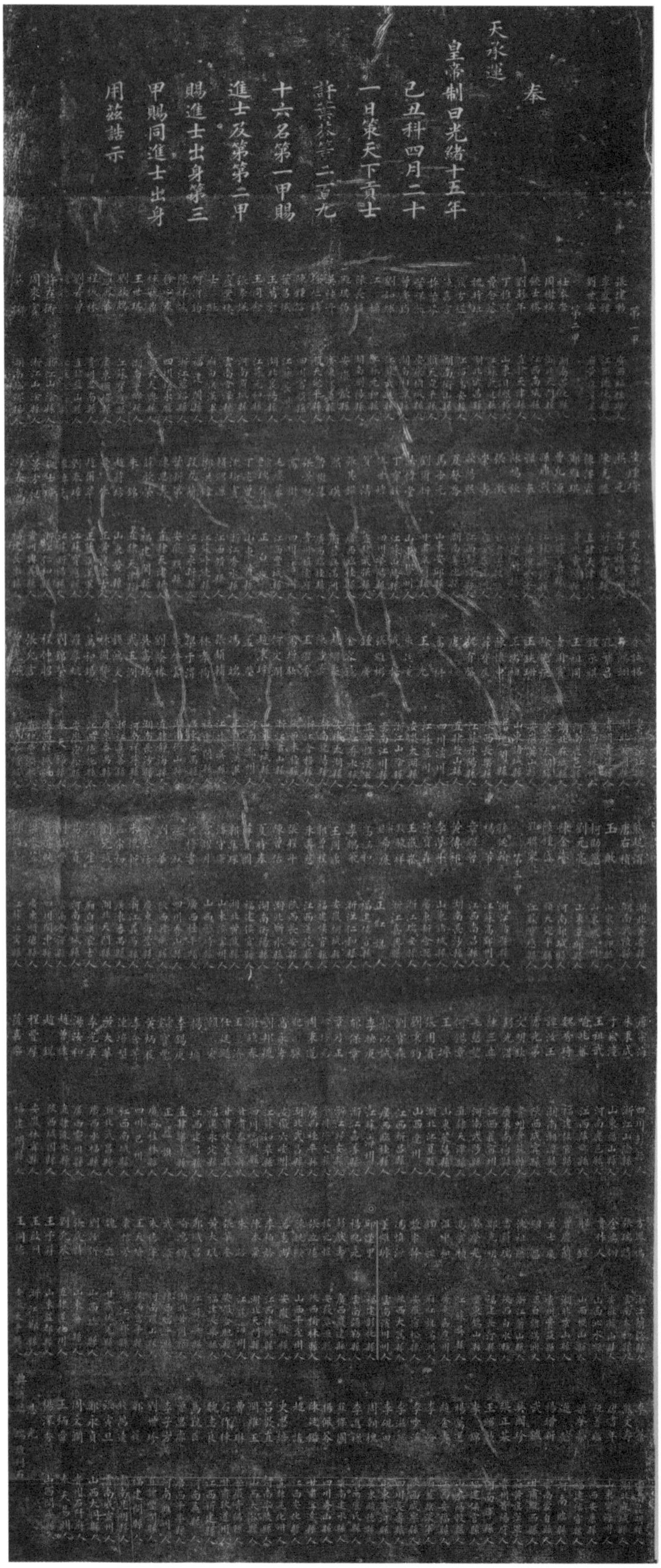
奉
天承運
皇帝制曰光緒十五年
己丑科四月二十
一日策天下貢士
十六名第一甲賜
進士及第第二甲
賜進士出身第三
甲賜同進士出身
用茲誥示

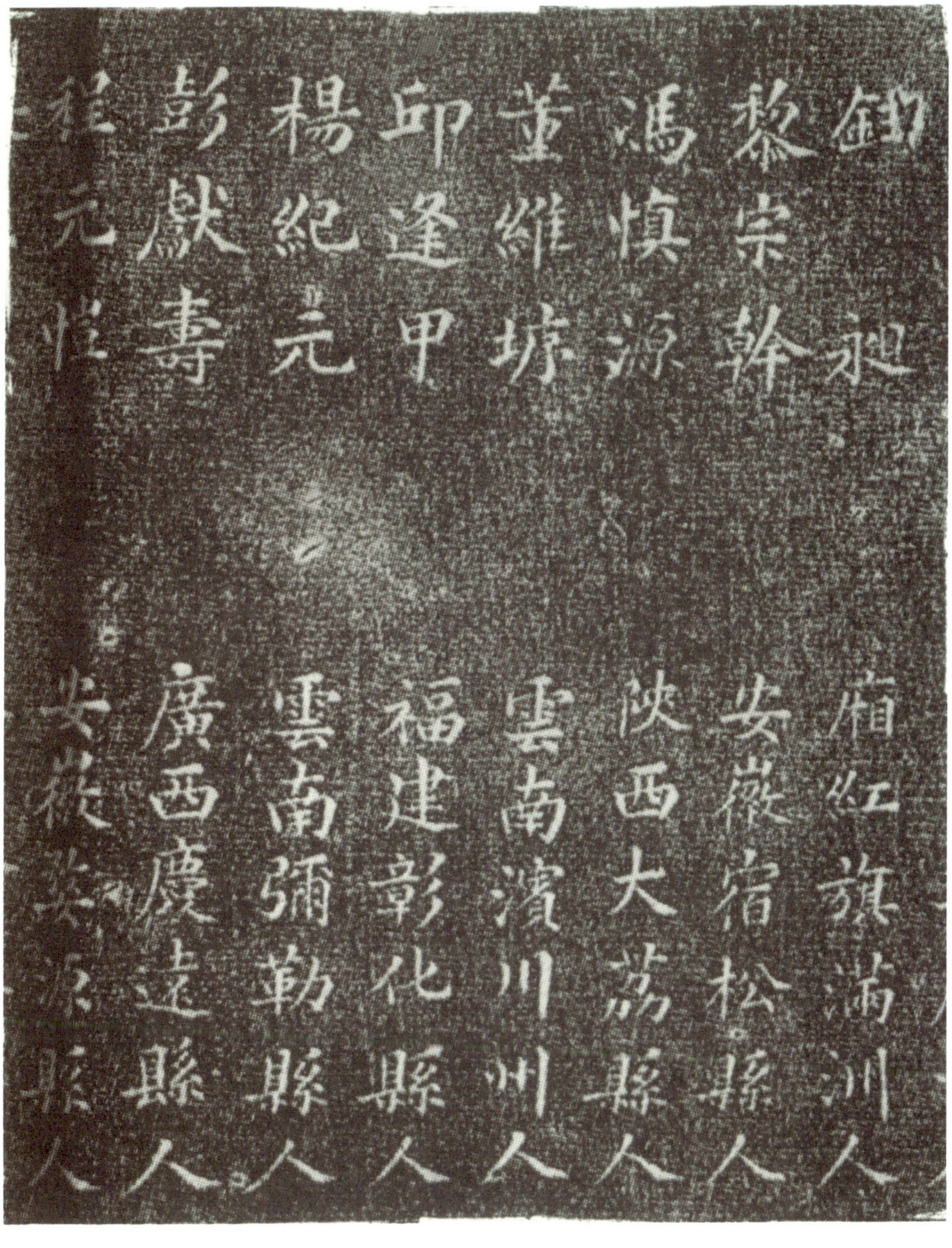

邱逢甲（1864–1912）又名仓海，字仙根，号蛰仙，彰化县人。光绪十五年（1889）己丑科三甲第九十六名，授任工部主事。（注：辛亥革命后，邱逢甲宣布恢复本姓“丘”）（第六排右起第十九行）

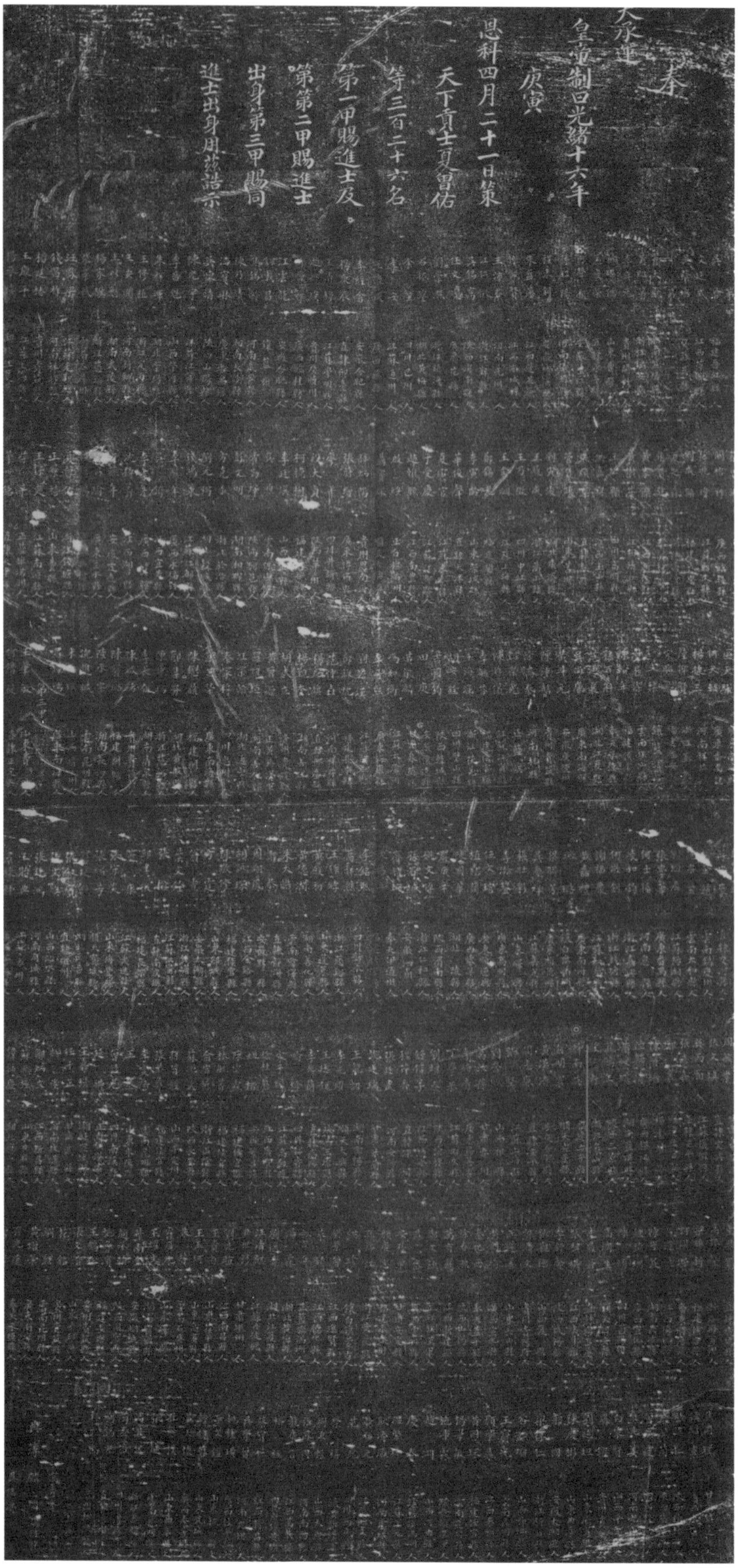
奉
天承運
皇帝制曰光緒十六年
庚寅
恩科四月二十一日策
天下貢士夏曾佑
等三百二十六名
第一甲賜進士及
第第二甲賜進士
出身第三甲賜同
進士出身用茲誥示

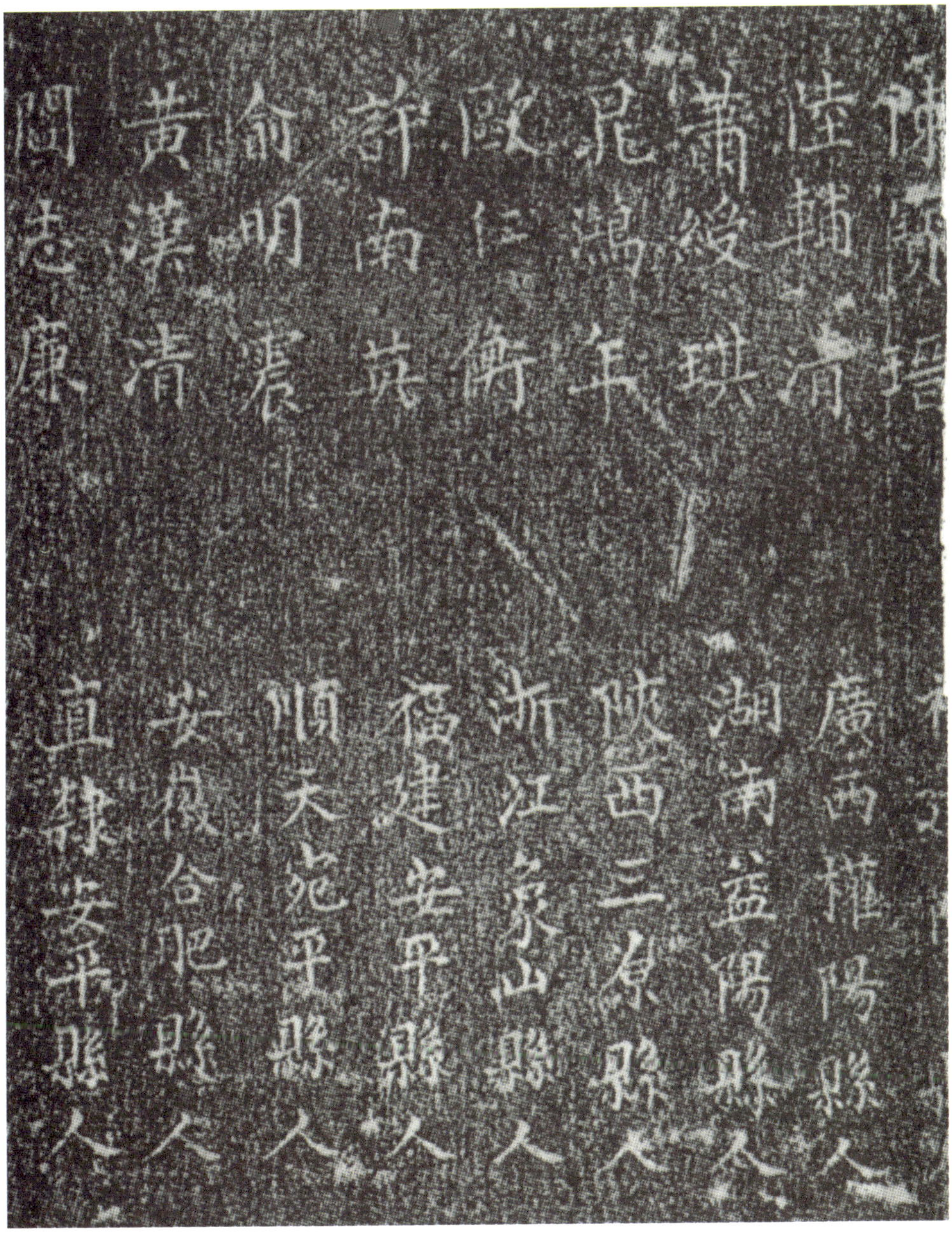

许南英（1855–1917）号蕴白或允白，又号窥园主人、留发头陀，安平县人。光绪十六年（1890）庚寅恩科三甲第六十一名，授兵部车驾清吏司主事。（第五排右起第十一行）

壬辰科題名碑
奉
天承運
皇帝制曰光緒十八年
壬辰科四月二十
六日策天下貢士
劉可毅等三百一
十七名第一甲賜
進士及第第二甲
賜進士出身第三
甲賜同進士出身
用茲誥示

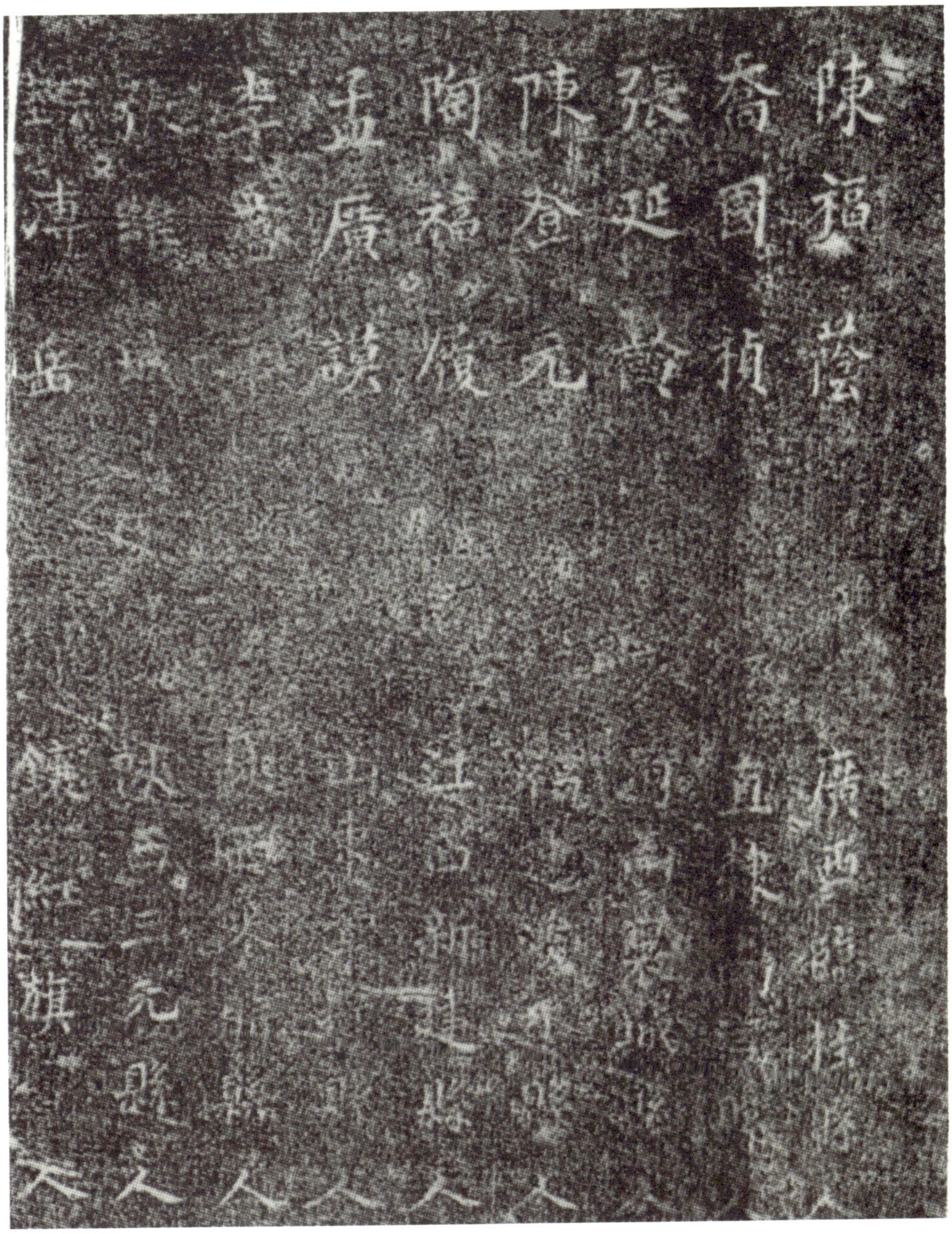

陈登元（1840-？）淡水县人。光绪十八年（1892）壬辰科三甲第五十名。即用知县。（第五排右起第四行）

甲午科
題名碑
奉
天承運
皇帝制曰光緒二十年
甲午
恩科四月二十一日策
天下貢士陶世鳳
等三百十四名第
一甲賜進士及第
第二甲賜 士出
身第三甲 同進
士出身用兹誥示

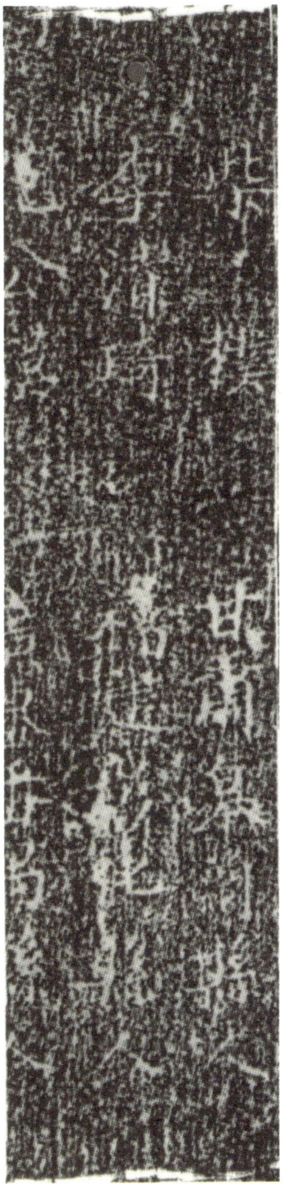

施之东（1859-1928）彰化县人。光绪二十年（1894）甲午恩科二甲第八十三名。即用主事。（第二排左起第五行）

李清琦（1856-？）字璧生，号石鹤，彰化县人，光绪二十年（1894）甲午恩科二甲第一百零五名。同年五月，改翰林院庶吉士。（第三排右起第十八行）

萧逢源（未详）凤山县人。光绪二十年（1894）甲午恩科三甲第六十名。即用知县。（第五排右起第十四行）

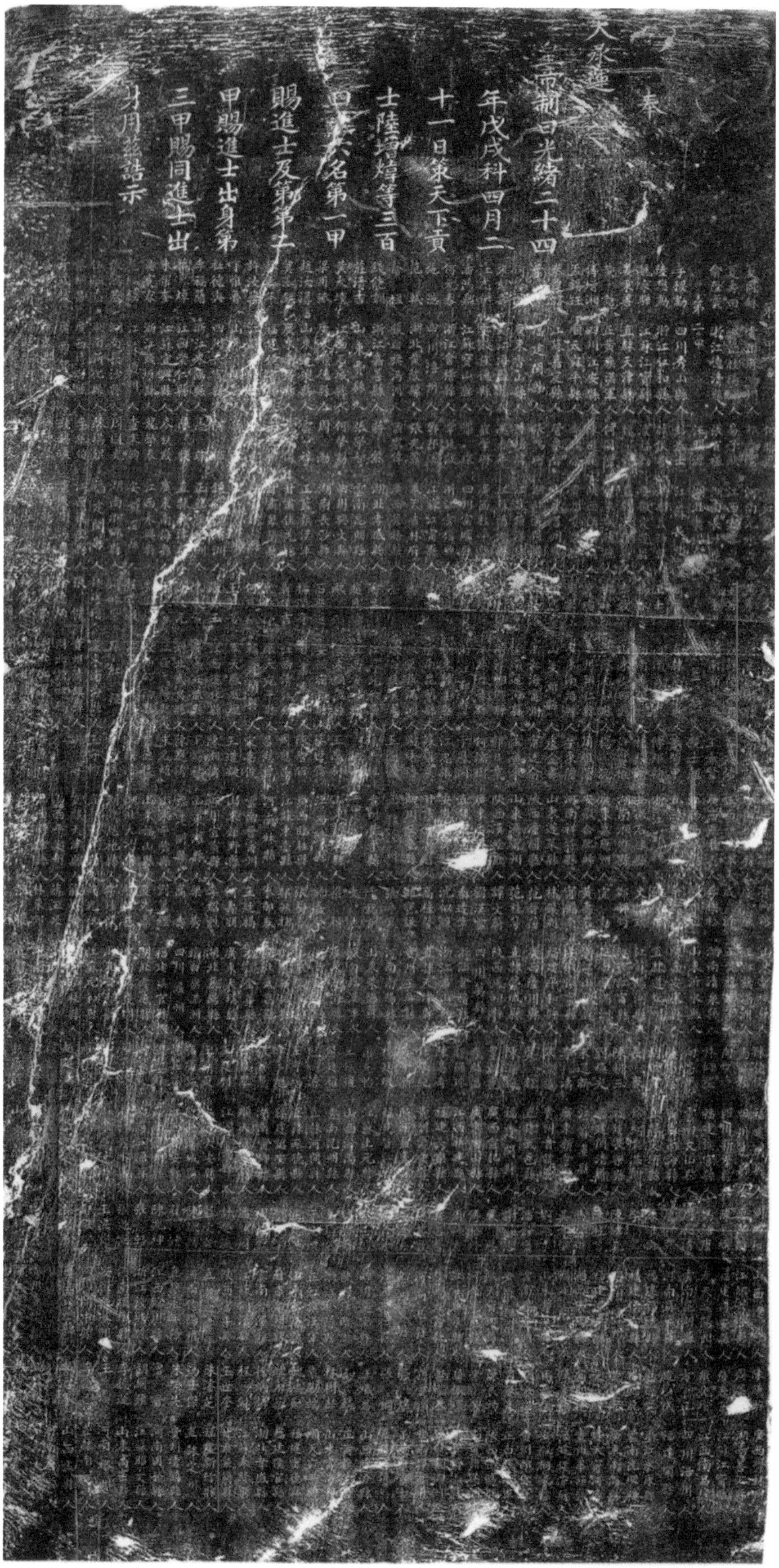
奉
天承運
皇帝制曰光緒二十四
年戊戌科四月二
十一日策天下貢
士陸增煒等三百
四[illegible]六名第一甲
賜進士及第第二
甲賜進士出身第
三甲賜同進士出
身用茲誥示

黄彦鸿（1866-1923）一名黄宗爵，字芸溆，号金墩，淡水县人。光绪二十四年（1898）戊戌科二甲第八十五名，历任翰林院庶吉士、编修、学士，累官至清廷军机章京行走（正三品衔）。（第三排右起第二行）

陈濬芝（1865-1911）字瑞阶，号纫石，新竹县人。光绪二十四年（1898）戊戌科三甲第一百八十四名。（尾排左起第十三行）

奉
天承運
皇帝制曰光緒二十九
年癸卯科五月
二十四日策天
下貢士周蘊良
等三百十又名
第一甲賜進士
及第第二甲賜
進士出身第三
甲賜同進士出
身用茲誥示

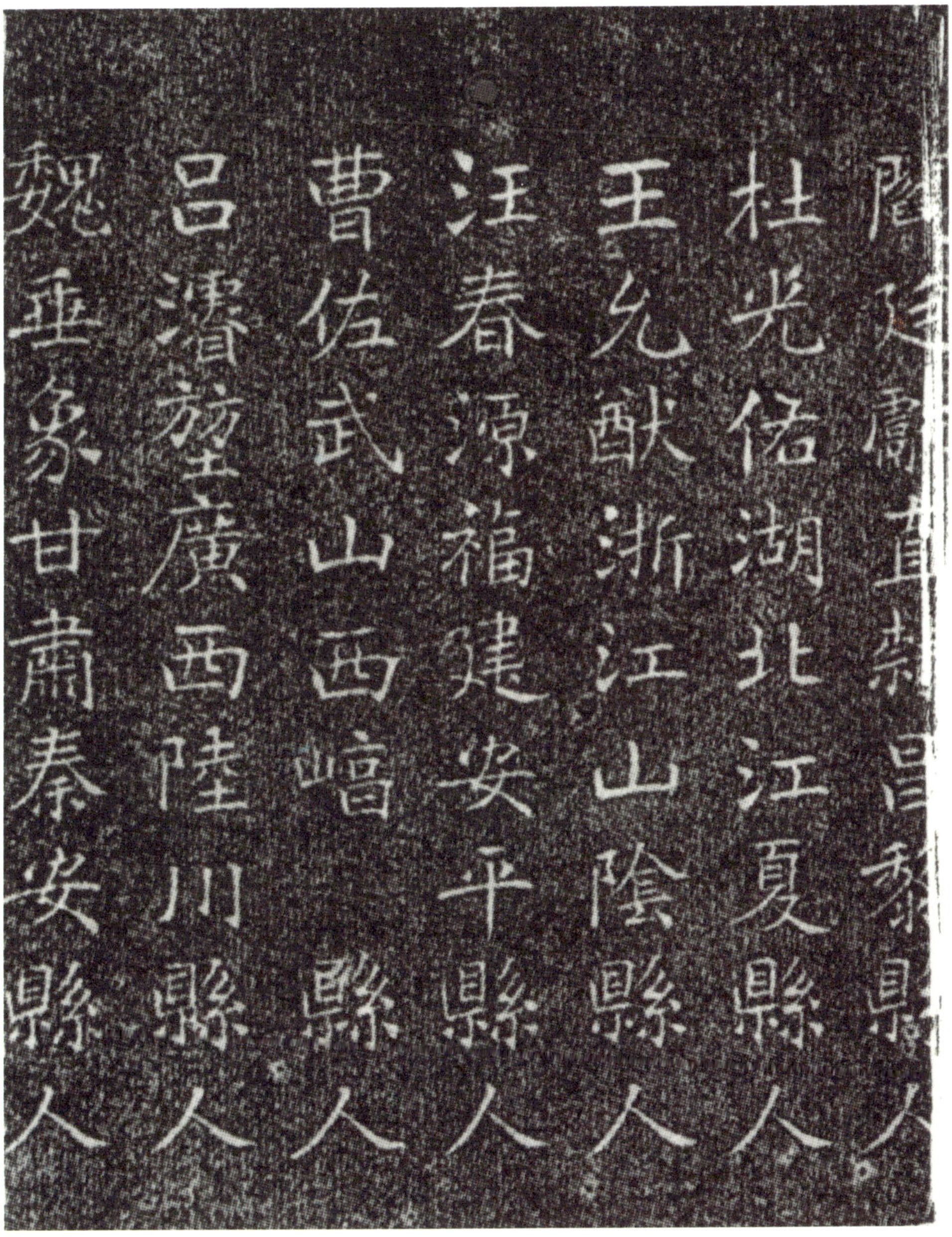

汪春源（1868？ –1923）字杏泉，又字少羲，晚年自署柳塘，安平县人。光绪二十九年（1903）癸卯科三甲第一百二十名。历任江西宜春、建昌、安仁、安义等地知县。台湾历史上最后一名进士。（第七排右起第十八行）

附录二

“台湾进士后裔与学者座谈会”侧记

2017 年 6 月 18 日下午 3：00，作为 2017 年第九届海峡论坛的系列活动之一的“台湾进士后裔与学者座谈会”在厦门翔鹭酒店多功能厅召开。参加座谈会的有来自海峡两岸的丘逢甲进士、汪春源进士、许南英进士、曾维桢进士的后裔；以及来自台湾成功大学人文社会科学中心代理主任陈益源、台湾抗日志士亲属协进会会长林铭鐔、台湾文献馆研究员林文龙、金门县文化资产审议委员黄振良、台南大学人文社会科学院院长林登顺、台湾师范大学国文系教授林保淳和厦门大学教育学院院长刘海峰、北京孔庙和国子监博物馆馆长吴志友、北京市台联名誉会长卢咸池、闽南师范大学党委书记林晓峰、闽江学院历史系教授毛晓阳等专家学者。福建省档案局（馆）长丁志隆、巡视员林真，北京市台联副会长郑大，福建省台联副会长梁志强出席了座谈会。

台湾进士后裔与学者座谈会

召开座谈会这一天正是一年一度的海峡论坛开幕之日，与此同时“文脉流长——科举制度在台湾”展在海峡论坛主会场厦门人民会堂成功开幕举办并受到两岸同胞的好评，两岸进士后裔及专家学者共计有28人出席座谈会，济济一堂。因此，“台湾进士后裔与学者座谈会”在此时此地召开可谓尽得天时地利人和。

座谈会由福建省台联副会长梁志强主持，福建省档案局（馆）长丁志隆、台湾成功大学人文社科中心代理主任陈益源代表主办单位为座谈会致辞。丁志隆局长在致辞中说，举办这次座谈会有着特殊的意义，第一，今年是两岸恢复民间交流30周年，同时也是台湾开科取士330周年。第二，福建与台湾进士的关系极为密切，台湾33名文进士中，多数祖籍地在福建。福建既是台湾进士的故乡，又是他们参加乡试进而赴京参加会试的地点。第三，座谈会响应了2013年台湾进士后裔们提出日后能有常态性定期聚会的愿望。丁志隆局长认为，施行科举制度有利于中华文化在台湾得以不断的发展和弘扬，奠定了两岸共同的文化根基。今年福建省档案馆还将在馆里继续举办“文脉流长——科举制度在台湾”展览，他欢迎大家届时到福建省档案馆参观指导。陈益源主任在发言中建议成立台湾进士后裔联谊会并继续举办科举制度的研讨会，他还特别期待福建省档案馆能够收集和开发台湾举人在福州的资料。他认为就两岸关系的研究来讲闽台关系研究走在前沿，把闽台深厚关系研究得更扎实，把原本密切的关系呈现得更鲜明，今后台湾进士还可以与大陆更多地方产生联结。

随后，与会人士纷纷发言，气氛十分热烈。丘秀芷（丘逢甲侄孙女）第一个发言。她讲台湾现在的历史对于先人的记载已经扭曲，我们这些人要致力于将台湾抗日志士的真实原貌呈献出来，证明台湾跟大陆是一体的。

接着发言的是汪一凡（汪春源曾孙）。他把台湾进士的经历用一首歌“一半在台湾一半在大陆”来形容，认为这么多年来经过两岸学者专家以及亲属的提供、分享资料，现在资料已经日趋丰富完善。

从重庆过来的许沛（许南英曾孙女）对于自己身为台湾进士的后人深感荣幸和骄傲。她追思了曾祖许南英的人生历程以及爱国壮举。许沛说：“我们先辈有光荣的爱国爱乡的传统。在1895年甲午战争爆发以后，南英公投笔从戎，率兵抗日，最终因寡不敌众，遭到日寇追击，把全部家当作为军饷发给士兵，从台南回到大陆，在南洋病亡。他一生充满坎坷，宁死不为日本侵略者屈服，把自己的命运和祖国民族联系在一起，在抗击日寇保家卫国的斗争中表现出了坚定的爱国主义立场和崇高的民族精神，他的政治理想信念追求和正直的人品、严谨的治学精神，都深深影响他的后代。”许沛还介绍了许南英的第四个儿子著名作家许地山，他的《落花生》这篇文章至今仍然列入两岸中小学课本。她说：“今天台湾进士后裔和学者在这里一起缅怀我们的先人，就是要我们牢记使命，以史为鉴，发挥我们优势，起到两岸交流交往的桥梁纽带作用，为两岸发展作出我们应有的贡献。希望展览能在两岸更多城市举办，让更多的台湾同胞特别是青少年，能够了解这段历史。”

曾应霖（曾维桢的第五代后裔）对于由于历史的原因，其先祖的资料没有传下来感到很遗憾，他觉得“我们这一代有责任将中华文化传承下去。历史不能抹杀、不能扭曲。”

进士后裔们纷纷追思先祖、交流感受，研究科举制度的专家学者们也互相交换意见，发表自己的见解。厦门大学教育学院院长，刘海峰教授认为认为本次活动非常有意义，科举制度在中国史上对政治、文化、教育、社会心理都产生了重要影响。进士是中国几千年来重要的中坚力量，与国家共存亡、爱国爱乡、视死如归的爱国志士大都是进士出身。而且他们在文化教育方面的贡献更大，所以进士包括举人群体非常值得研究。对于闽台两地在科举方面的关系，刘教授说，两者纽带紧密，清代台湾海峡对于福建只是一个内海，即使有一段时间台湾独立建省，但是科举仍然是同闱的，还是在同一个乡试场所参加考试。他还高度评价了台湾科举制度的研究，认为在区域科举研究里是做得最好的，人数不多但是做得很细，不仅推动了两岸的文化交流，还有学术、文化的意义。

台湾文献馆研究员林文龙多年来致力于收集台湾科举相关的图片，并且收获颇丰。此次他从开台进士角度简略分析了台湾科举中的与试士子籍贯问题，谈到台湾科举和福建关系最为密切的体现就是与试士子籍贯。金门文化资产审议委员黄振良介绍了金门进士。他认为金门人对祖籍有很强的认同意识，这种宗族文化就是中国传统的儒家文化。他将向金门县文化局提议在福建举办金门科举的展览，通过办展重新建立起中断百年的两岸血缘关系。北京台联名誉会长卢咸池从语言、族谱、儒学教育三个方面讲述了闽台之间密切的文缘。闽南师范大学党委书记林晓峰则对同期举办的展览评价很高，认为展览突出了科举制度在中华传统文化中的影响，把科举文化的研究成果应用起来，在台湾青少年中普及推广具有很重要的意义，并提议在台湾的大学作图片巡回展，同时在大陆及台湾的高校举办学术报告会，让科举文化对推动两岸的文化交流起到积极作用。

闽江学院历史系教授毛晓阳曾多次参加台湾科举制度的研讨活动，他认为"这次展览在海峡论坛展出，参与人数众多，意义重大"，提出可以将研究对象扩大到台湾举人、台湾会馆等等。台南大学人文社会科学院院长林登顺也曾经多次参加有关科举制度的论坛，他深有感触地说道："从有台湾开始，推广的是儒学教育，即明道正人心。儒官把儒教的思想带到台湾，台湾学子接受了儒教思想，也就是科举要考的这些都传承了下来，奠定了台湾教育的基础。延续到日据前期，台湾的文化积淀已经产生，这就是一种传承，从大陆到台湾。"

台湾师范大学教授林保淳的祖先是台湾武举人。林保淳对明清科举考试一直比较关注，他在南京夫子庙看到江南闱场的时候心里有很大感触，感觉到中国科举的影响是全面深远的。他对本次活动的关注点在于如何利用机会更好地推广科举文化的影响，让闽台人民更进一步了解台湾进士与大陆的关系。

最后，北京市台联副会长郑大作简单小结，他认为，本次展览和座谈会在海峡论坛这个更大的舞台举办，是天时地利人和的结果，也是学术研究和举办活动的完美结合。他用陈益源主任的话作为座谈会的结束语："一步一脚印，凡走过必留下痕迹，这些进士先贤早已为海峡两岸铺下了紧密联系的关系。珍惜缅怀他们的事迹，寻着他们的脚步，必会为海峡两岸同胞的相知相惜做出新的贡献。"